Feminismo no Exílio

CONSELHO EDITORIAL

Ana Paula Torres Megiani
Eunice Ostrensky
Haroldo Ceravolo Sereza
Joana Monteleone
Maria Luiza Ferreira de Oliveira
Ruy Braga

MAIRA ABREU

Feminismo no Exílio
O Círculo de Mulheres Brasileiras em Paris e o
Grupo Latino-Americano de Mulheres em Paris

Copyright© 2014 Maira Luisa Gonçalves de Abreu

Grafia atualizada segundo o Acordo Ortográfico da Língua Portuguesa de 1990, que entrou em vigor no Brasil em 2009.

Edição: Haroldo Ceravolo Sereza
Editor assistente: João Paulo Putini
Projeto gráfico e diagramação: Camila Hama
Assistente de produção: Cristina Terada Tamada
Capa: Leandro Abreu
Revisão: Patrícia Jatobá
Assistente acadêmica: Danuza Vallim

Este livro foi publicado com o apoio da Fapesp.

CIP-BRASIL. CATALOGAÇÃO-NA-FONTE
SINDICATO NACIONAL DOS EDITORES DE LIVROS, RJ

A978f

Abreu, Maira Luisa Gonçalves de
FEMINISMO NO EXÍLIO: O CÍRCULO DE MULHERES
BRASILEIRAS EM PARIS E O GRUPO LATINO-AMERICANO
DE MULHERES EM PARIS
Maira Luisa Gonçalves de Abreu - 1. ed.
São Paulo: Alameda, 2014.
290p.: il.; 21 cm.

Inclui bibliografia e índice
ISBN 978-85-7939-297-9

1. Mulheres - Identidade. 2. Feminismo.
3. Mulheres - Brasil - História. I. Título.

| 14-15817 | CDD: 305.4 |
| | CDU: 396 |

ALAMEDA CASA EDITORIAL
Rua Treze de Maio, 353 – Bela Vista
CEP: 01327-000 – São Paulo, SP
Tel.: (11) 3012-2403
www.alamedaeditorial.com.br

SUMÁRIO

Prefácio	7
Introdução	13
CAPÍTULO I	19
Feminismo da "segunda onda": facetas de um movimento multiforme	
Um "caldo de cultura" rebelde	19
Uma herança contestada	25
O pessoal é político	29
Patriarcado	32
Mouvement de Libération des Femmes (MLF)	38
Divergências e tendências	45
CAPÍTULO II	53
Mulheres, ditadura e exílio	
Mulheres e militância	53
Exílio	66
O exílio no Chile	74
Grupo de mulheres brasileiras no exterior	77
O exílio na França	83

CAPÍTULO III 99
Grupo Latino-Americano de Mulheres em Paris

As "três marias" 108

O boletim *Nosotras* 113

Feminismo latino-americano 133

Diferencialismo x Universalismo 139

Patriarcado e capitalismo 142

Um tema central: sexualidade 151

Sobre o final do grupo 159

CAPÍTULO IV 163
Círculo de Mulheres Brasileiras em Paris

Gênese do grupo 163

Por que um Círculo de mulheres brasileiras? 172

Modo de funcionamento 175

Círculo, organizações político-partidárias e autonomia 182

Atividades públicas 197

Referências teóricas e concepção de feminismo 203

Alguns temas de debate 217

Anos finais do grupo 232

Retorno ao Brasil 234

Breve epílogo sobre o retorno 247

À guisa de conclusão 255

Guia de Siglas 261

Bibliografia 263

Agradecimentos 287

PREFÁCIO

Este é um livro que fazia falta para as militantes e pesquisadoras do feminismo no Brasil e para todas as/os leitoras/os interessados/as na história dos movimentos políticos de resistência e transformação social desse país. A autora analisa o feminismo no exílio nos anos 1970, no período da ditadura militar no Brasil (1964-1985), através das experiências de dois grupos feministas: Grupo Latino Americano de Mulheres em Paris (1972-1976) e Círculo de Mulheres Brasileiras em Paris (1976-1979).

Através de pesquisa qualitativa baseada em entrevistas com ex-militantes desses grupos e em uma extensa documentação sobre o período, as análises e descrições que compõem o texto vão nos levando a conhecer o contexto do feminismo francês; questões da esquerda brasileira, em especial a relação entre feminismo e esquerda; as conexões que ligam os processos no exterior com o Brasil e América Latina e finalmente, o seu objeto principal, a experiência de uma militância política construída em um país estrangeiro, no exílio. A análise desta experiência mostra a práxis do feminismo em um contexto de democracia, o que permite uma efervescência de atos e ideias radicais e transgressoras e, ao mesmo tempo, discute a relação com o país de origem e a vivência da militância feminista como uma dimensão da resistência ao regime autoritário deste país de origem. Isso implicou desenvolver uma relação de solidariedade com companheiros/as que lá permaneceram e com os processos políticos que lá se desenrolaram e a construção de um projeto político de retorno.

A história do feminismo brasileiro, nesta conjuntura, aparece com toda sua densidade histórica, sua imbricação incontornável com a luta contra a ditadura no Brasil, com sua radicalidade que questiona inclusive o próprio pensamento de esquerda e as relações privadas na vida cotidiana.

Além do conhecimento da história e da análise dos processos políticos, o que a leitura desse texto nos permite também é pensar as tensões que emergem na vivência das militantes dos grupos estudados, de tempos históricos desencontrados, dentro de uma mesma temporalidade. A consciência feminista adquirida no exílio e a lembrança permanente da vida no país que foi deixado levam a um movimento entre o que se vivencia no presente e a memória relembrada através da visão crítica feminista sobre os fatos que compõem o passado. Isto significou construir organizações feministas e se tornar feminista em um ambiente de esquerda que, em princípio, não via o sentido político/histórico desse movimento e que, do ponto de vista das relações privadas, também estava permeado por padrões fortemente patriarcais. Essa é uma questão que se revela ao longo do texto.

Esse tornar-se feminista, que em si já implica um processo de ruptura com os espaços de acomodação forjados pelas relações de dominação, é um processo contraditório no qual as descobertas e as práticas na busca de se constituir como sujeito individual e coletivo trazem sentimentos de perda e solidão, vividos como incontornáveis, pois não há mais o caminho de volta, pois se retomado não se volta jamais ao mesmo lugar. Essa vivência no exílio que em si já carrega uma dimensão do abandono imposto, parece tornar essa experiência feminista aguda e singular. Um elemento forte nessa relação é que o desejo de retorno é constitutivo do sentimento de viver no exílio e a relação desse desejo com os processos de mudanças subjetivas trazidas na experiência feminista aprofundam a visão crítica sobre o que foi deixado e tornam a perspectiva dos projetos políticos de retorno mais complexas. E essa é uma tensão muito bem trabalhada nesse livro.

As mulheres como sujeito da história é uma questão central para o movimento feminista. Por outro lado, as versões da história que hegemonizam, pelo menos no ocidente, e mais precisamente na América Latina, o conhecimento, não consideraram o movimento feminista como parte dos movimentos de resistência e dos processos libertários e da luta por democracia, com raras exceções. Além disso o feminismo tem lacunas na construção da narrativa de sua própria história. Esse livro contribui para preencher uma parte importante dessa memória histórica do feminismo brasileiro e ao mesmo tempo (re)aproxima essa experiência no exterior da trajetória do movimento feminista no Brasil.

Ao reconectar os laços e as causas que ligam aquelas que estavam fora com aquelas que permaneceram no país de origem, ao mostrar como a história das lutas de resistência passa pelos deslocamentos pelo mundo a fora, a autora nos leva sensivelmente à percepção desse movimento, que já traz em si uma dimensão internacionalista no campo da esquerda, com o protagonismo, nesse caso, centrado nas mulheres. Para novas gerações é uma fonte de conhecimento para apreender os fios que constroem as lutas das mulheres. Para a geração que vivenciou o período estudado é reconfortante se deparar com essa história e (re)apreendê-la a partir da visão de uma autora feminista da nova geração, que nos traz uma escritura sensível apoiada, com todo rigor, em um bom trabalho de pesquisa.

Através da leitura podemos recuperar conexões tecidas pelo movimento feminista como processo que implica uma prática política e um pensamento crítico. Esse é o caso quando encontramos as informações que mostram a importância do conceito de patriarcado na reflexão dos grupos estudados, em conexão com a questão do capitalismo e o conceito de classe. O debate arraigado, naquele momento, no seio da esquerda, que reverbera até os dias atuais, sobre a existência ou não de uma luta principal, está exposto na análise da autora de forma que nos oferece muitos elementos para compreender o desenvolvimento desta polêmica teórica e política colocada pela emergência do sujeito feminista.

O fato de serem grupos de mulheres latino-americanas organizadas no exterior colocava incontornavelmente a questão da universalidade versus particularidade no debate sobre a opressão das mulheres a partir do seu contexto de origem. Isso inclui as desigualdades na relação entre países do Norte e do Sul. Nos termos da autora, "significava pensar a especificidade da situação vivenciada por mulheres variável segundo diversos fatores, entre eles, classe, raça e nacionalidade e, ao mesmo tempo, pensar a universalidade de uma opressão compartilhada", o que foi, certamente, uma questão para diversos grupos naquele contexto, e é, hoje, tão presente no debate do feminismo no Brasil e de outros países.

A crítica à organização e à prática dos partidos de esquerda, a relação entre revolução e reforma e a questão da autonomia dos movimentos sociais eram candentes naquele período, e sobre isso podemos encontrar neste texto muitos elementos importantes para reflexão sobre o movimento feminista e sua práxis. De maneira particular, em função da sua importância como prática fundante do feminismo nessa etapa histórica, destacamos as narrativas e elaborações no texto sobre os *grupos de reflexão*. A dimensão das transformações subjetivas como constitutivas do antagonismo que produz o movimento feminista, tanto como processo individual quanto como formação coletiva, é trabalhada como um elemento que vai tecendo e sendo tecido no texto. Isso nos permite apreender os significados dos pertencimentos e da ação feminista naquele momento e nos provoca a pensar pensar sobre eles no momento atual.

O feminismo como luta pela emancipação das mulheres, como um movimento situado no campo da esquerda, como um movimento constitutivo do internacionalismo feminista e de esquerda aparece com as suas contradições através de uma experiência particular, vivenciada por dois grupos diferentes que, oriundos de um mesmo contexto, guardam entre si diferenças e divergências que estão marcadas sobretudo pelo momento de formação e pelas linhas teóricas políticas que conformavam as perspectivas de cada um dos grupos.

A origem em comum no campo da esquerda fez com que o referencial marxista fosse parte da formação para a maioria das militantes desses grupos. O debate sobre as questões do corpo, sexualidade e reprodução, que constituem questões fundamentais na formação do feminismo contemporâneo, dialogaram de maneira diversa com essa matriz marxista, causando movimentações de reconstrução e rupturas que vão formando a práxis feminista de determinadas correntes teóricas e políticas.

Com a anistia política em 1979, o processo de retorno ao Brasil dos/as exiladas/os vai reconfigurando as relações entre as feministas que estiveram fora do país e as que aqui foram construindo o movimento em conexão direta com os processos de resistência e abertura política que levaram ao fim do regime autoritário em 1985. Ai se encerra o período no qual se localiza o marco temporal da análise contida neste livro. Mas entre encontros e reencontros, o movimento feminista vai seguindo seu curso como parte das lutas por democracia e transformação social no país. Este livro nos acrescenta muito para pensá-lo no seu devir.

Quero, por fim, expressar minha alegria em escrever esse prefácio para o livro de Maira Abreu, uma intelectual e militante feminista que, como pesquisadora arguta e sensível, nos propicia esse mergulho na práxis feminista.

Maria Betânia Ávila
Recife, 12 de março de 2014

INTRODUÇÃO

Os proletários dizem "nós". Os negros também. Apresentando-se como sujeitos, eles transformam em 'outros' os burgueses, os brancos. As mulheres – salvo em certos congressos que permanecem manifestações abstratas – não dizem 'nós'. (...) a ação das mulheres nunca passou de uma agitação simbólica; só ganharam o que os homens concordaram em lhes conceder; elas nada tomaram; elas receberam. Isso porque não têm os meios concretos de se reunir em uma unidade que se afirmaria em se opondo. Não têm passado, não têm história.[1]

Simone de Beauvoir

O segundo sexo foi publicado em 1949. Vinte anos após a sua primeira edição, uma "onda" feminista tomaria corpo em diferentes países, reunindo mulheres em uma "unidade", um "nós", e transformando a paisagem política e teórica dos anos 1960-1970. Mas, longe de ser um processo evidente, a construção de um "nós mulheres" não foi algo fácil. "Como falar de um NÓS mulheres se tudo, o enclausuramento dos apartamentos, da vida privada, tudo nos separa?"[2], questionavam. Como "unirmos as mulheres e entrarmos em acordo sem nos atacarmos?[3] Como superar as experiências "isoladas, atomizadas e frag-

---

1   BEAUVOIR, Simone de. *O segundo sexo: fatos e mitos*. Rio de Janeiro: Nova Fronteira, 1980, p. 13.

2   DURAND, E. et.al. *Liberação da mulher: ano zero*. Belo Horizonte: Interlivros, 1980.

3   Ana Tegui. "Testimonio: soy una mujer más". *Nosotras*, n. 7, julho de 1974.

14 MAIRA ABREU

mentadas" das mulheres?[4] Como falar de uma "congregação de interesses ou de solidariedade" entre mulheres de realidades socioeconômicas distintas, como, "Madame Pompidou [primeira-dama francesa entre 1969 e 1974], uma docente e uma dona de casa"?[5] indagavam. "O que há de comum ou de distinto entre a mulher mexicana, venezuelana, argentina, brasileira, francesa?"[6] Esses questionamentos foram parte de um movimento que marcou profundamente o século XX e cuja história vem sendo reconstituída pouco a pouco.

Por motivos que caberiam ser investigados, diferentemente de outros países nos quais a "segunda onda" provocou um vívido interesse e deu origem a artigos, teses, livros e também trabalhos de cunho não acadêmico, esse movimento não suscitou, no Brasil, uma grande atenção pela sua história[7]. Nos últimos anos, esse quadro vem se alterando no país,[8] mas restam ainda muitas lacunas e um enorme campo a ser explorado.

---

4 ROWBOTHAM, Sheila. *A conscientização da mulher no mundo do homem*. Rio de Janeiro: Globo, 1983, p. 74.

5 DURAND, E. *et.al. Liberação da mulher: ano zero*. Belo Horizonte: Interlivros, 1980, p. 86.

6 *Nosotras*, n. 1, janeiro de 1974.

7 Destacamos os seguintes títulos: BASTOS, Maria. *Outras Palavras, Outras Imagens: Movimentos Feministas na cidade de São Paulo nos anos 70/80*. Dissertação (Mestrado em História) – PUC-SP, São Paulo, 1992; CARDOSO, Elisabeth. *Imprensa feminista brasileira pós-64*. Dissertação (Mestrado em Jornalismo) – ECA-USP, São Paulo, 2004; GOLDBERG, Anette. *Feminismo e autoritarismo: a metamorfose de uma utopia de liberação em ideologia*. (Mestrado em Sociologia), IFCS-UFRJ, 1987 e *Le dire et le faire féministes: une approche socio culture lle du Brésil contemporain*. Tese (História) – Université de Paris VII, Paris, 1991; LEITE, Rosalina. *A imprensa feminista no pós-luta armada: os jornais Brasil Mulher e Nós Mulheres*. Tese (Doutorado em Ciências Sociais) – PUC, São Paulo, 2004; MORAES, Maria. *Família e feminismo: reflexões sobre papéis femininos na imprensa para mulheres*. Tese (Doutorado em Sociologia), FFLCH/USP, 1981; PINTO, Celi. *Uma história do feminismo no Brasil*. São Paulo: Editora Fundação Perseu Abramo, 2003; TELES, Maria Amélia de Almeida. *Breve história do feminismo no Brasil*. São Paulo, Editora Brasiliense, 1993. Poucas teses e dissertações mencionadas foram publicadas.

8 Diversos artigos foram publicados nos últimos anos. Podemos citar como exemplos aqueles publicados por Joana Pedro e Rachel Soihet listados na bibliografia. Algumas teses e dissertações sobre o tema foram defendidas, entre elas: RIBEIRO, Maria Rosa. *Relações de poder no feminismo paulista – 1975 a 1981*. Tese (doutorado

Neste trabalho, procuramos recuperar um pequeno fragmento dessa história, a saber, a trajetória de dois grupos feministas: o Grupo Latino-Americano de Mulheres em Paris (1972-1976) e o Círculo de Mulheres Brasileiras em Paris (1976-1979), formados por mulheres latino-americanas que, por diferentes razões (sendo o exílio uma delas), encontravam-se na França. A ênfase recairá sobre a experiências das mulheres brasileiras que, em tempos de ditadura militar, saíram do país e buscaram refúgio na França. Envolvidas tanto com os contextos de origem quanto com o do país que as acolheu, essas mulheres, com suas experiências particulares, são parte dessa grande efervescência feminista que marcou época. Suas histórias as inscrevem tanto na história do feminismo no Brasil e na América Latina como também na do feminismo francês.

Procuramos recuperar a trajetória dos dois grupos a partir da sua produção escrita e da memória das suas militantes a fim de compreender como se estruturaram, quais eram as questões candentes, as polêmicas, as formas de organização. Ao mesmo tempo, este trabalho pretende reconstituir a dimensão subjetiva daquele momento histórico, no modo como foi vivenciado por essas mulheres, considerando as percepções de suas militantes sobre o seu cotidiano no contexto francês, a relação com os homens dentro das organizações políticas, o envolvimento com os grupos em questão etc. Os depoimentos foram, nesse sentido, fundamentais[9]. Eles nos permitiram revisitar essas situações a partir de relatos vívidos sobre a militância no Brasil e o exílio nas suas múltiplas dimensões. Infelizmente, dado

---

em História), FFLCH - USP, 2011; BORGES, Joana Vieira. *Trajetórias e leituras feministas no Brasil e na Argentina (1960-1980)*. Tese (Doutorado em História) – Centro de Filosofia e Ciências Humanas - UFSC, Santa Catarina, 2013; VEIGA, Ana Maria. *Feminismos em rede? Uma história da circulação de discursos e informações entre São Paulo e Buenos Aires (1970-1985)*. Dissertação (Mestrado em História), Centro de Filosofia e Ciências Humanas – UFSC, 2009.

9   GARCIA, Marco. O gênero da militância: Notas sobre as possibilidades de uma outra história da ação política. *Cadernos Pagu*, 8/9, 1997.

16   MAIRA ABREU

o escopo deste trabalho, somente algumas facetas dessa experiência serão tematizadas. Centramo-nos fundamentalmente na militância feminista, embora evoquemos outros aspectos, de forma breve, no decorrer do texto.

Ao longo dessa pesquisa foram realizadas 23 entrevistas: Cecília Comegno, Mariza Figueiredo, Naty Garcia Guadilla, Clélia Piza, Danda Prado e Vera Tude fizeram parte do Grupo Latino-Americano;[10] Eliana Aguiar, Maria Betânia Ávila, Regina Bruno, Sônia Calió, Regina Carvalho, Glória Ferreira, Sônia Giacomini, Lena Lavinas, Ângela Muniz, Otilie Pinheiro, Maria América Ungaretti, Elisabeth Vargas, do Círculo de Mulheres Brasileiras; Zuleika Alambert, Maria Cristina Castro, Maria Lygia Quartim de Moraes, Naumi Vasconcelos e Lia Zatz[11] nos trazem a experiência de outras militâncias no exílio. Incluímos também uma entrevista realizada com Ângela Arruda por Maud Chririo[12] e uma outra feita por Joana Pedro com Angela Xavier de Brito, cedida pela primeira.

Em relação aos registros escritos, diversos tipos de documentos foram consultados. O Grupo Latino-Americano produziu, entre janeiro de 1974 e o segundo trimestre de 1976, o boletim bilíngue *Nosotras,* totalizando dezessete números (alguns duplos e triplos). Todos os números fazem parte do acervo do CIM (Centro Informação Mulher). O boletim começou a ser publicado quase dois anos após as primeiras reuniões do grupo. Poucos foram os registros encontrados anteriores a janeiro de 1974.

---

10   O número limitado de entrevistadas que fizeram parte do Grupo Latino-Americano está ligado à grande dificuldade que encontramos em localizar as mesmas.

11   As duas primeiras eram membros do grupo Debate, que publicava uma revista homônima que abordou, em diversos números, a "questão da mulher". Zuleika Alambert era também militante do PCB e foi uma figura central na organização de grupos de mulheres ligados a essa organização. Maria Cristina de Castro foi também membro do mesmo partido e participou das atividades relacionadas à questão.

12   Anexo. CHIRIO, Maud. *Les trajectoires intellectuelles et politiques des exilés brésiliens pendant le régime militaire (1964-1979). Mémoire de dea.* Paris: Universidade Paris 1, 2004.

Em relação ao Círculo de Mulheres Brasileiras em Paris, foram utilizados materiais mais diversificados. Além dos textos de divulgação externa como um boletim, um jornal, panfletos e brochuras, há materiais internos ao grupo. Eles foram organizados por Sônia Calió, uma de suas militantes, em cinco encadernações arquivadas também no CIM.[13] Foram consultados ainda textos divulgados na imprensa feminista francesa. Para estudar outros grupos, foram consultados revistas e jornais produzidos no exílio, além de materiais da Seção Feminina do PCB (Partido Comunista Brasileiro)[14] arquivados no CEDEM (Centro de Documentação e Memória da UNESP).

Cabe ressaltar que o número de entrevistas realizadas com militantes dos dois grupos, o conteúdo desses depoimentos assim como o tipo de material consultado deram origem a capítulos com características bastante distintas.

O texto está dividido em quatro capítulos. No primeiro procuramos traçar um brevíssimo panorama do que chamamos de "caldo de cultura" rebelde nos anos 1960-1970 e apresentar algumas ideias principais que nortearam a "segunda onda" do feminismo, mais particularmente, o *Mouvement de Libération des Femmes* (MLF)

---

13 O volume I – Retrospectiva – contém os primeiros textos do grupo (a brochura "Por uma tendência feminina e revolucionária" e a "Carta Política"), documentos sobre o funcionamento, discussões internas, além de um documento interno do grupo Campanha sobre as suas atividades no Círculo ("Balanço"); o volume II – Subgrupos – contém material referente principalmente a discussões internas e externas dos diversos subgrupos que compunham o Círculo; o volume III – Alguns temas de debates – é constituído por textos que abrangem os principais temas de debate realizados no grupo (autonomia do movimento de mulheres e feminismo, violência contra a mulher, anistia, jornais feministas brasileiros); o volume IV – "Pochette" – é composto por diversos materiais como resumos de assembleias, panfletos, discussões realizadas nos subgrupos etc., e era destinado a ser vendido; o volume V – Publicações – contém diversos panfletos, um boletim e material geralmente voltado para a divulgação externa. Identificaremos esses materiais com as letras "DCM" seguidas do volume no qual o texto se encontra, além de título e data, quando existirem. O documento do grupo Campanha que faz parte do volume I será identificado como "DGC".

14 Esses documentos serão identificados como DPCB.

francês. O objetivo é fornecer elementos para compreensão dos grupos estudados.

No segundo capítulo, buscamos retratar o novo modelo de feminilidade que se esboçou nos grandes centros brasileiros a partir dos anos 1960, enfatizando a experiência militante das mulheres que tiveram contato com o feminismo no exílio. São abordados elementos para se compreender o exílio e as primeiras tentativas de organização de mulheres nesse contexto, como o Comitê de Mulheres Brasileiras no Exterior.

O Grupo Latino-Americano de Mulheres é objeto do terceiro capítulo, no qual analisamos seu surgimento, sua composição e seu modo de funcionamento. O foco recai sobre sua publicação, o boletim bilíngue *Nosotras*. Procuramos reconstituir os primeiros anos do grupo, as discussões que marcaram sua emergência e, sobretudo, os debates em torno de conceitos e análises feministas.

O quarto capítulo é dedicado ao Círculo de Mulheres Brasileiras em Paris. As questões abordadas remetem ao modo de funcionamento do grupo, ao perfil de suas militantes, às atividades externas e internas, aos temas de debates, aos referenciais teóricos e à concepção de feminismo. Além disso, abordamos o significado da militância no grupo para as mulheres que dele participaram e fazemos alguns apontamentos acerca da sua influência na comunidade brasileira exilada na França e no movimento feminista brasileiro.

Este trabalho é uma versão modificada da dissertação de mestrado *Feminismo no exílio: o Círculo de Mulheres Brasileiras em Paris e o Grupo Latino-Americano de Mulheres em Paris,* defendida em 2010 na Universidade Estadual de Campinas sob a orientação da professora Angela Maria Carneiro Araújo e financiada pela Fundação de Amparo à Pesquisa do Estado de São Paulo (Fapesp).

CAPÍTULO I
Feminismo da "segunda onda": facetas de um movimento multiforme

Os anos 1960-1970 são palco de uma intensa efervescência feminista que tem início nos EUA, a partir da segunda metade da década de 60, mas que, pouco depois, adquire uma abrangência bem mais significativa, alcançando a maioria dos países europeus e chegando posteriormente a outros continentes. Essa vaga, que ficou conhecida como "segunda onda", é extremamente diversa e engloba uma multiplicidade de grupos, propostas e teorias feministas. Neste capítulo apresentaremos algumas de suas facetas, sem nenhuma pretensão de esgotar o tema, com o objetivo de fornecer alguns elementos para uma melhor comprensão do contexto de emergência dos grupos estudados. Começaremos por um breve panorama dos anos 1960-1970.

UM "CALDO DE CULTURA" REBELDE

Os anos 1960 e 1970 foram marcados por uma ebulição política e cultural. Movimentos de libertação nacional na Ásia e África, Revolução Cubana, guerrilhas na América Latina, guerra no Vietnã, Revolução Cultural Chinesa, Maio de 68, movimento *hippie*, feminismo são alguns exemplos de movimentos e eventos desses turbulentos anos.

Para Frederic Jameson,[1] podemos situar o início do que viria a ser conhecido como "anos 60" nos movimentos de descolonização da

---

1   JAMESON, Frederic. "Periodizando os anos 60". In: BUARQUE, Heloisa. *Pós-modernismo e política*. Rio de Janeiro: Racco, 1992.

20 MAIRA ABREU

África inglesa e francesa: independência do Congo (1957), da Tunísia, do Marrocos e do Sudão (1956). Mas, para além de terem sido um marco inicial, esses movimentos influenciaram, pelo menos indiretamente, a maioria dos grandes movimentos dessa década. Para alguns, como veremos, forneceram modelos político-culturais, como foi o caso do movimento feminista. Para outros, proveram a própria "missão": a resistência a guerras cujo objetivo era justamente reprimir as novas forças revolucionárias atuantes no Terceiro Mundo.[2]

Instabilidade política, lutas por reforma agrária, renascimento do movimento camponês foram comuns à realidade política de vários países latino-americanos nesse momento. Considerando os movimentos de descolonização na África e aqueles ocorridos no continente latino-americano, pode-se dizer que o epicentro dos movimentos políticos radicais no período foi a "periferia" do sistema. Mas, não apenas os povos do Terceiro Mundo emergiram na cena histórica como agentes políticos que se reconheceram na qualidade de sujeitos históricos. Houve também uma espécie de "Terceiro Mundo" dentro do Primeiro Mundo que começou a protagonizar movimentos de importante impacto naquele período, como afirma Jameson:

> Os anos 60 foram, assim, a época em que todos esses 'nativos' tornaram-se seres humanos, e isto tanto interna quanto externamente: aqueles internamente colonizados do Primeiro mundo – as 'minorias', os marginais e as mulheres – não menos que os súditos externos e os 'nativos' oficiais desse mundo.[3]

Esses movimentos colocaram em relevo na pauta política questões como "raça", a "questão da mulher", sexualidade etc. O

---

2 *Ibidem*, p. 84.
3 *Ibidem*, p. 85.

movimento feminista é parte desse "caldo de cultura" rebelde e não pode ser compreendido de forma isolada desse contexto.

As mulheres que deram início a essa vaga feminista na Europa e nos Estados Unidos partilhavam majoritariamente um histórico de algum tipo de vinculação com movimentos que eclodiram nos anos 1960. Nos Estados Unidos, por exemplo, muitas foram as feministas que iniciaram sua militância nos movimentos pelos direitos civis. Na França, os eventos de 1968 seriam um momento fundamental de radicalização para muitas que viriam a militar no movimento feminista.

Foi a partir dessa militância que muitas mulheres viram a necessidade de uma luta voltada para o combate de uma sociedade patriarcal e a necessidade de se organizar para combatê-la. Não era possível esperar que a mobilização partisse de outro grupo senão daquele que sofria diretamente as consequências da opressão, afirmavam: "Só o oprimido pode analisar e teorizar sua própria opressão e consequentemente escolher os meios de luta".[4] Assim como os negros, muitas mulheres começaram a se organizar em coletivos formados apenas por elas visando uma luta contra uma opressão comum. Embora não possamos generalizar essa prática para todo o feminismo, ela foi inegavelmente uma característica marcante da maioria dos grupos que se formaram neste contexto.

É importante notar que muitas analogias entre a condição de mulheres, negros e povos colonizados foram utilizadas neste contexto. Firestone observa sobre este ponto:

> Assim como o problema da escravidão incitou o feminismo radical do século dezenove, assim o problema do racismo estimulou o novo feminismo: a analogia entre racismo e sexismo tinha sido finalmente inferida. Assim que as pessoas admitissem e se confrontassem com seu próprio racismo, elas

---

4 PARTISANS, *Libération des femmes*. Paris: Maspero, 1974, p. 5.

não poderiam negar o paralelo. E se o racismo era eliminável, por que o sexismo não o seria também?[5]

O próprio nome que adotou uma parte do movimento, "movimento de libertação das mulheres",[6] fazia referência às lutas de libertação nacional. As primeiras referências ao uso da expressão "*women's liberation*" datam, segundo Alice Echols,[7] do verão de 1967, quando mulheres do *Students for a Democratic Society* (SDS) organizaram um *workshop* com o título "The Women's Liberation Workshop" declarando que "as mulheres estão em uma relação colonial em face dos homens e nós nos reconhecemos como parte do Terceiro Mundo".[8] Mas a expressão não teve aceitação imediata. Sobre a importância do nome adotado pelo movimento, o jornal *Women: a journal of Liberation*, em 1970, afirmava:

> As palavras que os movimentos usam para descrever eles mesmos geralmente sugerem os termos de suas próprias lutas. (...) é significativo que o termo normalmente usado para descrever o movimento de mulheres atual seja a palavra libertação. Essa palavra implica em uma profunda consciência do significado de nossa luta: as mulheres estão pedindo nada menos que a total transformação do mundo.[9]

---

5   FIRESTONE, Shulamith. *A dialética do sexo: um manifesto da revolução feminista*. Rio de Janeiro: Labor do Brasil, 1976, p. 42.

6   Optamos por traduzir "women's liberations mouvement" e "mouvement de libération des femmes" por "movimento de libertação das mulheres". Embora o mais comum seja traduzi-los por "movimento de liberação das mulheres", consideramos que "libertação" deixa mais claro o sentido original de uma aproximação com ideias dos movimentos de libertação nacional.

7   Echols, Alice. *Daring to be bad: radical feminism in America 1967-1975*. Minneapolis/ Londres: University of Minnesota Press, 1993.

8   *Ibidem*, p. 47.

9   Texto originalmente publicado como editorial do jornal referido no inverno de 1970. "WOMEN: a journal of Liberation. What is Liberation?". CROW, Barbara. (org.) *Radical feminism. A documentary reader*. Nova York e Londres: New York University Press, 2000, p. 67.

Segundo Echols, feminismo era um termo horrivelmente desacreditado por essas mulheres, que o associavam à "primeira onda" do feminismo, que elas rejeitavam como burguesa e reformista.[10] "Naquele tempo" – satiriza Germaine Greer em 1970 –, "gentis senhoras da classe-média clamavam por reforma. Agora mulheres pouco gentis da classe média reclamam revolução".[11] Shulamith Firestone usa o termo "libertação" como oposto de "emancipação" para denotar a "libertação de toda classificação sexual, em vez de meramente um igualamento dos papéis sexuais",[12] embora, ressalte considere-o muito pesado e prefira usar o termo "feminismo radical". Este complemento ("radical") foi utilizado por muitas militantes, visando a uma diferenciação em relação às tendências reformistas do movimento cujo representante principal era o *National Organization of Women* (NOW).

O NOW foi um dos grupos pioneiros nesse contexto. Sobre ele cabem alguns comentários. Betty Friedan publica, nos EUA, em 1963, *A Mística Feminina* descrevendo o "mal que não tem nome" que afligia milhares de mulheres daquele país no período. A publicação dessa obra dá-se num contexto inicial de visibilidade sobre a questão das mulheres nos EUA. Em 1961, no governo do presidente John Kennedy, é criada uma "Comissão sobre o Status da Mulher". Em 1966 seria fundado o NOW com o objetivo de pressionar o governo para implementar políticas de igualdade sexual. Na presidência da organização encontrava-se Betty Friedan que, no trecho abaixo, sintetiza a pauta política do NOW no momento da sua criação:

> Essas mulheres estavam convencidas que, para que uma mudança real ocorresse, deveria ser formado um novo grupo (em prol) dos direitos civis, que pudesse pressionar o governo a promulgar e aplicar leis contra a discriminação sexual.

---

10 ECHOLS, Alice. *Daring to be bad... Op. cit.*, p. 54.

11 GREER, Germaine. *A mulher eununco*. Rio de Janeiro: Artenova, 1971, p. 13.

12 FIRESTONE. Shulamith. *A dialética do sexo..., op. cit.*, p. 45.

Isso que agora, dentro de um novo feminismo, definimos como grupo "direito das mulheres"[13]

Como se vê, o *Women's liberation mouvement* apresentava características bastante distintas. As primeiras movimentações políticas que dariam origem a este movimento nos remetem aos anos de 1967-1968, quando se publicam artigos sobre o tema em periódicos de esquerda e se realizam importantes discussões, entre elas a Convenção do SDS já mencionada. O *Women's liberation* manifestou-se em uma infinidade de grupos, estilos e organizações (Redstockings, Cell 16, The Feminists, New York Radical Feminists etc). Mas não cabe aqui entrar nas particularidades dos grupos estadunidenses.

Na Europa, movimentações feministas começam a ocorrer também no final da década de 1960, particularmente após 1968, ano marcado por intensas mobilizações na Europa. Na França, que nos interessa particularmente, o movimento tem os primeiros lampejos nos últimos anos da década de 1960, mas somente em 1970 tornar-se-ia um movimento mais amplo. Um evento marcante será justamente uma manifestação em solidariedade a uma greve chamada por grupos feministas estadunidenses no aniversário de 50 anos do sufrágio feminino nos EUA, realizado em agosto de 1970, e que é considerado a primeira aparição pública do nascente movimento. Nesse evento, um grupo de mulheres deposita uma coroa de flores no monumento do Arco do Triunfo, no túmulo do soldado desconhecido, com os dizeres "Em honra à mulher ainda mais desconhecida do soldado desconhecido". A imprensa francesa, em analogia ao *women's liberation mouvement* estadunidense, batizaria, a partir de então, esse movimento de *Mouvement de Libération des Femmes*, nome que as próprias militantes passariam a adotar.

---

13 EVANS, Sara. *Personal Politics: The roots of Women's liberation in the Civil Rights movement and the New Left*. New York: Vintage Books, 1979, p. 19.

Nos próximos itens procuraremos apresentar de forma muito breve e panorâmica algumas questões candentes para o feminismo deste período[14] tais como politização do privado, noções como patriarcado, dentre outros, e que serão retomadas nos capítulos seguintes. Começaremos por um diálogo com o marxismo e as organizações de esquerda. Foi no marxismo que muitas feministas buscaram elementos para promover uma explicação *social* da subordinação feminina.[15] Consideramos que não é possível compreender plenamente este momento do feminismo, como enfatiza Gayle Rubin, sem entender a relação estreita, embora conflituosa, com a política da *new left* e com o pensamento intelectual marxista.[16]

UMA HERANÇA CONTESTADA

Muita/os foram as/os autoras/es dentro do espectro socialista a discutir, mesmo que de forma periférica, a assim chamada "questão da mulher". Embora o movimento socialista tenha dado origem a diversas elaborações sobre a questão – as quais não temos por objetivo analisar neste trabalho –, nos interessa a visão que *predominou* nesse movimento no século xx e que norteou os debates teóricos e políticos nesse campo. Para isso, começaremos por duas frases

---

14 Por limitações de ordem linguística e prática utilizamos nesse item fundamentalmente uma bibliografia francófona e anglófona, mais particularmente francesa, inglesa e estadunidense. Embora represente uma pequena parte das reflexões feministas do período, essas autoras foram traduzidas em diversas línguas e marcaram as reflexões feministas de diferentes países. Não há, portanto, nenhuma pretensão de exaustividade.

15 Como nos lembra Teresa de Lauretis, nos anos 1970 "a maioria de nós compartilhava uma concepção marxista de classe e uma perspectiva analítica materialista da exploração, embora na Europa aquela compreensão tenha precedido o feminismo, na América anglófona ela foi frequentemente um resultado de uma análise feminista do gênero." LAURETIS, Teresa. "When lesbians were not women". *Labrys, étudesféministesnuméro spécial*, septembre 2003. Disponível em: http://www.tanianavarroswain.com.br/labrys/special/special/delauretis.htm.

16 RUBIN, Gayle. "Tráfico sexual – uma entrevista". *Cadernos Pagu*. n. 21, 2003, p. 158.

26 MAIRA ABREU

de duas ativas militantes comunistas no início do século xx, Clara
Zetkin e Nadia Krupskaia:

> O princípio guia deve ser o seguinte: nenhuma agitação es-
> pecificamente feminista senão agitação socialista entre as
> mulheres. Não devemos pôr em primeiro plano os interesses
> mais mesquinhos do mundo da mulher: nossa tarefa é a con-
> quista da mulher proletária para a luta de classes.[17]
> As mulheres da classe operária constatam que a sociedade
> é atualmente dividida em classes. Cada classe tem seus in-
> teresses próprios. A burguesia tem os seus, a classe operá-
> ria tem outros. A divisão entre homens e mulheres não tem
> grande importância aos olhos das mulheres proletárias. O
> que une as mulheres trabalhadoras com os trabalhadores
> é muito mais forte do que o que os divide. (...) "Todos por
> um, um por todos!" Este "todos" inclui os membros da classe
> operária – homens e mulheres na mesma condição. A "ques-
> tão da mulher" para os operários e operárias é o problema
> de saber como organizar as massas atrasadas de mulheres
> trabalhadoras.[18]

Esses trechos ilustram uma concepção bastante difundida no
movimento socialista sobre a "questão da mulher". Essa concepção,
que compareceu nos primeiros debates sobre a questão ainda no final do século xix, tornou-se quase uma "ortodoxia" nas primeiras
décadas do século xx e, malgrado as virulentas críticas que sofreu
por parte do movimento feminista nas décadas de 1960 e 70, mos-
tra-se ainda presente, em alguma medida, no movimento socialista atual. A ideia básica que informa essa concepção é a diluição da
"questão da mulher" nas relações de classe (e das relações de classe
nas relações de propriedade, compreendidas as últimas em um sentido meramente jurídico), de modo a negar qualquer especificidade

---

17 ZETKIN, Clara. *La cuestion femenina y la lucha contra el reformismo*. Barcelona,
Anagrama, 1976, p. 107.

18 KRUPSKAIA *apud* HEINE. "De la I à la III Internationale, la question des femmes".
Critique Communiste, Paris, dez. 1977 - jan., 1978, p. 109.

que justificasse a necessidade de uma práxis e instrumentos mediatórios específicos para a superação da desigualdade entre homens e mulheres. A partir de uma interpretação da obra de Engels, *A origem da família, da propriedade privada e do Estado*, afirma-se que a origem da opressão da mulher tem início com a propriedade privada e conclui-se que a extirpação de ambas é um evento simultâneo: a transformação da propriedade privada em "propriedade socialista" implicaria necessariamente o fim da opressão da mulher. Nessa visão, toda a atividade prática, em vista do escopo último da revolução social, deve ser canalizada para a conquista e organização das "massas atrasadas" pelo partido, tomado como a única organização verdadeiramente vanguardista. O movimento feminista é considerado incapaz de levar às últimas consequências o seu princípio norteador, isto é, a igualdade entre homens e mulheres, efetível somente no âmbito da sociedade futura, e, dado que se concentra nos "interesses mais mesquinhos do mundo da mulher", é também considerado "divisionista" em relação à necessária unidade da classe operária e de seu partido, e como um elemento de dispersão, em relação ao escopo último da revolução. Diversos grupos feministas de inspiração de esquerda criticariam duramente, a partir dos anos 1960, o economicismo e o reducionismo dessa posição, sem, no entanto, abandonar uma luta anticapitalista e a ideia da necessidade de uma revolução.

Para uma grande parcela do movimento feminista do final dos anos 1960 e início dos anos 1970, a proposta feminista era uma radicalização das lutas de esquerda. Para Ellis Willis, fazendo referência aos Estados Unidos: "com poucas exceções, aquelas de nós que primeiro definiram o feminismo radical pressupuseram que radical implicava um posicionamento antirracista, anticapitalista e anti-imperialista. Nós nos víamos como radicalizando a esquerda por expandir a definição de radical para incluir feminismo".[19]

---

19 WILLIS, Ellis. "Radical feminism and feminist radicalism". In: SAYRES, S. *et al.*(org.) *The 60's without apology*, 1988, p. 93.

28   MAIRA ABREU

Embora seja um aspecto pouco mencionado, Shumamith Firestone[20] defende um "socialismo cibernético" como parte das transformações necessárias para uma revolução feminista. A autora recusava as análises elaboradas pela esquerda por considerar que estas não seriam "suficientemente radicais".[21] Kate Millet[22] se refere à necessidade de uma "revolução cultural" que "acarretando obrigatoriamente este processo de reorganização econômica e política implicado nos termos 'revolução', deve, igualmente, ir mais longe que isso".[23]

Nesse mesmo sentido, afirma Simone de Beauvoir vinte e seis anos após o *Segundo Sexo*. A revolução não poderia ser reduzida a uma tomada do poder, mas deveria incluir uma série de outras dimensões:

> A luta antissexista não é dirigida somente, tal como a luta anticapitalista, contras as estruturas da sociedade, tomadas no seu conjunto: ela se lança a cada uma de nós, naquilo que nos é mais íntimo e que nos parece mais certo. Sua contestação chega até nossos desejos, às formas de nosso prazer. Não recuemos diante dessa contestação; além do rompimento que ela provocará em nós, ela destruirá alguns de nossos entraves, ela nos abrirá a novas verdades.[24]

Na França, a importância da esquerda de uma forma geral e da teoria marxista de forma mais particular, é apontada por diversas autoras. Como afirma Christine Delphy, a esquerda era, nesse contexto, para uma parte do movimento, o "inimigo e interlocutor

---

20 Firestone foi co-fundadora do *New York Radical Women, Redstocking* e *New York Radical Feminists*. ECHOLS, Alice. *Op. cit.*, p. 381.

21 FIRESTONE, Shulamith. *A dialética do sexo...*, *op. cit.*, p. 51.

22 Kate Millet foi militante do *New York* NOW e do *New York Radical Women*. ECHOLS, Alice. *Daring...*, *op. cit.*, p. 383.

23 MILLET, Kate. *La politique du mâle*. Paris: Stock, 1971, p. 393.

24 BEAUVOIR, Simone de. "Préface". In: *Les femmes s'entêtent*. Paris: Gallimard, 1975, p. 13

privilegiado".[25] Para Françoise Picq, o MLF se situa "à extrema-esquerda da extrema-esquerda".[26]

Mas, as dificuldades em articular luta das mulheres e luta pelo socialismo não foram poucas. Diversas foram as tentativas teórico e práticas de compreender a opressão feminina sem diluí-la nas relações de classe. Uma discussão importante nesse contexto girou em torno da noção de patriarcado e em que medida este teria autonomia em relação ao capitalismo. Muita tinta correu nos anos 1960-1970 discutindo essa questão. Antes de passarmos ao conceito de patriarcado é necessário compreender a expansão do conceito de política promovido pelas feministas.

O PESSOAL É POLÍTICO

"O pessoal é político" foi uma bandeira emblemática do feminismo da "segunda onda". Tratava-se de uma ideia que se chocava fortemente com a concepção hegemônica do que era política. Diferentemente do feminismo do início do século, que tinha majoritariamente como pauta consignas específicas, restritas à esfera pública, tal como direito ao voto, acesso à educação etc., para grandes setores desse movimento que se desenvolveu nos anos 1960-1970, a política ganhou um sentido muito mais amplo. Sheila Rowbotham, no final dos anos 1960, postulava a necessidade de uma revolução a partir do "particular", do que era considerado como "pequenas coisas":

> Queremos dirigir ônibus, jogar futebol, usar canecas de cerveja e não copos de vidro. Queremos que os homens tomem a pílula. Não queremos ser levadas como apetrechos nem convidadas como esposas. Não queremos ser embrulhadas em celofane, nem sair da sala para fazer o chá, nem

---

25 DELPHY, Chrstine. "Le patriarcat, le féminisme et leurs intellectuelles". [1981]. DELPHY, Christine. L'ennemi principal 2. Penser le genre. Paris: Editions Syllepse, 2009, p. 232.

26 PICQ, Françoise. Libération des femmes. op. cit., p. 185.

ser empurradas para o comitê social. Mas essas são só pequenas coisas. As revoluções se fazem nas pequenas coisas. Pequenas coisas que nos acontecem o tempo todo, todo dia, onde quer que a gente vá, a vida inteira. Aqui o dominado se relaciona com o dominador; aqui se concentra o descontentamento; e aqui a experiência é sentida, expressa, articulada, enfrentada – através do particular.[27]

Kate Millet, nesse mesmo sentido, propunha, em 1970, que a relação entre os sexos fosse entendida numa perspectiva política e que o sexo se tornasse uma "categoria com estatuto próprio e com implicações políticas".[28] Para isso, sugeria um conceito expandido de política, referindo-se às "relações estruturadas pelo poder, às medidas pelas quais um grupo de pessoas é controlado por outro".[29] Nesse sentido, a luta feminista não deveria se limitar a uma luta na "esfera pública", porque a dominação masculina permearia as mais diferentes áreas da vida. A política deveria incidir sobre qualquer relação de poder, independentemente da esfera em que esta relação se manifestasse.

Essa concepção se diferencia claramente daquela proposta por um feminismo de cunho mais "liberal" como aquele propugnado por Betty Friedan. A solução proposta por Friedan para superar o "mal que não tem nome" – longe de uma subversão total do sistema que provocava este estado de coisas – era uma saída individual, uma reformulação da vida para a mulher norte-americana, um "novo plano de vida":

> Primeiro é preciso dizer "não" à imagem da dona de casa. Isso não significa, naturalmente, divorciar-se do marido, abandonar os filhos, renunciar ao lar. Não é preciso escolher entre casamento e profissão – esta foi a opção errada da mística fe-

---

27 ROWBOTHAM, Sheila apud TARIQ, Ali. O poder das barricadas: uma autobiografia dos anos 60. São Paulo: Boitempo, 2008, p. 329.

28 MILLET, Kate. "Uma política sexual". In: LAMAS, M.; SOLANAS, V. et al. Mulheres contra homens? Lisboa: Publicações Dom Quixote, 1971, p. 150.

29 MILLET, Kate. "Uma política...". Op. cit., p. 150.

minina. Na verdade, não é tão difícil como se sugere conciliar casamento e maternidade com o objetivo pessoal que antigamente recebia o nome de "carreira" [...] O primeiro passo é considerar o trabalho doméstico tal qual ele é na realidade – não uma profissão, mas algo que deve ser feito com o máximo de rapidez e eficiência. [...] O segundo passo, e talvez o mais difícil para os produtos de uma educação orientada para o sexo, é encarar o casamento como ele de fato é, pondo de lado o véu de glamour imposto pela mística feminina.[30]

Além de supor que os problemas que afligiam as mulheres poderiam ser resolvidos individualmente, Friedan não questiona a instituição do casamento nem a obrigatoriedade da mulher realizar o trabalho doméstico. A mulher "proposta" por Friedan deve cumprir bem sua função de mãe e esposa conciliada com uma carreira profissional.

Voltando à questão da politização do privado, cabe dizer que um dos instrumentos utilizados nesse sentido pelo movimento feminista foram os "grupos de reflexão" ou de "auto-consciência", como ficaram conhecidos no Brasil, ou *consciousness-raising groups* nos EUA. Estes eram pequenos grupos que partiam das experiências pessoais e cotidianas das mulheres, tendo como objetivo levá-las à percepção de uma opressão comum e à criação de uma identidade que superasse as suas "experiências atomizadas e fragmentárias".[31] Juliet Mitchell em 1970 descrevia da seguinte forma este processo:

O processo de transformação dos temores secretos individuais da mulher até alcançar um grau de consciência que torne possível compartilhar seu significado como problema social, o poder descarregar a ira, a ansiedade, a luta que entranha o poder, proclamar o doloroso e transformá-lo em polí-

---

30 FRIEDAN, Betty. *A Mística Feminina*. Petrópolis: Vozes, 1973, p. 294.

31 ROWBOTHAM, Sheila. *A conscientização da mulher no mundo do homem*. Rio de Janeiro: Globo, 1983, p. 74.

tico: este é o processo chamado de criação de consciência [*consciousness-raising*].[32]

Tratava-se de um elemento fundamental no processo de politização do privado. Assim, as vivências individuais poderiam ser percebidas como parte de uma condição social e histórica comum. Tratava-se, portanto, também de um momento de formulação teórica. Num texto considerado como fundador da ideia de grupos de autoconsciência, Sarachild afirmava: "Nossos sentimentos nos conduzirão a nossa teoria, nossa teoria à nossa ação, nossos sentimentos nesta ação a uma nova teoria e em seguida a uma nova ação".[33] Nesse processo de formulação teórica buscando explicar uma opressão vivida, surge, entre outros, o conceito de patriarcado.

PATRIARCADO

Um conceito fundamental que surge nesse contexto é o conceito de patriarcado. Este é formulado como uma tentativa de prover uma base autônoma para a opressão da mulher e uma justificativa teórica para a autonomia da política feminista. Ele não foi primeiramente formulado pelas feministas da "segunda onda", mas seriam elas que lhe dariam um novo significado. Grosso modo, patriarcado passou a designar uma formação social na qual os homens detêm o poder. Seria quase um sinônimo para "dominação masculina" ou "opressão às mulheres", mas, diferentemente dessas expressões, patriarcado designaria um sistema, uma estrutura, e não relações individuais.[34] Transferia-se, assim, o problema do nível individual para o coletivo. Além disso, ressalvava-se a especi-

---

32 MITCHELL, Juliet. *La Liberación de la Mujer*. Barcelona: Editorial Anagrama, 1977, p. 65.

33 SARACHILD, Kathie. "Un programme pour 'l'éveil d'une conscience' féministe". *Partisans*, n. 54-55, jul. - out., 1970, p. 66.

34 DELPHY, Christine. "Patriarcado". HIRATA, Helena, LABORIE, Françiose *et.al.* Dicionário crítico do feminismo. São paulo: Editora Unesp, 2009.

ficidade da opressão à mulher e a necessidade de uma luta autônoma especificamente feminista.

A primeira formulação nessa acepção é atribuída a Kate Millet, em *Sexual Politics*, publicado em 1969. Essa categoria foi rapidamente apropriada por uma parte do movimento, designando um sistema a ser combatido. Para Kate Millet, o patriarcado seria a instituição na qual metade da população, as mulheres, seria controlada pela outra metade, que são os homens: "os princípios do sistema patriarcal parecem ser duplos: os machos devem dominar as fêmeas, os machos mais velhos devem dominar os mais jovens".[35] A instituição fundamental desse sistema seria a família, que teria duas funções centrais: socialização e reprodução. O patriarcado, malgrado a "grande diversidade no espaço e no tempo", seria "uma constante social tão profundamente radicada que domina todas as outras formas políticas, sociais ou econômicas, sejam elas de casta ou classe, feudalismo ou burocracia, tal como se infiltra em todas as religiões principais".[36] Mas, é importante ressaltar que, para Kate Millet, a dominação masculina não pode ser entendida como tendo origem em fatos da fisiologia. A autora nega que o "temperamento" esteja ligado a fatores biológicos e, tal como Stoller, que a mesma cita em apoio à sua tese, faz uma distinção entre sexo e gênero.[37]

Em contraste com essa análise, para Firestone, a base do patriarcado seria a divisão entre duas "classes sexuais": homens e mulheres. Esse "sistema de classes sexuais" teria por base o papel da mulher na reprodução biológica da espécie. A crítica de Firestone ao marxismo aponta para a insuficiência deste para analisar a dinâmica desse sistema, dado que suas categorias se voltariam quase exclusivamente para a apreensão da realidade socioeconômica.[38] A

---

35 MILLET, Kate. "Uma política sexual...". *Op. cit*, p. 151.
36 *Ibidem*, p. 154.
37 MILLET, Kate. *Uma política sexual. Op. cit.*, p. 159.
38 FIRESTONE, Shulamith. *A dialética do sexo..., op. cit.*, p. 22.

34   MAIRA ABREU

destruição do patriarcado requereria uma sublevação das mulheres, uma "revolução feminista" que liberasse a mulher do seu papel de reprodutora. Para que isso ocorresse, a autora considera que seria necessário o controle sobre esse processo, por meio de medidas como contracepção e reprodução artificial.

Na França, o conceito de patriarcado foi amplamente utilizado. Uma importante autora nesse debate foi Christine Delphy. Em 1970, Delphy publicaria, sob o pseudônimo de Christine Dupont, o texto *L'ennemi principal* (O inimigo principal). Neste texto, a autora procura "encontrar as razões estruturais que fazem com que a abolição das relações de produção capitalistas em si não seja suficiente para libertar as mulheres".[39] Para ela, o patriarcado seria um sistema de subordinação das mulheres aos homens nas sociedades industriais contemporâneas (apesar de esse recorte histórico não ficar claro nesta primeira elaboração de Delphy). Esse sistema teria uma base que não seria a reprodução biológica ou qualquer fator relacionado à biologia. Trata-se do modo de produção doméstico. Haveria, em nossa sociedade, dois modos de produção: o modo de produção industrial e o modo de produção doméstico. O primeiro daria lugar à exploração capitalista e o segundo, à exploração familiar "ou mais exatamente patriarcal", já que seria caracterizado pela apropriação pelos homens do trabalho das mulheres. Esse texto suscitou diversos debates, particularmente entre feministas mais próximas de organizações de esquerda.

Como afirmamos acima, a questão da relação entre patriarcado e capitalismo foi uma das grandes discussões presentes no movimento. É a partir de divergências em relação a essa questão que se estabelece uma categorização do movimento feminista, largamente utilizada, em duas correntes: feminismo socialista e feminismo radical.

De um lado, um feminismo "socialista" que basearia suas análises na concepção que a subordinação das mulheres seria uma

---

39   DUPONT. "O inimigo principal". In: DURAND, E. *et al. Liberação da mulher: ano zero.* Belo Horizonte: Interlivros, 1978, p. 94.

consequência do capitalismo. Do outro, um feminismo "radical" que conceberia essa subordinação como uma consequência do patriarcado ou de outra forma de dominação masculina sistemática. Colocadas nestes termos, parece haver uma oposição rígida entre essas duas "orientações". Mas, quando analisamos como concretamente os grupos se posicionaram frente à questão podemos ver, como aponta Jackson,[40] que há mais um *continuum* entre essas análises que uma ruptura. Entre esses dois pólos, uma série de teorias foram formuladas.

Para algumas, a explicação para a subordinação das mulheres teria origem nas relações de produção (seja nos termos de uma análise marxista mais ortodoxa, que a atribui ao capitalismo, seja a partir da consideração de que o processo de produção gera tanto relações capitalistas como patriarcais). Outras enfatizavam a reprodução (por exemplo, Michele Barret), entendida muitas vezes como reprodução biológica, como em Firestone.[41] Outras ainda buscavam explicar a subordinação em termos ideológicos, tal como Juliet Mitchell em *Feminismo e psicanálise*.[42]

A ideia de um identidade, de um "nós mulheres" foi um elemento fundamental para o feminismo da "segunda onda". Tratava-se de um momento, como afirma Joana Pedro,[43] de constituição de identificações. As diversas publicações com os nomes "Nós Mulheres", "Nosotras", "Noidonne", como lembra essa autora, são emblemáticas desse momento. Nesse contexto, enfatizou-se, muitas vezes, mais as

---

40 JACKSON, Stevi. "Marxisme et féminisme". In: BIDET, Jacques. (org.). *Dictionnaire Marx contemporain*. Paris: PUF, 2001.

41 FIRESTONE, Shulamith. *A dialética do sexo..., op. cit.*, 1976.

42 JACKSON, Stevi. "Marxisme et feminisme". *Op. cit.*

43 PEDRO, Joana. "Nosotras, Nós Mulheres, Nos/Otras, Noidonne - Rede de divulgação feminista dos anos 70 e 80". In: WOLFF, Cristina Scheibe; FAVERI, Marlene de. RAMOS, Tânia Regina de Oliveira (org.). *Leituras em Rede: gênero e preconceito*. Florianópolis: Mulheres, 2007.

36   MAIRA ABREU

semelhanças que as diferenças. Mas, a emergência dessa identidade deve ser compreendida no contexto no qual foi elaborada.

Para algumas, as mulheres seriam uma "classe" oprimida, cuja condição seria comparável à do proletariado. Outras, inspiradas nos movimentos anticoloniais e antirracistas, preferiam a ideia de "casta". Outras ainda evocavam a ideia de diferença sexual para explicar os traços comuns da feminilidade.[44] A explicação para a natureza das características comuns às mulheres não foi unânime e deu origem a diferentes teorizações.

Consideramos que foi fundamentalmente numa conjuntura na qual se negava a especificidade da "opressão feminina" que essa categoria ganhou preeminência. Um dos fatores fundamentais foi o embate com uma grande parte da "esquerda" que insistia em tudo subordinar a um sistema de classe. Nos EUA, como afirma Echols,[45] a tendência do feminismo radical em subordinar classe e raça ao gênero e de falar hiperbolicamente sobre um "sisterhood" universal, foi, em larga medida, uma reação às análises da esquerda que privilegiavam classe e raça. Na França, para Lepinard, a necessidade para o movimento feminista de se emancipar de uma extrema esquerda desejosa de colocá-lo sob sua tutela explicaria, em grande medida, por que a categoria "mulheres" permaneceu um sujeito não questionado tanto na teoria como na ação feminista.[46] As editoras da revista *Nouvelles questions féministes* faziam já, em 1980, uma autocrítica a essa postura: "ocupadas em resistir ao chapeamento das análises de classe (...) nós privilegiamos os pontos comuns entre as mulheres".[47]

---

44   ERGAS, Yasmine. "O sujeito mulher: o feminismo dos anos 1960-1980". In: DUBY, G.; PERROT, Michelle. *História das mulheres no Ocidente*, v. 5. Lisboa: Afrontamento; São Paulo: Ebradil, 1990, p. 595.

45   ECHOLS, Alice. *Daring to be bad: radical feminisme in América 1967-1975*. Minneapolis/Londres: University of Minnesota Press, 1993.

46   LEPINARD, Éléonore. "Malaise dans le concept. Différence, identité et théorie féministe". *Cahiers du genre*, n. 39, 2005, p. 114.

47   "Editorial". *Nouvelles Questions Féministes*. n. 1, nov. 1981, p. 11.

Por fim, deve-se ressaltar que a ideia de uma categoria "mulheres" produzida por um sistema de dominação autônomo foi fundamental para a autonomização do movimento feminista.[48] Além disso, esses "pontos comuns" entre mulheres não remetiam necessariamente à biologia. Embora o essencialismo seja uma característica constantemente evocada quando se pensa o feminismo da "segunda onda", essa questão foi objeto de inúmeros debates no seio do movimento. Como veremos no próximo item, essa discussão deu origem a acalorados debates na França. Para largos setores do movimento feminista a crítica ao essencialismo foi uma ideia fundamental. Sem nenhuma intenção de analisar em profundidade a questão, cabe dizer que uma das autoras de grande importância para essa crítica foi Simone de Beauvoir. O antinaturalismo[49] de Beauvoir, sintetizado na "frase-símbolo" "Não se nasce mulher, torna-se mulher" foi ponto de partida para muitas feministas. Se a feminilidade era uma construção social, esta podia ser combatida e superada. Essa afirmação do caráter fundamentalmente social da feminilidade[50] culminou em elaborações fortemente antiessencialistas como aquelas propostas por autoras vinculadas à revista *Questions féministes* que não somente analisam as noções de feminilidade e masculinidade como construções sociais

---

48 BILGE, Sirma. "De l'analogie à l'articulation: théoriser la différenciation sociale et l'inégalité complexe". *L'Homme et la société*, 2010/2, n°, p. 176-177.

49 Para Sylvie Chaperon coexistiriam na obra de Beauvoir duas grandes tendências do pensamento feminista: uma naturalista e outra culturalista. Apesar de promover uma forte crítica aos pressupostos naturalistas, Beauvoir não teria conseguido se desvincular totalmente das concepções que combatia. Ver: CHAPERON, Sylvie. *Les années Beauvoir 1945-1970*. Paris: Fayard, 2000, p. 158-159.

50 Para além disso, Butler considera que a ênfase de Beauvoir no corpo como objeto de interpretação cultural abre a possibilidade de um questionamento da própria ideia de sexo como um dado natural. Assim, Beauvoir começaria a entrever que o gênero pode não ser uma consequência inevitável do sexo biológico. Se as implicações radicais dessa ideia não foram plenamente elaboradas por Beauvoir, outros autores, como Michel Foucault e Monique Wittig (e as feministas materialistas em geral, podemos acrescentar) o fariam posteriormente. Ver BUTLER, Judith. "Sex and Gender in Simone de Beauvoir's second sex". In: FALLAIZE, Elisabeth. *Simone de Beauvoir: a critical reader*. Londres/Nova York, 1998.

38   MAIRA ABREU

mas consideram que as diferenciações sociais entre os sexos não preexistem logicamente às relações sociais que as engendram.

Mas, cabe lembrar que para outros setores do movimento, como a tendência diferencialista do feminismo francês e o feminismo cultural,[51] nos Estados Unidos, a valorização da diferença, calcada muitas vezes na biologia, foi um elemento fundamental.

No próximo item faremos um panorama do *Mouvement de Libération des Femmes* na França para melhor situarmos o contexto de emergência dos grupos que constituem o objeto central deste trabalho.

MOUVEMENT DE LIBÉRATION DES FEMMES (MLF)

> *Étudiant qui remet tout en question,*
> *les rapports de l'élève au maître,*
> *As-tu pensé aussi à remettre en question*
> *Les rapports de l'homme à la femme?*[52]

Partiremos aqui de 1970, um ano repleto de momentos "fundadores" para o *Mouvement de Libération des Femmes* na França. Data deste ano a publicação do artigo "Combat pour la libération de la femme" assinado por Monique Wittig, Gilles Wittig, Marcia Rothenburg e Margaret Stephenson no periódico de esquerda *L'idiot International*.[53] Em agosto é realizada a primeira aparição pública do movimento, em solidariedade a uma greve chamada por mulheres estadunidenses, como já mencionamos acima. É de 1970 também a

---

51   Para maiores informações sobre o feminismo cultural ver: ECHOLS, Alice. *Daring to be bad: radical feminism in América 1967-1975*. Minneapolis/Londres: University of Minnesota Press, 1993 ; WILLIS, Ellis. Radical feminism and feminist radicalism. In: SAYRES, S. et. Al. *The 60's without apology*, 1988.

52   Tradução: "Estudante que tudo questiona, que [questiona] as relações entre aluno e professor, você já pensou em questionar as relações entre homens e mulheres?" Pichação em 1968 nos muros da Sorbone. PICQ, Françoise. *Libération des femmes. Les années-mouvement*. Paris: Seuil, 1993, p. 12.

53   ROTHENBURG, Marcia; STEPHENSON, Margaret; WITTIG ,Gille; WITTIG, Monique, "Combat pour la libération de la femme". *L'idiot international,* n. 6, mai 1970.

primeira publicação coletiva do nascente movimento: um número especial e duplo da revista *Partisans*[54] com artigos de feministas estadunidenses e francesas.[55]

O MLF nasce a partir da reunião de alguns pequenos grupos já existentes. Mas, as inúmeras divergências não as impediu, ao menos inicialmente, de articular uma luta comum, como nos mostra Françoise Picq:

> No mesmo movimento, encontram-se aquelas para as quais este deve ser uma parte do movimento social e aquelas para as quais a luta de mulheres não seria apenas [uma luta] subordinada a alguma outra, aquelas para as quais a diferença entre os sexos é um produto da opressão e aquelas que trabalham para fazerem-nas saírem da repressão. É o debate entre esses pontos de vista indissociáveis e contraditórios que faz a riqueza do movimento.[56]

Para Picq, o MLF nasce da confluência de dois principais sistemas de análise, o marxismo e a obra de Beauvoir.[57] O marxismo era o quadro teórico de diferentes movimentos políticos do período e militantes do MLF utilizariam alguns autores e movimentos desse universo intelectual para legitimar suas lutas, entre eles: Engels, Bebel, Franz Fanon, entre outros. Do marxismo tomariam a ideia de luta coletiva e projeto revolucionário além de uma série de conceitos. Quanto a Beauvoir, sua obra *O segundo sexo* seria fundamental para o movimento ao ressaltar o caráter fundamentalmente social

---

54 Un groupe de femmes. "Introduction à l'édition de 1972". *Partisans*, n. 54-55 (Libération des Femmes: année zero), julho-outubro de 1970.

55 Para maiores informações sobre esses eventos iniciais ver: DELPHY, Christine. "Les origines du Mouvement de libération des femmes en France". *Nouvelles Questions Feministes*, n. 16-17-18, 1991.; PICQ, Françoise. *Libération des femmes. Op.cit.*; CHAPERON, Sylvie. *Les années Beauvoir 1945-1970*. Paris: Fayard, 2000.

56 PICQ, Françoise. *Libération des femmes. Op. cit.*, p. 185.

57 *Ibidem.* p. 29.

40 MAIRA ABREU

da opressão feminina. Desta tomaram a consciência da desigualdade social entre os sexos e a definição de "outro".[58]

Muitas militantes do movimento eram provenientes de organizações de esquerda, mas é em oposição e até mesmo em ruptura com suas organizações que esse movimento se configura. Como consta em relatos da esquerda, não era apenas a indiferença que caracterizava a relação do movimento operário com a nova pauta feminista, mas frequentemente a hostilidade aberta. A reprodução dos velhos papéis sexuais dentro dessas organizações, o menosprezo à condição da mulher e ao nascente movimento feminista seriam duramente criticados por mulheres oriundas dessas organizações:

> Quem cozinha enquanto eles discutem a revolução? Quem cuida das crianças enquanto eles vão às reuniões políticas? (...) Quem toma notas enquanto eles estão no microfone? Somos nós, sempre nós![59]

A teoria e as práticas do movimento deveriam emergir a partir da experiência vivida. Nesse sentido, um princípio fundador era a primazia do "vivido" (*vécu*).

> Não há um outro saber sobre a opressão das mulheres que a experiência pessoal, o vivido. Recusando toda teoria exterior, as mulheres afirmam sua posição de sujeito, somente elas são capazes de definir seus objetivos, suas estratégias.[60]

"Só o oprimido pode analisar e teorizar sua própria opressão e consequentemente escolher os meios de luta"[61] afirmavam. A teoria seria um resultado da experiência coletiva das mulheres. Esse é um

---

58 *Ibidem*, p. 29.
59 *Ibidem*, p. 31.
60 *Ibidem*, p. 357.
61 Un groupe de femmes. "Introduction à l'édition de 1972." PARTISANS. *Libération des femmes*. Paris: Maspero, 1974, p. 5.

dos motivos pelos quais muitos dos textos dos primeiros anos do movimento não eram assinados individualmente mas por "grupos de mulheres", "algumas militantes", "mulheres". Nada de lideranças, vedetes, teóricas do movimento, afirmavam. Nenhuma apropriação pessoal das elaborações coletivas. Pseudônimos também foram muito adotados num primeiro momento. Esta estratégia também está vinculada à necessidade, em alguns casos, do anonimato por motivos profissionais ou pessoais e à recusa em utilizar o sobrenome (que é normalmente paterno ou do marido).[62]

Outros dois importantes princípios são autonomia e reunião somente entre mulheres. A noção de "autonomia" reivindicada era bastante ampla. Tratava-se de uma autonomia política – não só em relação ao Estado mas também aos partidos políticos (particularmente em relação à esquerda, da qual eram mais próximas), sindicatos etc. – mas também uma autonomia teórica, como vimos acima.

A reunião somente entre mulheres é uma característica organizacional típica do feminismo desse período. Essa prática, no MLF, parece ter se espelhado na luta do movimento negro estadunidense e na experiência feminista dos EUA, por um lado, mas também em eventos específicos do nascente feminismo francês. Na primeira publicação coletiva do movimento esse aspecto já é ressaltado:

> Nós tomamos consciência de que, a exemplo de todos os grupos oprimidos, nós deveríamos assumir a tarefa de lutarmos pela nossa própria libertação (...) os homens não estão diretamente preocupados e, objetivamente, tiram vantagens da sua situação de opressores. Somente o oprimido pode analisar e teorizar sua opressão e, por conseguinte, eleger os meios da luta.[63]

---

62 Para maiores informações sobre o anonimato ver item. "Questions de methode". In: PICQ, Françoise. *Libération des femmes. Op. cit.*

63 PARTISANS. *Libération des femmes*. Paris: Maspero, 1973, p. 9.

42 MAIRA ABREU

Essas questões nos remetem às formas de organização adotadas pelo movimento. O MLF não se configurava como uma organização com estatuto, normas de funcionamento etc. Era um movimento sem uma forma pré-fixada, que pretendia criar algo essencialmente distinto da estrutura tradicional dos movimentos de esquerda. Influenciado pelo conteúdo antiautoritário e antiburocrático de 1968, o feminismo fazia eco à demanda de uma nova forma de organização política, horizontalizada, sem lideranças, sem separação entre público e privado e com uma nova linguagem. Falar de organização, diziam no boletim *Le torchon brûle* é "preparar a morte do movimento". A organização não organizaria nada além dela mesma.[64] Para F. Picq:

> O movimento de mulheres toma forma na recusa de toda forma, de todo compromisso. A democracia direta não é uma palavra vã. Nada de organização a refrear o movimento espontâneo de cada uma. Nem teoria de liberação, nem regras comuns, nem decisões coletivas. Nenhum chefe ou responsável, nenhuma palavra que faça lei. O MLF não quer reproduzir em nada aquilo que critica-se nos outros, nos grupos mistos dominados pelos homens. Entre as mulheres, inventamos algo de radicalmente novo, na confiança, na espontaneidade, na igualdade entre todas; na afetividade necessária a uma ação comum. (...) O MLF não é uma organização. Não é um grupo. É um movimento de contornos indefinidos e por definição extensível.(...) O MLF não fala em nome das mulheres, que não são representáveis. [...] O MLF "são todas as mulheres".[65]

Na prática, essa visão do movimento não era unânime e gerou debates e críticas, particularmente de setores próximos das organizações de esquerda.

---

64 *Le Tourchon Brûle*, n. 2 *apud* GUADILLA, Naty. *Libérations des femmes le* M.L.F. Paris: Puf, 1981, p. 32.

65 PICQ, Françoise. *Libération des femmes. Op. cit.*, p. 88-89.

Os grupos se formavam de maneira independente, por afinidades políticas e pessoais, para discutir um problema particular ou simplesmente para a preparação de uma ação, de uma manifestação, como bem sintetiza Françoise Picq:

> Reuníamo-nos para refletir juntas sobre a origem do patriarcado, o trabalho doméstico, o aborto, o estupro, a homossexualidade, o desejo, o prazer, o ciúme, a violência..., Reuníamo-nos por bairro. Reuníamo-nos por afinidades. Para fazer música, costura, pintura ou cuidar das crianças. Reuníamo-nos para falar de nós, da nossa experiência, dos nossos problemas, como se o grupo de mulheres possuísse a solução que cada uma não conseguia encontrar sozinha.[66]

Essas agremiações poderiam durar anos, uma estação, alguns meses ou mesmo o "tempo de uma rosa" como nos mostra Picq. Havia espaços de confluência de grupos e indivíduos como as famosas assembleias no *Beaux-Arts*, ou eventos como as *Journées de denonciation de crimes contre les femmes* (1972), as grandes manifestações pela legalização do aborto etc. Mas, o movimento é muito mais diverso e multifacetado que esses grandes eventos.

O MLF, comparado aos movimentos feministas que o antecederam, inovou em vários aspectos: nas temáticas abordadas (sexualidade, aborto etc), na radicalidade de suas proposta, na forma de organização (recusa de hierarquias, movimento só de mulheres e autônomo). Embora muitas militantes desconsiderassem a movimentação anterior a 1970 (o "ano zero")[67] tanto por motivos políticos como por desconhecimento, as rupturas do MLF foram preparadas

---

66 PICQ, Françoise. *Libération des femmes. Op. cit.*, p. 121.

67 "Esse radicalismo revolucionário e a forte coloração soixante-huitard explicam as relações tempestuosas entre as novas militantes e as antigas associações. As primeiras ignoram as segundas que as caricaturam". CHAPERON, Sylvie. "La radicalisation des mouvements féminis francais de 1960 à 1970". *Vingtième Siècle. Revue d'histoire*, n. 48, oct.-dec., 1995, p. 72.

por uma lenta transformação nas duas décadas anteriores à grande explosão feminista.[68]

Diferentemente do feminismo estadunidense, o feminismo francês não teve nenhuma corrente "liberal" relevante que se centrasse na busca de melhorias legais. O movimento tinha como propostas transformações radicais que não poderiam ser realizadas dentro do sistema vigente.

As pautas e bandeiras de luta do movimento são diversas e abarcam um leque de temas. Para Françoise Picq, no número especial da revista *Partisans*, considerada a primeira publicação coletiva do MLF, alguns dos grandes temas do movimento eram anunciados: aborto, violência sexual, sexualidade, trabalho doméstico, relações sociais e relações políticas entre os sexos.[69]

Segundo a mesma autora, o tema central mobilizador do MLF era a liberdade de dispor do próprio corpo, resumido na palavra de ordem "Nosso corpo nos pertence", largamente utilizada. Os corpos disciplinados, vistos apenas na sua função procriativa, a ignorância da mulher sobre o seu próprio corpo, a falta de prazer feminino, a sexualidade vivenciada com culpa, o estupro, o poder médico como detentor do saber sobre o corpo e disciplinador do mesmo foram temas candentes para o movimento.

As primeiras grandes mobilizações do MLF foram pela legalização do aborto, que era um tema que unificava diferentes setores da sociedade e constituía-se como uma importante bandeira para o MLF. Grandes mobilizações em torno dessa temática foram a marca do MLF na primeira metade da década de 1970. Elas se baseavam na ideia de que "não há liberdade para as mulheres sem livre disposição de seus corpos".[70] Esta luta exige a total liberdade para aborto e contracepção.

---

68 CHAPERON, Sylvie. *Les années Beauvoir 1945-1970*. Paris: Fayard, 2000.

69 *Idem*.

70 PICQ, Françoise. *Libération des femmes. Op. cit.*

Outra luta que se destaca é contra o estupro e violência, particularmente depois de 1975. Debates internacionais que suscitaram vivas polêmicas nos países anglo-saxões tiveram presença marginal ou inexistente no cenário francês tal como a questão do lugar ocupado pela pornografia e pela prostituição no quadro da opressão das mulheres, entre outros.[71]

DIVERGÊNCIAS E TENDÊNCIAS

Se o combate ao patriarcado unificava as mais diferentes visões dentro do MLF, particularmente nos primeiros anos, divergências sobre a "natureza" da diferença entre os sexos foi um dos elementos que polarizou o movimento. Depois de alguns combates comuns, afirma Picq, o movimento se cindiu em dois em torno de duas concepções da diferença sexual: denúncia dos papéis e do condicionamento social ou busca e valorização de sua especificidade.[72] Diversos são as/os autoras/es a apontar uma cisão entre essas duas formas de conceber a "natureza" da diferença sexual.[73]

De um lado, um feminismo chamado "diferencialista", que considera a diferença entre os sexos um elemento ontológico e essencial e que propõe uma valorização do feminino. Do outro, um feminismo "universalista" para o qual a 'natureza feminina' é uma construção social e que precisa ser combatida. Antoinette Fouque e Simone de Beauvoir "personificam" respectivamente essas duas

---

71 LHOMOND, Brigitte. "Sexualité". In: HIRATA, H. *et al. Dictionnaire critique du féminisme*. Paris: PUF, 2000, p. 216.

72 PICQ, Françoise. "Un homme sur deux est une femme. Les féministes entre égalité et parité (1970-1996)". *Les Temps modernes*. n. 597, abril-maio, 1997, p. 222.

73 KANDEL, Liliane. "Sur la difference des sexes et celle des féminismes". *Les Temps modernes*, n. 609, Paris, junho-julho-agosto, 2000; COLLIN, Françoise. "Diferença dos sexos (teorias da)" (verbete). In: HIRATA, Helena; LABORIE, Françoise *et al. Dicionário Crítico do feminismo*. São Paulo: Editora Unesp, 2009; BEAUVOIR, Simone. "France: Feminism – Alive, Well, and in Constant Danger". In: MORGAN, R. *Sisterhood is Global. The International Women's Movement Anthology*. Garden City, Nova York: 1984; entre outros.

tendências. Essa questão não se coloca apenas no plano teórico mas tem profundas consequências práticas, como veremos. Muitas seriam as feministas a herdar o antiessencialismo de Beauvoir. Elas ficaram conhecidas como "universalistas". Essa posição é defendida por duas tendências do MLF, o "feminismo revolucionário" e "luta de classes".

Segundo Françoise Picq, não há propriamente uma tendência feminista revolucionária, nem mesmo um grupo regular. Esta se constitui mais como corrente de pensamento, de limites imprecisos e variáveis.[74] Algumas das ideias compartilhadas eram: a luta prioritária contra o patriarcado e contra a subordinação da mulher pelo trabalho doméstico. Havia um gosto por ações espetaculares. São principalmente dessa "tendência" as manifestações "espetaculares" que caracterizam os primeiros atos públicos do MLF.

Um dos textos considerados fundamentais para o "feminismo revolucionário" é *L'ennemi principal* de Christine Delphy publicado pela revista Partisans já mencionada. Neste texto, Delphy critica as análises marxistas sobre a opressão feminina e propõe uma análise materialista do problema. Algumas das integrantes dessa "corrente" fundariam, em 1977, a revista *Questions Féministes*.

A corrente "luta de classes", segundo Guadilla,[75] começa a se constituir no interior dos grupos de bairro e do *Cercle Elisabeth-Dimitriev*. Este último lança, em maio de 1972, uma plataforma, *Sotir de l'ombre*, na qual é ressaltada a necessidade de se construir um movimento de libertação das mulheres a partir de uma concepção "alternativa àquelas propostas pelas correntes dominantes do feminismo radical".[76] O grupo apoia a autonomia do movimento feminista mas ressalta que isso não significa autonomia em relação

---

74 PICQ, Françoise. *Liberation des femmes. Op. cit.*, p. 198.

75 GUADILLA, Naty. *Libérations des femmes le* M.L.F. Paris: Puf, 1981.

76 CERCLE DIMITRIÈVE. *Brève histoire du* MLF. *Pour un féminisme autogestionnaire.* Paris: Savelli, 1976, p. 5.

à revolução socialista. Nós a faremos, afirmam "efetivamente sobre nossas próprias reivindicações, em ligação com a classe operária".[77]

Num claro rompimento com as formulações "tradicionais" sobre a questão, afirmam a imprescindibilidade da revolução mas a consideram um fator insuficiente para uma transformação que levasse ao fim da opressão feminina: "É por isso que proclamamos a necessidade de um movimento de mulheres, antes, durante e depois da revolução".[78] Por isso, defendem a necessidade da dupla militância.[79]

Para Picq, as mulheres ligadas a organizações revolucionárias conhecem o feminismo por meio, principalmente, do *Mouvement pour la liberté de l'avortement et de la contraception* (MLAC). Ainda para essa autora, as militantes ligadas a essa "corrente" não teriam passado pelas "rupturas fundadoras" do MLF e muitas não conseguiram abandonar completamente algumas posições de suas organizações.[80]

Muitas das militantes envolvidas com o MLF levariam para suas organizações questionamentos e isso teria impacto em muitas delas. A relação dessas militantes com suas respectivas organizações e com o movimento feminista era conflituosa. Para Picq, essas militantes ficavam divididas entre "as lógicas contraditórias de um mo-

---

77 *Ibidem*, p. 39.

78 *Ibidem*, p. 63.

79 Guadilla assim sintetiza as principais características da tendência que se forma a partir dessa plataforma: "Seu objetivo principal é construir um movimento 'autônomo' e 'organizado' da 'massa de mulheres', sobretudo mulheres operárias e empregadas (principalmente jovens) e insistindo sobreas reivindicações relativas ao trabalho, a educação, a vida familiar, as creches (...) Trata-se de uma corrente feminista e anticapitalista, com contatos estreitos às organizações políticas e sindicais de esquerda e de extrema esquerda assim como aos movimentos formados por homens e mulheres engajados na campanha pelo aborto livre e gratuito – tal como o Movimento pela Liberação do Aborto e da Contracepção (MLAC) e o grupo Informação e Saúde (GIS)." (GIS). GUADILLA, Naty. *Libération des femmes. Op. cit.*, p. 48-49.

80 PICQ, Françoise. *Libération des femmes. Op. cit.*, p. 292.

48   MAIRA ABREU

vimento reivindicando sua autonomia política e uma organização postulando sua direção".[81]

Se as tendências mencionadas acima insistiam na construção social da diferença sexual, a tendência "Psicanálise e Política" privilegiava, ao contrário, a distinção entre os sexos e a revalorização do feminino "persuadidas que esta existe, em si, mas que é negada, censurada.[82] Nas palavras de Kandel, o grupo Psicanálise e Política é o pólo do diferencialismo militante.[83]

O grupo, cujas primeiras reuniões ocorrem ainda durante o maio de 1968, é formado inicialmente por militantes maoístas da *Vive la Révolucion* (VLR) e da *Gauche Proletarienne* (GP). O objetivo principal seria, segundo Guadilla, "articular a psicanálise e o discurso político do materialismo histórico". Preferindo a reflexão e trabalho teórico ao ativismo e às ações consideradas espetaculares,[84] este grupo seria responsável pela criação da editora *Des femmes* em 1973. Esta publicaria o jornal *Le Quotidien des Femmes*, uma revista mensal *Des femmes en mouvements* e dezenas de livros feministas ou sobre a mulher escritos na França ou traduzidos.[85] Entre os clássicos publicados estão o livro de Helena Belotti *Du côté des petites filles*, *La petit différence et ses grandes conséquences* de Alice Schwarzer e *L'âge de femme* de Juliet Mitchell. Mas, segundo Picq, muitas feministas francesas preferiam publicar seus livros em outras editoras.

O grupo insiste nas diferenças profundas que separam homens e mulheres, situando tal diferença na biologia: "O que faz a força, o prazer das mulheres: produzir a vida";[86] "A usina aos operá-

---

81   *Ibidem*, p. 232.

82   PICQ, Françoise. "Un homme sur deux est une femme. Les feministes entre égalité et parité (1970-1996)". *Les Temps modernes*. n. 597, abril-maio 1997, p. 222.

83   KANDEL, Liliane. "Sur la différence des sexes". *Op. cit.*

84   PICQ, Françoise. *Liberation des femmes. Op. cit.*, p. 125.

85   Ver *Des femmes Catalogue 1974-1979*. Paris: Des femmes, s/d.

86   "Des femmes em moouvements", *Hebdo*, n. 1, 9/11/1979, *apud* KANDEL, Liliane. "Sur la difference des sexes...". *Op. cit, p. 250.*

rios, os úteros às mulheres; a produção do vivo nos pertence".[87] O feminismo seria um freio, um impasse diante da busca e valorização dessas diferenças. Por isso não só não reivindicavam o feminismo[88] como o consideravam "a última forma histórica do patriarcado".[89] Definiam-se como "mulheres em movimento", "mulheres em luta". O feminismo representaria uma busca por mais espaço na sociedade existente, mais participação no poder masculino, o que por elas era recusado em nome de um poder que não seria nem simétrico, nem inverso ao poder masculino:

> O poder das mulheres não é um poder legal, patriarcal, sádico, pederasta, de representação, de chefe, de nome, de estupro, de repressão, de ódio, (...) de ideias abstratas. É um (não) poder matricial, de engendramento, de expensas de caos, de diferenças, de liberdades coletivas, de abertura, de corpos (plural), de reconhecimentos, de anulação de censuras, de prazeres, de fora da lei, um poder-agir-pensar-fazer-para/por todas, todos.[90]

Um dia após a morte de Simone de Beauvoir, Antoinnete Fouque, uma das figuras de destaque do grupo, declarava: "essa morte [...] vai talvez acelerar a entrada das mulheres no século xxi".[91] Beauvoir, para Fouque, personificava um feminismo universalista, igualitário, assimilador. Era necessário "diminuir, alterar o universalismo intolerante, assimilador, odioso, esterilizante, redutor de todo o outro [...] para abrir [nossa civilização] ao pluralismo, às diferenças fecundas que, como cada um diz, aceitam suas origens, informam-se,

---

87 "Des femmes en mouvement" *apud* KANDEL, Liliane. "Sur la difference...". *Op. cit.*, p. 291.

88 "Nós as mulheres do MLF que não nos definimos como feministas". *Le Torchon Brûle*, n. 4 *apud* GUADILLA, N. *Libérations des femmes. Op. cit.*, p. 38.

89 *Le Quotidienn des Femmes*, n. 2 *apud* GUADILLA, Naty. *Libérations des femmes. Op. cit.*, p. 38.

90 *Le torchon Brûle*, n. 3 *apud* PICQ, Françoise. *Liberation des femmes. Op. cit.*, p. 128.

91 RODGERS, Catherine. "Elle et Elle: Antoinette Fouque et Simone de Beauvoir". MLN, v. 115, n. 4, set., 2000, p. 74.

50 MAIRA ABREU

põe em funcionamento as diferenças entre os sexos : há homens...
há mulheres... há culturas... este é o princípio das expectativas".[92]
Beauvoir, por sua vez, criticava duramente a corrente de
Antoinette Fouque:

> O movimento de mulheres francês, entretanto, está vivo e
> bem. Mas ele está em perigo constante devido à existência
> de grupos como Psych et Po que se divulgam como o movi-
> mento de mulheres e exercem uma influência considerável,
> graças à infeliz recepção calorosa que o público em geral deu
> a sua ideologia – uma neo-feminilidade conveniente desen-
> volvida por escritoras como Hélène Cixous, Annie Leclerc
> e Luce Irigaray, a maioria das quais não é feminista, e um
> parte delas é declaradamente antifeminista. Infelizmente,
> este também é o aspecto do movimento de mulheres francês
> mais conhecido nos EUA. (...) Por outro lado, uma das contri-
> buições mais interessantes para a real teoria do feminismo
> francês é a crítica radical-feminista da neo-feminilidade que
> veio à tona, particularmente em *Questions Féministes* (agora
> *Nouvelles Questions Féministes*).[93]

Este trecho ilustra a imagem que uma parte das feministas
francesas tinha deste grupo. As divergências ampliar-se-iam até
chegar ao rompimento, que viria definitivamente em 1979, quando
"Psicanálise e Politica" registra juridicamente o nome "Mouvement
de libération des femmes" e dessa forma se apropria do nome do
movimento. Este evento causou indignação e revolta nas militantes.
Esse contexto suscitaria também disputas políticas em torno da história do movimento presentes até os dias atuais.

Diante do apresentado, compreende-se a indignação, por parte das feministas francesas, em relação ao conceito de "*french feminism*" utilizado por acadêmicas anglófonas a partir dos anos 1980.
Por "*french feminism*" compreende-se, em geral, elaborações in-

---

92 *Ibidem*, p. 74.

93 BEAUVOIR *apud* MORGAN, R. (org.) *Sisterhood is global... Op. cit.*, p. 235.

fluenciadas pela psicanálise lacaniana e outros autores chamados de "pós-estruturalistas", cujos principais nomes seriam Helene Cixous, Julia Kristeva e Luce Irigaray. Essas autoras têm, em maior ou menor medida, afinidades com as ideias do grupo Psicanálise e Política. Eleni Varikas,[94] dentre outras autoras francesas, reagiram de forma enérgica contra essa ideia:

> reduzir o feminismo "francês" a algumas posições teóricas, não significa somente ocultar o fato de que a maior parte das lutas feministas foi levada fora e, talvez, contra essas posições; significa não somente ocultar as posições teóricas mais influentes na reflexão feminista na França; significa, desta maneira, impedir-se de refletir sobre as condições nas quais essas posições múltiplas emergiram, sobre sua relação com uma prática política das mulheres, sobre o que engendra sua aceitabilidade ou inaceitabilidade social e acadêmica, sobre sua dinâmica subversiva.[95]

Por fim, cabe dizer que muitas das características apresentadas neste item não se mantiveram da mesma forma ao longo de toda a existência do MLF. Para Naty Guadilla,[96] podemos identificar três principais fases pelas quais o MLF passou: o estágio de estruturas informais e baseadas na confiança (1968-1973), o estágio de organização (1974-1978), e o estágio de petrificação institucional e de banalização (depois de 1979).

O primeiro momento seria caracterizado por um contexto no qual, malgrado todas as inúmeras diferenças, havia uma união do grupo, embora esta não se conformasse numa estrutura formal, como vimos. Nesse período, a articulação entre as mulheres dava-

---

94 Ver VARIKAS, Eleni. "Féminisme, modernité...". *Op. cit.*; MOSES, Claire. "Made in América: 'French feminism' in America". *Feminist Studies*, v. 24, n. 2, 1998; DELPHY, Christine. "L'invention du french feminism: une démarche essentielle". In: DELPHY, C. *L'ennemi principal. v. 2, Penser le genre*. Paris: Syllepse, 2009.

95 VARIKAS, Eleni. *Féminisme, modernité... Op. cit.*

96 GUADILLA, Naty. *Libérations des femmes le M.L.F.* Paris: PUF, 1981.

se nas Assembleias Gerais e em torno do jornal *Le Torchon Brûle* (1971-1973). Este momento é caracterizado pelas estruturas não-hierarquizadas e outras características já mencionadas. O segundo momento, chamado por Guadilla de "estágio de organização", será justamente o momento de ascensão da corrente "luta de classes". No ano de 1974 constitui-se formalmente essa tendência. A partir desse momento o MLF ganha novos contornos. Por fim, o terceiro momento é marcado pela apropriação da sigla pelo grupo Psicanálise e Política. Este grupo registra como marca o nome "Mouvement de libération des femmes". Antoinette Fouque figurava como presidente.

Antes de analisarmos a emergência de grupos de mulheres brasileiras e latino-americanas nesse contexto, cabe fazermos alguns comentários sobre a conjuntura que levou uma parte delas à França. As *releituras* que essas mulheres fizeram da militância no Brasil a partir da experiência feminista no exílio também serão analisadas no próximo capítulo.

CAPÍTULO II
Mulheres, ditadura e exílio

MULHERES E MILITÂNCIA

Aurora, lugar de mulher donzela é na barra do marido e
lugar de puta safada é no puteiro, uai.
Pra que é que nós estudamos aritmética no exército?
Pra saber que 2 mais 2 são 4 e que não existe pecado sem expiação.
Moça donzela você não quis, puta safada também não quer,
minha querida, esse bicho não existe.[1]

Maria Auxiliadora Barcellos,[2] no trecho acima, satiriza as principais opções socialmente impostas às mulheres de sua geração. Ela, assim como as mulheres entrevistadas para essa pesquisa, são parte de um momento de grandes mudanças nos padrões de feminilidade e masculinidade que começou a se esboçar no Brasil a partir dos anos 1960.

Para Goldberg,[3] nos anos de 1960, começa a tomar corpo, em alguns setores das camadas médias dos grandes centros urbanos no Brasil, um novo padrão de feminilidade. Socializadas segundo um modelo de mulher para o qual a realização pessoal estava associada

---

1   BARCELLOS, Maria. "Continuo sonhando". In: CAVALCANTI, Pedro *et al.* (org.) *Memórias do exílio, Brasil 1964-19??*. São Paulo: Editora Livramento, 1978, p. 317-318.

2   Maria Auxiliadora Lara Barcellos participou da esquerda armada e foi um dos 70 prisioneiros trocados pelo embaixador suíço em 1970. Exilou-se inicialmente no Chile e depois na antiga República Federal Alemã.

3   GOLDBERG, Anette. *Feminismo e autoritarismo: a metamorfose de uma utopia de liberação em ideologia liberalizante.* Rio de Janeiro. Dissertação (Mestrado em Sociologia) – IFCS-UFRJ, 1987.

ao casamento e à maternidade, muitas mulheres brasileiras desse estrato social começaram, no final da adolescência e início da idade adulta, neste período, a tomar contato com uma nova representação de "feminilidade". Este novo padrão estimulava o ingresso em cursos universitários e uma profissionalização, desde que não se sacrificassem os deveres conjugais e maternais. O número de universitárias cresce no período, saltando de 26%, em 1956, para 40% em 1971.[4] Outro aspecto desse novo modelo é o maior ingresso de mulheres no mercado de trabalho. A participação feminina na PEA (População economicamente ativa) aumenta de 14,6% em 1950 para 28,8% em 1976.[5] Sinal de mudança foi também a publicação do Novo Estatuto da Mulher Casada, que entrou em vigor em agosto de 1962, que, entre outros aspectos, permitia as mulheres de exercer atividades remuneradas sem autorização do marido. Em outro campo, podemos citar a publicação, a partir de outubro de 1961, da revista *Cláudia*. Em contraste com as revistas anteriores destinadas ao público feminino, essa revista, particularmente os artigos de Carmem da Silva – considerada pioneira do feminismo brasileiro – já vislumbrava outros horizontes para as mulheres de classe média que não passavam por uma dedicação total ao marido e aos filhos.

Ainda seguindo as análises de Goldberg, podemos identificar três principais formas de transgressão do modelo de feminilidade hegemônico neste período. Uma primeira forma seria uma "feminilidade modernizada", correspondente ao aumento no nível de escolaridade, maior profissionalização e uma certa "liberação sexual". A autora frisa que esse "processo modernizador" ganhou forma num quadro individualista, competitivo, de êxito e ascensão pessoais, não questionando

---

4 Porcentagem de mulheres entre os alunos matriculadas no início do ano. BARROSO, Carmen; MELLO, Guiomar. "O acesso da mulher ao ensino superior brasileiro". *Cadernos de Pesquisa* 15, São Paulo: Fundação Carlos Chagas, 1975, p.51.

5 BRUSCHINI, Cristina. *Mulher e trabalho: uma avaliação da década da mulher*. São Paulo: Nobel/Conselho Estadual da Condição Feminina, 1985.

as relações de gênero vigentes, dado que essas relações não eram visadas em seu universo social abrangente. As soluções, individuais, compreendiam "acomodações", muito mais do que confrontações, graças, inclusive, lembra Goldberg, "à existência de empregadas domésticas e da relação de 'cumplicidade substitutiva' com certas figuras femininas do universo familiar".[6] Uma segunda forma que, limitar-nos-emos a citar, desenrolou-se nos meios culturais e artísticos a partir do final da década de 1960. Uma terceira estaria ligada à militância política de mulheres, que nos interessa particularmente neste trabalho.

Embora nem todas as mulheres dos grupos que constituem o objeto desta pesquisa pertencessem ao "mundo da militância" em sentido estrito, estavam, em sua grande maioria, em contínuo contato com um ambiente que poderíamos definir como "de esquerda". Foge ao escopo deste trabalho fazer uma descrição do contexto político brasileiro nos anos 1960-1970.[7] Mas, é importante mencionar que o golpe militar de 1º de abril de 1964 teria profundas consequências não somente no plano político (considerado no seu sentido mais estrito) mas também na vida cotidiana e nas transformações evocadas acima.

Se o ano de 1968 representou em muitos países europeus e EUA um momento chave para questionamentos e rupturas em relação à sociedade de consumo, às práticas autoritárias e ao modelo hegemônico de sexualidade (para citarmos somente algumas facetas desse processo), esse mesmo ano inaugura, no Brasil, passada a efervescência política das manifestações estudantis e operárias, o início do período mais duro da ditadura militar instaurando um clima de

---

6 GOLDBERG, Anette. *Feminismo e autoritarismo...*, *op. cit.*, p. 51.

7 Para um balanço bibliográfico ver: RIDENTI, Marcelo. "As esquerdas em armas contra a ditadura (1964-1974), uma bibliografia". *Cadernos Arquivo Edgard Leuenroth*, v. 8, n. 14-15, 2001.

56   MAIRA ABREU

repressão, censura e medo que permearia o cotidiano de uma parcela da população.[8] A oposição ao regime instituído se revestiu de uma infinidade de formas. As formas de participação e o grau de envolvimento variaram de ações ocasionais de solidariedade a perseguidos/as até o engajamento em tempo integral na militância clandestina dos grupos armados. Apenas uma minoria do corpo de ativistas de oposição entrou para organizações e fez da oposição ao regime uma atividade de tempo integral;[9] mas, entre esses dois extremos, havia uma gama de outras possibilidades, como afirma Maria H. Tavares de Almeida:

> ser de oposição incluía assinar manifestos, participar de assembleias e manifestações públicas, dar conferências, escrever artigos, criar músicas, romances, filmes ou peças de teatro; emprestar a casa para reuniões políticas, guardar ou distribuir panfletos de organizações ilegais, abrigar um militante de passagem; fazer chegar à imprensa denúncias de tortura, participar de centros acadêmicos ou associações profissionais, e assim por diante.[10]

O ambiente "esquerdizante" que predominava entre alunos/as de muitas universidades foi um espaço de transgressão "comportamental", isto é, parece ter havido um maior questionamento às normas comportamentais vigentes se comparado ao restante da sociedade. Em diversos depoimentos encontramos referências a essas transgressões. Na percepção, por exemplo, de José Dirceu,[11] a

---

8   GOLDBERG, Anette. *Le dire et le faire féministes: une approche socioculturelle du Brésil contemporain*. Doutorado (tese em História). Université de Paris vii, Paris, 1991.

9   TAVARES, M. H. e WEIS, L. "Carro zero e pau-de-arara: o cotidiano da oposição de classe média ao regime militar". In: SCHWARCZ, L. M. (org.). *História da vida privada no Brasil: contrastes da intimidade contemporânea*. São Paulo: Companhia das Letras, 1998.

10   TAVARES, M. H. e WEIS, L. "Carro zero e pau-de-arara...". *Op. cit.*, p. 327-328.

11   José Dirceu foi presidente da UEE São Paulo. Foi preso em 1968 no Congresso da UNE de Ibiúna e liberado em 1969 junto com outros 14 outros presos políticos em troca do embaixador dos Estados Unidos no Brasil Charles Burke Elbrick.

transformação dos costumes teria sido um dos aspectos mais importantes do movimento estudantil do período, embora relegado a um segundo plano em muitas análises. Algumas delas estavam relacionadas a formas de transgressão do modelo de feminilidade vigentes, como a "quebra" da separação espacial entre homem e mulher e o questionamento da repressão sexual:

> O cabelo, a roupa. O agrarismo, o aristocratismo dentro das universidades foi quebrado. Os estudantes introduziram o jeans, uma roupa prática, barata, adaptada ao nosso clima. O cabelo comprido, e aí houve uma reação muito forte (...) quebramos a separação entre homem e mulher na sala de aula, no lazer. Também houve uma revolução na noção de relação sexual, havia uma repressão muito grande às relações antes do casamento.[12]

Embora questões da vida cotidiana e da esfera privada fossem assuntos candentes para muitos jovens dos anos 60, há uma dissociação entre essas questões e a "política".[13] Muitos dos questionamentos vivenciados na prática não eram tematizados, teorizados e não figuravam entre as bandeiras e pautas da esquerda. Para Coelho,[14] uma combinação de revolução social e revolução nos comportamentos individuais não teria sido assumida por nenhuma das tendências do movimento estudantil no Brasil. Comparando com o movimento de maio de 68 na França, Coelho afirma:

> Exigências de mudanças comportamentais individuais não faziam parte das reivindicações estudantis, ao contrário do que aconteceu, por exemplo, na França, onde os estudantes

---

12 REIS FILHO, D.; MORAES, P. *1968 - A paixão de uma utopia*. Rio de Janeiro: Fundação Getulio Vargas, 1998, p. 146.

13 GOLDBERG, Anette. "Feminismo no Brasil contemporâneo: o percurso intelectual de um ideário político". BIB, n. 28. Rio de Janeiro, 1989, p. 45.

14 COELHO, Claudio. *A transformação social em questão: as práticas sociais alternativas durante o regime militar*. Tese (doutorado em Sociologia) – FFLCH-USP, São Paulo, 1991.

de Nanterre mobilizaram-se em protesto contra a segregação sexual nos dormitórios estudantis.[15]

Assim como no movimento estudantil, dentro das organizações político-partidárias de esquerda – que se multiplicavam no período e que constituíram um espaço de transgressão individual para muitas mulheres - essas questões também não eram politizadas.

É interessante notar que um grande número de militantes das organizações de esquerda do período era proveniente do estrato social ao qual nos referimos no início. Analisando o perfil social dos militantes de esquerda, Daniel Aarão Reis Filho[16] e Marcelo Ridenti[17] observam uma super-representação de um determinado setor da população: tratava-se majoritariamente de indivíduos jovens, do sexo masculino, de classe média, com alto grau de escolaridade e de centros urbanos localizados na região Sudeste. Dados do *Brasil Nunca Mais* analisados por Ridenti mostram que entre os militantes processados da esquerda armada, 51,8% tinham até 25 anos e 34,1% tinham entre 26 e 35 anos. Quanto ao nível de escolaridade, 29,6% tinham universitário incompleto e 29,1% possuíam diploma universitário. A partir da combinação dos dois dados, Ridenti conclui: "Presume-se que, pelo menos, cerca de metade dos militantes das organizações armadas era composta por estudantes universitários, ex-estudantes recém-egressos da escola (tendo completado ou não os estudos) ou, em escala menor, estudantes de ensino médio".[18]

Embora constituísse uma minoria dentro dessas organizações, havia um número significativo, para a época, de mulheres vinculadas a organizações políticas neste período. Ainda segundo dados de Marcelo Ridenti, 16% dos processados ligados a organizações

---

15 *Ibidem*, p. 140.

16 REIS FILHO, Daniel. *A revolução faltou ao encontro. Os comunistas no Brasil*. São Paulo: CNPq/Editora Brasiliense, 1990.

17 RIDENTI, Marcelo. *O fantasma da revolução brasileira*. São Paulo: Unesp, 1993.

18 *Ibidem*.

de esquerda eram mulheres, porcentagem que se amplia quando se computa somente as organizações da esquerda armada, 18,3%.

Essas mulheres eram, em sua maioria, estudantes (32,5%), professoras (23%) e trabalhadoras de nível médio (12,2%); 73% poderiam ser classificadas como camadas médias intelectualizadas, porcentagem elevada se comparada com a média geral (ambos os sexos), 51,6%. A presença de trabalhadoras manuais era reduzida, 1,7% do total da esquerda e 0% na esquerda armada.[19]

Do ponto de vista da transgressão ao modelo vigente de feminilidade, o ingresso em organizações políticas assume um significado importante. Tal ingresso implicava, por si só, alguma ruptura com os papéis tradicionalmente atribuídos às mulheres, dado que a política era identificada como uma atividade essencialmente masculina. Além disso, o "mundo da militância" gerava um ambiente, de certo modo, à parte da sociedade, um "microcosmo", como diz Garcia, "submetido a regras e códigos particulares",[20] gerando ocasião para novas experimentações, dentro de seus muros. Subversões ao padrão de sexualidade vigente e ao modelo de feminilidade são vivenciadas nesses espaços. Diversos são os depoimentos que mencionam esse aspecto. Mas, deve-se ressaltar que essas subversões e rupturas variaram bastante segundo a região, o tipo de organização, o perfil dos seus militantes etc.

Glorinha, em depoimento para o livro *Memória das mulheres do exílio*, destaca essa relação do ambiente político-cultural com transformações na forma de ser da práxis cotidiana:

> Eu acho que se a nossa militância política implicou rupturas com a família, com valores, é porque há uma particularidade nessa militância. No momento histórico em que ela se dá havia uma tentativa de crítica ao stalinismo, de construção do homem novo trazido pela revolução cubana ou pela revo-

---

19 RIDENTI, Marcelo. *O fantasma..., op. cit.*

20 GARCIA, Marco Aurélio. "O gênero da militância...". *Op. cit.*, p. 323.

60 MAIRA ABREU

lução cultural. A gente tentava um mínimo de inserção do político no cotidiano, quer dizer, não éramos só a pessoa heroica no sentido de transformar o mundo, também nos questionávamos: saímos de casa não casando, tentando romper com a virgindade, tentando desmistificar o casamento.[21]

Glória Ferreira e Regina Carvalho referem-se, em entrevista, até mesmo a um "comportamento libertário" nas organizações em que militavam (Var-Palmares e Fração Bolchevique, respectivamente). A *Revolução sexual* (1974) de Reich, segundo elas, era uma leitura quase obrigatória em suas organizações e a assunção de uma vontade política revolucionária estava associada à conformação de uma postura que colocava em xeque todo um conjunto de valores muito arraigados na sociedade como um todo. Questionavam a valorização social da virgindade da mulher, os padrões monogâmicos de relacionamento, a família e, até certo ponto, a dominação masculina. Para Regina Carvalho, existiria na esquerda "uma liberdade sexual muito grande":

> Fora daquele gueto da esquerda nos anos 60 era a virgindade, o casamento (...). Mas entre a esquerda, não. Todo mundo dormia com todo mundo, transava, vivia 4 meses com um, 5 meses com o outro, conviviam na mesma organização, no mesmo diretório, no mesmo centro acadêmico, havia uma liberalização[22]

Mas, essas rupturas aconteciam dentro de um quadro pessoal sem que viessem acompanhadas de uma politização, de debate. Para João Quartim de Moraes, haveria uma "forte dose de conformismo a respeito da dimensão social da vida sexual" na esquerda brasileira.[23] Além disso, não se deve exagerar a profundidade dessa subversão

---

21 COSTA, Albertina *et al. Memórias das mulheres do exílio*. Rio de Janeiro: Paz e Terra, 1980, p. 416.

22 Entrevista - Regina Carvalho.

23 MORAES, João. "O campo socialista ea revolução sexual". In: MANTEGA, Guido. (org.). *Sexo e poder*. São Paulo: Editora Brasiliense, 1979, p. 179.

de papéis e comportamentos. Como apontam diversas militantes, principalmente no que diz respeito à divisão de tarefas, a dominação masculina era algo ainda muito presente, o que parece ser quase uma constante, malgrado as diferenças que distinguiam uma organização de outra. Sobre sua militância no PCB (Partido Comunista Brasileiro) e as dificuldades enfrentadas pelas militantes, Zuleika Alambert afirma:

> O machismo imperava, e isto aparecia, nitidamente, na divisão dos trabalhos. As mulheres atuavam como datilógrafas, taquígrafas nas reuniões do Partido. Serviam cafés, cozinhavam, limpavam os chamados 'aparelhos'. Nas comissões políticas de trabalho eram geralmente eleitas para as comissões gerais, ou seja, aquelas onde cabia de tudo. Para representar o Partido nos Congressos Internacionais jamais eram eleitas e assim por diante.[24]

Essa questão é recorrentemente levantada em outros depoimentos, por mulheres de outras organizações:

> Não é que as mulheres tivessem tarefas diferentes dos homens. Era um processo natural: no começo éramos todos iguais, mas no fim as mulheres ficavam no movimento estudantil. Nós participávamos das ações, mas os treinamentos para mulheres eram menos intensivos. E além do mais tínhamos a tarefa fundamental de manter a casa[25]

> Eu era mulher, portanto, fazia todos os levantamentos com o papel de mulher que a sociedade me atribui. Por exemplo, eu seduzia o gerente do banco para uma conversa, para ir jantar à noite, saber as informações do dia de pagamento etc. (...) A função feminina eu cumpria exatamente como precisava. Na

---

24 Entrevista - Zuleika Alambert.
25 VÂNIA COSTA, Albertina *et al. Memórias..., op. cit.*, p. 113. Cito nesse capítulo depoimentos de mulheres que não necessariamente tiveram vinculação com os grupos estudados.

62   MAIRA ABREU

> hora da ação, todo mundo tinha metralhadora, ou 38. A mim
> cabia o pior revólver[26]

Mas, nem a reprodução do machismo nem o rompimento com o mesmo são aspectos que podem ser superestimados. A esquerda não era, como às vezes a acusam, um "antro" de machismo e conservadorismo, mas também não era, definitivamente, a prefiguração de uma sociedade na qual a "igualdade" entre homens e mulheres fosse uma realidade. Para Glorinha, "pensávamos que rompíamos com tudo – e rompíamos em parte – mas continuamos reproduzindo todos os valores da nossa educação".[27] Outros depoimentos argumentam também nesse sentido:

> é certo que tivemos no passado momentos de ruptura individual, mas como continuávamos profundamente impregnadas pelos valores adquiridos na nossa educação, repetíamos as experiências negativas. Essas rupturas eram momentos fundamentalmente destrutivos, de negação de coisas que a gente tinha vivido, mas ainda não nos propúnhamos um projeto de vida diferente, de novas relações. Acho que isto só a consciência feminista coletiva nos trouxe.[28]

> As rupturas que fizemos não se deram em função de uma consciência feminista nossa, elas eram necessárias para acompanhar um determinado projeto de vida de militância política [...] Às vezes eram processos violentos que nem correspondiam ao: 'é isto que eu sinto'. Entrávamos numa dinâmica de vida tal que perdíamos o pé na família, no passado, em toda a educação anterior. A vida pessoal tinha que acompanhar a militância política [...]. Acho que a nossa geração, a geração de 68, viveu a briga contra a virgindade, a negação do casamento, a tentativa de uma nova relação. Tudo isso faz parte da nossa libertação, mas na minha opi-

---

26   RIDENTI, Marcelo. "As mulheres na política brasileira: os anos de chumbo". *Tempo social*, 2º semestre 1990, p. 120.

27   COSTA, Albertina *et al. Memórias..., op. cit.*, p. 416.

28   COSTA, Albertina *et al. Memórias..., op. cit.*, p. 414.

nião eram rebarbas de um sentimento de opressão absolutamente inconsciente.[29]

Muitas mulheres se referem a um processo de "masculinização" ou "dessexualização", que parece refletir não somente a ideia do revolucionário, do militante, como um ser cujo sexo *seria* indiferente, mas também, nessa "dessexualização", a imposição dos modelos de masculinidade vigentes. Num ambiente plasmado pelos homens, como o da militância política, para as mulheres, ser aceita passava muitas vezes pela assunção dos códigos existentes e o apagamento de características consideradas tipicamente femininas e inapropriadas ao exercício da política revolucionária. Regina Carvalho nos remete a esse aspecto quando diz: "Era como se não existisse diferença entre os sexos. (...) Em princípio acho que essas diferenças não podiam aparecer";[30] "Tínhamos que nos afirmar como ser humano sendo igual aos companheiros, sem considerar as contradições que vivíamos, porque a nossa libertação passava por essas atividades políticas, mas não metíamos o dedo na nossa opressão".[31] Sônia, exilada que participou do movimento feminista francês mas não dos grupos feministas de brasileiras, observa o mesmo fato: "A teoria que pairava era que mulher e homem são iguais. A gente era militante, soldado da revolução, e soldado não tem sexo! Era mais ou menos a história dos anjos sem sexo, os anjos redentores da liberação! (...) Na prática, as relações entre homens e mulheres eram muito difíceis".[32]

Para Cristina de Castro, a negação da diferença teria sido mais comum nas organizações que ela caracteriza como "ultra esquerda".

---

29 LUCIANA COSTA, Albertina *et al. Memórias...*, *op. cit.*, p. 414-415. [Depoimento de Regina Carvalho – o sobrenome não é identificado, mas Regina Carvalho confirma em entrevista que o depoimento é dela].

30 Entrevista – Regina Carvalho.

31 REGINA. "Círculo". In: COSTA, Albertina *et al. Memórias...*, *op. cit.*, p. 416-417.

32 SÔNIA. "Diálogo de exiladas num subúrbio de paris". In: COSTA, Albertina *et al. Memórias...*, *op. cit.*, p. 248.

64   MAIRA ABREU

Sobre essas organizações ela afirma: "estavam mais desconhecendo o problema e eu me sentia muito mais confortável no PCB porque se colocava a questão do ponto de vista teórico".[33] Não temos elementos para analisar a questão posta por Cristina de Castro. O que podemos afirmar é que o PCB já abordava a "questão da mulher", ao menos em nível programático, já muito antes dos anos 1970, mas, dentro de uma perspectiva que orbitava a tal "herança" contestada pelos movimentos feministas nos anos 1960-1970 que procuramos descrever no primeiro capítulo.

É importante mencionar que as críticas à reprodução do machismo no seio das organizações não era uma particularidade da esquerda brasileira ou mesmo latino-americana. A não-problematização dessas questões foi o estopim para a formação de grupos feministas no EUA e Europa. Muitas são as similaridades das críticas feitas por mulheres que militaram em organizações de esquerda em diferentes regiões. A título de exemplo, cito um trecho de feministas francesas:

> As mulheres dentro disso não tinham até agora senão duas possibilidades: brincar de secretárias ou se virilizar. Espontaneamente, propõem-se sempre aos militantes homens tarefas que exigem uma responsabilidade, um esforço de criação, uma tomada de posição pessoal: espontaneamente deixa-se sempre para as mulheres as tarefas mecânicas, só exigindo conhecimentos técnicos como mimeografar os folhetos, bater à maquina, ocupar-se das finanças etc.[34]

É necessário enfatizar também que a percepção desses aspectos relacionados à reprodução do machismo nas organizações de esquerda se deu, para muitas militantes brasileiras, somente no contexto do exílio, a partir da proximidade com o movimento feminista europeu, notadamente o francês. Este contato proporcionará, para muitas, elementos que propiciariam uma *releitura* da militância no

---

33   Entrevista – Cristina de Castro.

34   DURAND, E. *et al. Liberação..., op. cit.*, p. 80.

Brasil e a percepção dos aspectos aqui referidos. Não se trata, portanto, de uma percepção no momento em que os fatos ocorreram. Em diversos depoimentos essa questão é levantada:

> Eu não tinha nenhuma reflexão anterior ao Círculo de Mulheres sobre a questão da mulher, eu era uma militante profissional de uma organização marxista-leninista que se propunha a mudar o mundo mas não tinha nenhuma reflexão até então sobre o que era ser uma mulher dentro de uma organização, o que era ser uma mulher que se propunha construir o socialismo e muito menos se tinha alguma especificidade nessa militância.[35]

> Foi no meu novo país de exílio que tomei consciência mais clara da condição de inferioridade da mulher. Nunca pensava antes na minha situação como mulher, embora achasse importante integrar as outras mulheres na luta política, sobretudo as operárias. Não via então que nos organismos que definiam as linhas políticas, que tomavam as decisões, o número de mulheres era mínimo. Mesmo nós, que vínhamos da Universidade, tínhamos uma participação insignificante a este nível. Mas naquela época não me dava conta disso. Foi preciso tomar contato com os movimentos feministas de um país mais desenvolvido para que eu passasse a pensar nestes problemas.[36]

Os primeiros contatos com o feminismo, como veremos, são recorrentemente relatados por mulheres que saíram do país nesse período como um evento que ocorre na Europa. No Brasil nos anos 1960 e início dos anos 1970 não havia um movimento feminista organizado.

Algumas mulheres do perfil ao qual nos referimos começaram a ter contato com uma literatura que questionava os padrões hegemônicos de feminilidade e de sexualidade, como Simone de

---

35 Entrevista - Ângela Muniz

36 NAKANO, Maria. "Tudo pra mim começa do zero". In: COSTA, Albertina; et al. Memórias..., op. cit., p. 316-317.

66   MAIRA ABREU

Beauvoir, Virgínia Wollf e Reich. Em 1967 é publicado pela revista Civilização Brasileira o texto de Juliet Mitchell: "Mulheres: a revolução mais longa".[37] A chamada "imprensa alternativa" começava a tematizar a questão, ainda que de forma muito tímida. Em 1971 o livro de Betty Friedan *A Mística feminina* é publicado no Brasil pela Editora Vozes e a autora vem ao Brasil para o lançamento. Mas eram ainda iniciativas muito isoladas e incipientes.

EXÍLIO

As décadas de 1960-1970 foram marcadas por grande efervescência política, como procuramos mostrar no capítulo anterior. Em muitos países da América Latina essa ebulição política e cultural adquiriu contornos bastante específicos pois a emergência de movimentos que visavam transformações políticas radicais foi acompanhada por soluções políticas autoritárias, com a ascensão de governos ditatoriais em diversos países. Governos militares constituíram-se entre 1962 e 1967 na Argentina, Peru, Guatemala, Equador, República Dominicana, Honduras, Brasil e Bolívia. De 1968 a 1973, novos golpes sucederam-se no Peru, Panamá, Equador, Honduras e Chile. Nos três anos seguintes, o cone sul do continente seria duramente atingido, com golpes no Uruguai e Argentina.

As violentas ditaduras que vitimaram o Cone Sul da América Latina redundaram em detenções, torturas, desaparecimentos e mortes. Essa situação de extrema violência, apesar das similaridades fundamentais, é marcada por particularidades históricas (as quais não temos por objetivo tratar neste trabalho).

No Brasil, o golpe de 1º de abril de 1964 inicia uma ditadura militar que permaneceria no poder até o início da década de 1980. Os exílios começam logo após o golpe e se prolongam, com varia-

---

37   MITCHELL, Juliet. "Mulheres: a revolução mais longa". *Revista Civilização Brasileira*, n. 14, 1967.

FEMINISMO NO EXÍLIO 67

ções de intensidade, por todo o período ditatorial, em vagas que se alteraram de acordo com as variações políticas do regime.

Neste trabalho refiro-me a exílio num sentido amplo, englobando a saída de pessoas do Brasil por banimento, isto é, militantes libertados em troca de reféns, e em consequência direta ou indireta de perseguição, pressão ou insatisfação política, incluindo auto exílios que, em alguns casos, se deram sob a forma "camuflada" de cursos de graduação, pós-graduação ou simplesmente viagem.[38] A definição de "exilada" usada pelas organizadoras do livro *Memória das mulheres no exílio* sintetiza bem essa ideia:

> São exiladas as perseguidas, as punidas, as presas e torturadas. São exiladas as que sofreram perseguições indiretas. Esposas, mães, filhas e amantes. São exiladas as que perderam suas condições de trabalho, também aquelas que não puderam suportar o sufoco numa sociedade onde a ditadura desenvolveu e potenciou tantas formas de opressão. E ainda aquelas que teimaram em ser livres onde as liberdades estavam cerceadas.[39]

Abarcaremos, portanto, com o termo "exílio", uma gama de situações de saída ligadas direta ou indiretamente ao regime militar, embora o termo não seja utilizado por muitas/os militantes em sentido tão amplo.[40]

O exílio de brasileiras/os não se deu em proporções similares à do Chile e Argentina. Estima-se que aproximadamente 10.000 pessoas se exilaram durante a ditadura militar.[41] Mas, é impossível

---

38 GOLDBERG, ANETTE. "Brésiliennes en exil De femmes migrantes à féministes étrangères". *Les Cahiers du CEDREF*, n.8-9, 2000, p. 44.

39 COSTA, Albertina. *et al. Memórias..., op. cit*, p. 18.

40 Muitas/os militantes a restringem àquelas/es que saíram devido a perseguição direta ligada à militância política no Brasil.

41 BRASIL. Secretaria Especial dos Direitos Humanos. Comissão Especial sobre Mortos e Desaparecidos Políticos. *Direito à verdade e à memória: Comissão Especial sobre Mortos e Desaparecidos Políticos*. Brasília: Secretaria Especial dos Direitos Humanos, 2007.

68 MAIRA ABREU

contabilizar o número exato e o perfil das/os brasileiras/os exiladas/ os nesse período, em razão da diversidade das motivações e das formas de saída. Os casos de banimento no caso brasileiro totalizam 130. Mas, esse número representa somente uma pequena parcela de pessoas que saíram do país neste contexto. É necessário considerar a existência de uma grande parcela de exiladas/os que não podem ser quantificados com exatidão. Por fim, vale lembrar que as/os exiladas/os se encontravam dispersos sob diferentes estatutos: refugiados políticos de direito,[42] imigrantes, turistas, dentre outros,[43] o que também não favorece o delineamento do perfil dos mesmos.

Um recurso possível para dispormos de alguns dados quantitativos são as informações fornecidas por documentos do regime militar. A partir de documentos do DOPS (Departamento de Ordem Política e Social), Maud Chirio[44] chegou a uma amostragem de 896 pessoas que saíram do país por motivos políticos. Esses dados indi-

42 "Refugiado", segundo a Convenção de Genebra de 1951, ratificada em 1961 pelo Protocolo sobre o Estatuto dos Refugiados é todo aquele que, "devido a fundados temores de ser perseguido por motivo de raça, religião, nacionalidade, vinculação a determinados grupos sociais ou opiniões políticas, se encontre fora do país de sua nacionalidade e não possa ou, devido aos referidos temores, não queira entregar-se à proteção de tal país; ou que, carecendo de nacionalidade e encontrando-se, em consequência de tais acontecimentos, fora do país onde antes teve sua residência habitual, não possa ou, devido aos referidos temores, não queira a ele regressar." (ROLLEMBERG, Denise. *Exílio: Entre raízes e radares*. Rio de Janeiro: Record, 1999, p. 38). Devido à proteção de informações sobre refugiados (por exemplo, na França), não é possível quantificar aqueles/as que solicitaram tal estatuto. Segundo Chirio, este foi raramente solicitado (CHIRIO, Maud. *Les trajectoires intellectuelles et politiques des exilés brésiliens pendant le régime militaire (1964-1979)*. Mémoire de DEA. Paris: Universidade Paris 1, 2004, p. 39). Para Marina Franco, uma das dificuldades era que esta possibilidade só era acessível para aqueles/as que conseguissem demonstrar perseguição efetiva (FRANCO, Marina. *El exilio: argentinos en Francia durante la dictadura*. Buenos Aires: Siglo XXI Editores, 2008, p. 60). Mas, para além dessa dificuldade, havia outros motivos que levaram muitos a não solicitar o estatuto de refugiado, como a carga de "vitimização"que envolvia essa categoria, dentre outros.

43 BRITO, Angela; VASQUEZ, Ana. "Mulheres latino-americanas no Exílio: universalidade e especificidade de suas experiências". *Revista Esboços*, n. 17, 2008, p. 17.

44 CHIRIO, Maud. *Les trajectoires intellectuelles...*, *op. cit.*

cam uma presença significativa de militantes que tinham menos de 30 anos no momento da partida, bem como uma presença significativa de profissionais de áreas intelectualizadas. Indicam também a presença de poucos membros de classes populares. A quase totalidade de exiladas/os que exerciam profissões manuais estava na lista de banidos. Segundo Chirio, a necessidade de recursos financeiros para deixar o país nos conduz à hipótese (que necessitaria de mais elementos para ser comprovada) de que o "nível social" daqueles que partiram em exílio é mais elevado do que daqueles que permanecem no Brasil. Na Argentina, essa situação parece ter sido similar.[45]

Embora as informações sobre o perfil das/os exiladas/os brasileiras/os encontradas nos documentos do DOPS sejam bastante reduzidas, elas coincidem com muitas informações sobre o perfil das/os militantes extraídas dos dados fornecidos pelo *Brasil Nunca Mais*, sobre os quais tecemos comentários no item anterior.

Para essa pesquisa realizamos entrevistas com 23 mulheres. Não temos a pretensão de fazer uma análise quantitativa a partir das entrevistas de que dispomos. Entretanto, cabe descrever, em linhas gerais, o perfil das mulheres exiladas na França que forneceram depoimentos para essa pesquisa. Incluímos aqui também mais duas entrevistas realizadas por Maud Chirio e Joana Pedro com mulheres que fizeram parte dos grupos estudados (Angela Arruda e Angela Xavier de Brito, respectivamente).[46]

Primeiramente cabe mencionar que somente duas das entrevistadas não eram brasileiras (Maria Cristina de Castro e Naty Guadilla Garcia). Sobre o perfil etário, podemos dizer que aquelas que participaram do Grupo Latino-Americano são, em geral, um

---

45 Segundo Marina Franco, o perfil dos argentinos que partiram é muito diferente do de mortos e desaparecidos. FRANCO, Marina. *El exilio: argentinos en Francia...*, *op. cit.*

46 A transcrição da entrevista de Angela Arruda, realizada por Maud Chirio, pode ser consultada nos anexos do seu trabalho CHIRIO, Maud. *Les trajectoires intellectuelles...*, *op.cit.* A entrevista com Angela Xavier de Brito foi realizada em 28 nov. 2005, em Paris, por Joana Maria Pedro e a transcrição cedida pela autora.

pouco mais velhas que as integrantes do Círculo de Mulheres. Com exceção de uma, todas tiveram passagem pela universidade. Algumas delas fizeram cursos de pós-graduação na França. Em geral, essas mulheres eram provenientes de classe média ou de estratos superiores. Isso não significa que eram todas desta origem. Os motivos de saída são diversos. A insatisfação com o regime ou perseguição direta (a si própria) ou indireta (a parentes) foi a motivação de saída para todas. Mas, somente algumas tiveram experiência de militância em organizações político-partidárias. Das 25 mulheres de que dispomos dos dados, nove delas tiveram alguma participação em organizações deste tipo no Brasil (Angela Arruda, Ângela Muniz, Ângela Xavier de Brito, Danda Prado, Glória Ferreira, Regina Bruno, Regina Carvalho, Zuleika Alambert, Elisabeth Vargas, Maria América Ungaretti). Outras participaram de atividades de oposição ao regime, com maior ou menor envolvimento, como Lena Lavinas, Sônia Calió e Cecília Comegno. Essas são algumas das características das mulheres que contribuíram com depoimentos para essa pesquisa.

As saídas iniciam-se logo após o golpe de 1964 e estendem-se até o final dos anos 1970. Diversas análises sobre o período distinguem duas "gerações" de exiladas/os: uma que sai no imediato pós-golpe e outra, após o Ato Institucional n. 5 (AI-5).[47]

Uma "primeira geração" seria composta, sobretudo, por grupos políticos mais visados, num primeiro momento, pela repressão militar. Essa "vaga" é, *em geral*, associada, segundo Rollemberg,[48] àqueles que se identificavam com o projeto das reformas de base, ligados a sindicatos e partidos políticos, tais como o PCB e PTB. No tocante ao perfil etário, são, geralmente, pessoas que, no momento

---

47 NEVES, Angela. "Femmes brésiliennes en exil: la quetê d'une identité". In: *Cahiers des Ameriques Latines, julho-dezembro de 1982*; ROLLEMBERG, Denise. *Exílio: entre raízes e radars...*, *op. cit.*, p. 48-52.

48 ROLLEMBERG, Denise. *Exílio: entre raízes e radares...*, *op. cit.*

em que deixam o país, já estavam com mais de 30 anos. A presença de mulheres nesse contexto, segundo Neves,[49] é reduzida e grande parte delas sai por motivos mais "afetivos" que políticos, isto é, são frequentemente acompanhantes de maridos e familiares. Uma "segunda geração", cuja partida se concentra nos anos que procederam imediatamente ao AI-5, seria composta, majoritariamente, por jovens provenientes de organizações armadas. Tratava-se principalmente de estudantes. Outro traço que distingue essa "vaga" da anterior é uma maior presença de mulheres militantes. Ambas características refletem o perfil das organizações armadas em cuja composição havia um número expressivo de jovens e uma porcentagem de mulheres bastante superior à de outras organizações.

Para Rollemberg, as gerações de 1964 e 1968 são "como duas margens, duas paralelas que não se tocam".[50] As pontes teriam sido "raras e frágeis".[51]

Num primeiro momento, o destino privilegiado foi países da América Latina, tais como Chile, México, Uruguai e Argentina.[52] Particularmente a partir de 1970, com a vitória de Salvador Allende, o Chile torna-se a opção privilegiada de exílio. Chirio, a partir de uma amostra de 896 exilados já mencionada constatou que, para 70% destes, a América Latina foi o primeiro lugar de exílio, sendo que 54% tiveram como destino o Chile. Como veremos depois, com a "expansão" de ditaduras pelo Cone Sul, a Europa torna-se o principal lugar de refúgio.

Ao tratar do exílio, deve-se ter em mente que este não pode ser tomado como uma experiência homogênea. Denise Rollemberg relata que, em sua pesquisa sobre exílio, ouviu depoimentos díspa-

---

49 NEVES, Angela. "Femmes brésiliennes...". *Op. cit.*, p. 106-107.

50 ROLLEMBERG, Denise. *Exílio: entre raízes e radares...*, *op. cit.*, p. 51.

51 *Ibidem*, p. 50.

52 NEVES, Angela. "Femmes brésiliennes...". *Op. cit.*, p. 106.

res tal como: "o exílio foi a pior coisa que aconteceu na minha vida" e "o exílio foi a melhor coisa que me aconteceu".[53] Entre esses dois pólos existiu uma grande diversidade de experiências. Reconstruir essa experiência do exílio nas suas múltiplas dimensões foge do escopo desse trabalho. Apresentaremos somente alguns elementos ligados a questões que estão mais diretamente relacionadas ao tema dessa pesquisa.[54]

A experiência do exílio foi bastante variada, seja em razão da trajetória no Brasil, das motivações para a busca do exílio, seja por outros fatores como idade, gênero, classe de origem, quantidade dos países de acolha, militância ou não no novo país etc., bem como por uma série de outras razões individuais.

Um dos fatores que nos interessa particularmente e que influenciou na heterogeneidade da experiência do exílio é o gênero. Homens e mulheres tiveram, segundo relatos, percepções e vivências distintas do exílio, como lembra Brito:

> Se homens e mulheres atravessaram experiências similares na situação de exílio, as vivências específicas próprias a cada gênero fazem com que seus membros atribuam um sentido diferente a esses processos comuns. Assim, não se pode restituir a complexidade do exílio sem analisar a maneira específica pela qual as mulheres o vivem, pois, ainda que ambos os gêneros partilhem de um mesmo imaginário social, o sentido que as mulheres lhe emprestam como grupo social é bastante diferente do dos homens.[55]

---

53 ROLLEMBERG, Denise. "Nômades, sedentários e metamorfoses: trajetórias de vidas no exílio". In: REIS FILHO, Daniel; RIDENTI, Marcelo; MOTTA, Rodrigo Patto Sá. (Org.). *O golpe e a ditadura militar. 40 anos depois (1964-2004)*. Bauru, SP: Edusc, 2004, p. 279.

54 Para maiores informações ver, por exemplo, CHIRIO, Maud. *Les trajectoires intellectuelles..., op. cit.*; ROLLEMBERG, Denise. *Exílio: Entre raízes e radares..., op. cit.*

55 BRITO, Angela; VASQUEZ, Ana. "Mulheres latino-americanas...". *Op. cit.*, p. 16.

A ideia de "exilado político" no imaginário comum é preponderantemente masculina, assim como a do "militante político".[56] Mas não é uma particularidade do Brasil uma presença significativa, embora minoritária, de mulheres militantes políticas em atividades revolucionárias e contra a ditadura. Entretanto, isso não necessariamente as fez serem reconhecidas como exiladas políticas e valorizadas na sociedade de acolha tal como os homens. Angela Brito e Ana Vasquez consideram que o tratamento diferenciado é apontado por várias mulheres que passaram pelo exílio:

> As mulheres – sobretudo as que são militantes políticas – foram unânimes em falar, em suas entrevistas, sobre o grau inferior de consideração que a sociedade anfitriã lhes concedia. A imagem do herói era sobretudo atribuída aos homens, fazendo com que tivessem maior prestígio social, enquanto militantes políticos e intelectuais.[57]

As especificidades da vivência do exílio de mulheres brasileiras permanece ainda um terreno com poucas incursões, tanto nos trabalhos acadêmicos como na produção memorialística.[58] Parte da história desse período pode ser buscada nas diversas obras de caráter memorialístico que começam a ser publicadas no final dos anos 1970, embora o exílio não seja o tema central desses livros. Mas, uma grande parte das memórias sobre esse período foram escritas por homens.[59]

---

56 Infelizmente a história das mulheres exiladas políticas – seja do império czarista na Rússia ou das exiladas antifascistas, seja de um período mais recente – é, em geral, pouco explorada, ao ponto de uma revista recente sobre essa temática ter como título "exumar" a história das mulheres exiladas políticas. *Revue du groupe interdisciplinaire d'etudes sur les femmes et Le genre*, n. 26 (2009) "Femmes exilées politiques – Exhumer leur histoire".

57 BRITO, Angela; VASQUEZ, Ana. "Mulheres latino-americanas...". *Op. cit.*, p. 23.

58 Ver BRITO, Angela; VASQUEZ, Ana. "Mulheres latino-americanas...". *Op. cit.*; VÁSQUEZ-BRONFMAN, Ana; ARAUJO, Ana Maria. *Exils latino-américains: la malédiction d'Ulysse*. Paris: L'Harmattan, 1988.

59 Recentemente o trabalho de Danielle Tega, contrariamente à afirmação de que praticamente não existem livros de memórias escritos por mulheres, nos apresenta

74 MAIRA ABREU

O material mais frutífero que temos sobre a vivência feminina no exílio é o livro *Memória das mulheres no exílio* que compila depoimentos de 32 mulheres exiladas (além do depoimento coletivo do Círculo de mulheres brasileiras em Paris) em diferentes países, com diferentes trajetórias no Brasil e no exílio, fornecendo um quadro bastante heterogêneo desse contexto.

EXÍLIO NO CHILE

A maioria dos exílios que ocorreram logo após o golpe teve como destino países da América Latina. Essa escolha está ligada não só à facilidade dada à proximidade geográfica desses países, mas também à ideia, ao que tudo indica, fortemente arraigada na expectativa da maioria das/os exiladas/os, de que o exílio seria fugaz e o retorno para o Brasil se daria num futuro nada distante.

A partir de 1970, com a vitória no Chile da Frente Popular nas eleições presidenciais que levou ao poder Salvador Allende, o país torna-se um ponto de convergência privilegiado de militantes de diferentes países latino-americanos. Impulsionados pelo interesse em acompanhar de perto a "experiência" socialista em curso, Santiago torna-se a capital do exílio, "uma espécie de oásis – não só para os brasileiros mas para a esquerda latino-americana".[60] De acordo com dados da Anistia Internacional, no momento do golpe de 11 de setembro de 1973, que deporia Allende, havia entre 13.000 e 15.000 asilados, entre os quais 1.200 brasileiros.[61] Das 25 mulheres cujas entrevistas utilizamos nessa pesquisa, oito passaram pelo exílio chileno antes de irem para a Europa (Ângela Xavier de Brito, Ângela Muniz, Angela Arruda, Elisabeth Vargas, Glória Ferreira,

---

uma série de publicações femininas desse gênero. Ver TEGA, Danielle. *Tramas da memória: um estudo de testemunhos femininos sobre as ditaduras militares no Brasil e na Argentina.* Tese. IFCH. Unicamp (defesa prevista para início de 2015).

60 ANA MARIA COSTA, Albertina *et al. Memórias das mulheres..., op. cit.,* p. 293.

61 ROLLEMBERG, Denise. *Exílio: entre raízes e radares..., op. cit.,* p. 169.

Maria Cristina de Castro, Regina Carvalho e Zuleika Alambert). Todas chegaram depois de 1970. É importante notar que nenhuma das integrantes do Grupo Latino-Americano passou pelo Chile. Todas elas foram direto para a França. Podemos dizer que, grosso modo, as integrantes dos dois grupos pertenciam a "gerações" do exílio distintas.

O período vivido no Chile é frequentemente lembrado de forma positiva. O contraste com o país do qual saíam era notório. Acompanhar aquela experiência, caracterizada por uma grande participação popular, era uma novidade. A simples possibilidade de falar e fazer política em todos os espaços surpreendeu aqueles acostumados a uma atuação clandestina e restrita.

Esse sentimento é visível em alguns depoimentos. Regina Carvalho (militante do Círculo) fala sobre a primeira manifestação que presenciou no Chile, de operários metalúrgicos: "Tudo aquilo que a gente pensava que era sonho podia existir. Neste sentido, a experiência do Chile foi riquíssima (...) Perceber, na prática, a construção de uma sociedade socialista".[62] Nesse mesmo sentido podem-se citar duas militantes do Círculo: "Para nós, o Chile teve uma coisa importantíssima que foi compreender o movimento social, ver o movimento social, de massa, entender o que era uma sociedade em ebulição. Para nós, com a ideia de grupos de vanguarda, foi um choque", diz Glória Ferreira. "Viver o governo Allende era uma coisa deslumbrante para a gente que vinha de uma ditadura. Comprar o jornal do PC! Liberdade, democracia, poder viver a militância abertamente. O Chile representava a liberdade. Não é à toa que resolvi ter meu filho. E muitos resolveram ter os seus primeiros filhos lá".[63]

---

62 Entrevista Glória Ferreira. In: ROLLEMBERG, Denise. *Exílio: entre raízes e radares...*, *op. cit.*, p. 99.

63 Denise Rollemberg diz ser digno de nota o *baby boom* entre os exilados brasileiros no Chile. In: ROLLEMBERG, Denise. *Exílio: entre raízes e radares... op. cit.*

A militância continua para uma parte das/dos exiladas/os. A partir dos boletins e jornais produzidos em Santiago podemos acompanhar uma parte das mobilizações dos brasileiros nesse país. Denise Rollemberg menciona, numa lista que não tem a pretensão de ser exaustiva, 12 títulos produzidos no Chile, entre eles: *Brasil Hoy, Campanha, front Brasileiro de Informação, Outubro, Palmares, Teoria y Crítica, Unidade e Luta.*

Esse período é descrito, por algumas das brasileiras que passaram por esse país, um momento de "retrocesso" em relação à vivência no Brasil. Uma certa "perda de identidade" é relatada por algumas mulheres:

> Desde que pus os pés fora do Brasil, não fui mais eu mesma: era a mulher do fulano que o pessoal tinha ido buscar.[64]

> Eu vivi um problema de perda de identidade. No Brasil tinha uma militância política, um centro de interesse, e de repente, a gente chega ao Chile e fica descentrada, desorbitada. Os homens não. Eles se localizaram logo porque vinham com uma fama de revolucionários, com uma inserção política. Fizeram contactos mais facilmente do que nós porque estavam chegando numa outra cultura machista. Nós ficamos à sombra deles.[65]

> Houve um determinado momento no Chile em que eu me senti igual à minha mãe e ficava completamente desesperada.[66]

Para Ângela Neves,[67] no exílio chileno teriam começado a surgir questionamentos sobre a precariedade das rupturas individuais com os valores vigentes, sobre a posição de inferioridade nas organizações políticas, segregação no seio da família. Mas, naquele contex-

---

64 COSTA, Albertina *et al. Memórias..., op. cit.*, p. 418.

65 *Ibidem*, p. 426.

66 *Ibidem*, p. 416-417.

67 NEVES, Angela. "Femmes brésiliennes en exil: la quetê d'une identité". *Cahiers des Ameriques Latines*, julho-dezembro de 1982.

to não haveria meios de encontrar respostas a essas questões, como ocorreu na França posteriormente.

Há que mencionar um aspecto importante no que concerne às atividades das mulheres no Chile: a constituição do Comitê de Mulheres Brasileiras no Exterior. As informações sobre esse Comitê são escassas. Encontramos informações sobre esse grupo no jornal *Unidade de Luta* e, sobretudo, nos materiais produzidos pelo PCB na Europa após o golpe no Chile,[68] portanto, posteriores ao evento.

GRUPO DE MULHERES BRASILEIRAS NO EXTERIOR

As primeiras reuniões do grupo que daria origem ao Comitê datam de 1972. Zuleika Alambert, uma das fundadoras do grupo, comenta as motivações das reuniões:

> Entrando em contato com outros exilados que haviam chegado a Santiago antes de mim, percebi que entre eles haviam muitas mulheres que ali haviam chegado junto com seus maridos, filhos ou irmãos. Geralmente as mulheres eram donas de casa, algumas estudantes e poucas como militantes políticas. Vivendo num país estrangeiro, sem saber a língua local, sem trabalho, com quase nenhuma militância política, sofriam muito por terem sido quase que abruptamente arrancadas de seu país de origem. Pensei que algo deveria ser feito para melhorar a situação dessas mulheres. Então procurei algumas que haviam pertencido a partidos políticos de esquerda no Brasil. E após algumas convenções resolvemos criar o Comitê de Mulheres Brasileiras no Exílio.[69]

---

68 Refiro-me aqui aos documentos relativos à Seção Feminina do PCB arquivados no CEDEM (Centro de documentação e Memória da Unesp), identificados neste trabalho pela sigla DCPB.

69 Entrevista – Zuleika Alambert

A iniciativa de formar o Comitê partiu do PCB,[70] mas, o grupo estava aberto à participação de mulheres de toda a comunidade exilada. Sobre a concepção que norteou a formação do grupo, comenta Zuleika:

> o meu pensamento sobre a problemática da mulher era ainda muito localizado: via quase que exclusivamente o seu uso, a sua instrumentalizaç ão pela reação, o papel negativo que ela podia jogar. E foi por isso que me interessei por trabalhar politicamente as mulheres brasileiras que se encontravam no Chile. A minha atuação foi no sentido de ver como elas podiam se integrar, não ser uma força marginal na sociedade chilena sem perder as raízes brasileiras.[71]

A ideia de formação do grupo, segundo documentos do PCB, surge nas comemorações do 8 de março de 1972, na casa de uma militante do partido, na qual estavam presentes aproximadamente 11 mulheres. Em maio deste ano seria realizada uma reunião para "concretização de algumas ideias", com a presença de aproximadamente 20 mulheres. Nesta, alguns pontos são definidos: "Nosso movimento será feminino e não feminista" explicitam. Elucidativo dos propósitos do grupo são as atividades aprovadas numa das reuniões: participação de uma brigada feminina com o objetivo de construir um parque infantil; comemoração do Dia Internacional da Infância; organização de um Seminário de Mulheres Brasileiras sobre o tema "A mulher no Brasil hoje"; participação no II Seminário Latino-Americano de Mulheres.

Como atividade preparatória para o II Seminário Latino-Americano de Mulheres, o grupo, que se apresenta como Comitê

---

70 "Na capital chilena, a ob local do Partido junto com outras forças políticas, através de sua seção feminina, fundou o Comitê de Mulheres Brasileiras no Exterior que funcionou até setembro de 1973, dia do golpe contra Salvador Allende." (DPCB – "Recuperação do trabalho do Partido entre as mulheres depois do golpe de 1964" – maio de 1979).

71 ALAMBERT, Zuleika. "Eu não cabia mais lá". In: COSTA, Albertina et al. Memórias..., op. cit., p. 60.

Provisório de Mulheres Brasileiras, promove o "1 Seminário de Mulheres Brasileiras" realizado em Santiago entre 23 e 28 de outubro e cujo tema era "A mulher de hoje na América Latina". A discussão teria se centrado em três temas principais:

> a - pela conquista e defesa de seus direitos, pela felicidade de sua família, pela saúde física, moral e cultural da infância e juventude
> b - pelo resgate das riquezas naturais e o patrimônio cultural. Por uma profunda mudança econômico-social de seus povos, por uma verdadeira e irrenunciável independência.
> c - por uma firme solidariedade e união entre os povos, por uma autêntica paz.[72]

Os três eixos de debate são emblemáticos dos propósitos e objetivos do grupo, afirmando a centralidade da defesa de direitos "da mulher", na sequência associados à "felicidade da família" e aos temas da infância e juventude, pautas tradicionalmente ligadas ao universo feminino, e ligando a atividade política das mulheres a pautas mais gerais, como a transformação econômico-social, a independência dos povos, a solidariedade e a paz entre os povos.

Em fevereiro de 1973 é realizada uma Assembleia Geral, com a presença de 40 mulheres, na qual é oficializada a criação do *Comitê Brasileiro no Exterior*. Sobre o programa da organização, o Comitê declara para a revista *Unidade e Luta*:

> Nosso programa é bem amplo. No momento estamos empenhadas nas Campanhas da Ditadura militar fascista brasileira, das denúncias das prisões, torturas e assassinatos de revolucionários, denúncia da situação da mulher e da criança. Tudo isso irá contribuir para que venha a se efetivar o Tribunal B. Russell para julgar os crimes da ditadura. (...) Nos propomos também, em nosso Comitê, a estudar os problemas relacionados com a mulher, a luta pelos direitos, pelos

---

72 *Unidade e Luta*, n. 3, set.-out., 1972.

direitos de seus filhos e pela sua emancipação. Devemos ressaltar que a verdadeira emancipação somente advirá através da libertação de todo seu povo.[73]

Embora o contexto fosse de grande efervescência feminista nos EUA e em parte da Europa, não é nos marcos deste feminismo da "segunda onda" que este grupo se estrutura. A formação de grupos femininos ligados direta ou indiretamente ao partido comunista é uma prática que, no Brasil, remonta à década de 1930. Essas iniciativas eram previstas em estatutos e resoluções e não se baseavam na constatação de uma especificidade da "questão da mulher" e na tentativa de articular lutas contra essa opressão específica.

Para Goldberg, este grupo que surge no Chile nasceu a partir de uma visão "tradicional" do PC sobre os movimentos de massa: "O movimento deveria servir para 'ganhar as massas inorganizadas para os objetivos estratégicos 'gerais' da revolução e execução das tarefas imediatas do partido".[74] O princípio básico do grupo, segundo o próprio, seria "a luta pela emancipação da mulher através da emancipação política, econômica e social de nosso país".[75]

Para Maria Lygia Quartim de Moraes, o objetivo era fundamentalmente mobilizar aquela massa de mulheres brasileiras em prol da luta contra a ditadura:

> O que todas faziam era criar ocasiões para fazer discursos contra a ditadura, usando a massa de mulheres como ouvintes, ao mesmo tempo em que não perdíamos chances para confrontar nossas divergências políticas, mais uma vez sem enxergar as necessidades e os desejos das mulheres da "massa". Nenhuma das 'políticas' que conviviam no grupo conseguia enxergar e entender a maior parte das brasileiras, viúvas e mulheres de homens pertencentes a partidos e orga-

---

73 *Unidade e Luta*, n. 5 e 6 -. Jan.-Abril, 1973.

74 GOLDBERG, Anette. *Feminismo e autoritarismo...*, *op. cit.*, p. 69.

75 *Unidade e Luta*, n. 5-6, jan.-abril, 1973.

nizações clandestinas no Brasil. Mulheres que ignoravam a atividade dos maridos mas que souberam, com generosidade enorme, pagar os custos: educar os filhos, sustentar a casa e ter de viver no estrangeiro.[76]

Isso nos remete à questão da composição do grupo. Embora tivesse uma composição diversificada, parece ter predominado no seu seio mulheres sem histórico de militância no Brasil, esposas e parentes de militantes. Para Zuleika Alambert, a maioria das integrantes do grupo era de donas de casa. Ângela Brito afirma que "tinha gente de todas as camadas sociais", "tinha a Iracema, que era praticamente analfabeta (...) Ele tem mulheres da classe operária. Então não era um grupo intelectual, como foi o nosso depois aqui em Paris [ela se refere ao Círculo de Mulheres no qual militaria posteriormente]". Maria Lygia lembra-se de poucas mulheres militantes no grupo: "Acho que o pessoal não levava aquilo muito a sério (...) Era mais esposa de não sei quem, era muito mais pessoal ligados ao partido e aquela tropa de mulheres meio perdidas que tinham maridos militantes e tal. Então era uma coisa meio de apoio". E continua "era um grupo *de mulheres, não tinha nada a ver com feminismo*".[77]

Claramente numa releitura a partir de experiências feministas posteriores, outras militantes, como Ângela Xavier de Brito, afirmam o mesmo.[78] Regina Carvalho, militante do grupo Campanha, a única das entrevistadas que participou do Círculo e de reuniões do Comitê no Chile, relata:

> Eu fui a uma ou duas reuniões. Só havia praticamente militantes do PC, não havia ninguém da esquerda dita revolucionária, não me lembro de ter visto ninguém lá. Eu achei particularmente um saco, quer dizer, achei que as questões discutidas eram questões políticas, não eram questões do

---

76 MORAES, Maria. *Vida de Mulher. Op. cit.*, p. 29.

77 Entrevista - Angela Xavier de Brito (realizada por Joana Maria Pedro).

78 Entrevista – Ângela Xavier de Brito.

movimento. Era uma questão... eu entendia aquela reunião como uma base de ampliação do próprio PC. Eu fui a uma ou duas reuniões, não me lembro quantas no Chile, e saí fora. Fui mesmo para ver o que era e tal.[79]

Para Maria Moraes e Ângela Brito, tratava-se de algo como um grupo de estudos. Engels constituía referência obrigatória e provavelmente única. O grupo passou ao largo da ampla literatura suscitada e produzida pelo movimento feminista do período. Práticas como grupos de autoconsciência ou reflexão de temáticas como aborto e sexualidade, candentes para o feminismo do período, não estavam presentes na pauta desse grupo. Sobre as práticas deste, Maria Lygia Quartim de Moraes pondera hoje:

> Naquele tempo a gente era muito crítico, hoje eu vejo, tinha um sentido naquilo. Eram organizados para, comemorar Natal, Ano Bom, aquelas coisas, bem caretona, bem estruturada mas tinha um sentido. Especialmente porque lá no Chile havia todo uma migração de outra classe social mesmo. Aquelas mulheres dos marujos, as mulheres do não sei o que... tinha muito mais mulher pobre e muito mais gente que não tinha nem opção.[80]

Não se pode menosprezar que, apesar de se apresentar em moldes tradicionais, este grupo refletia igualmente a solidariedade entre as exiladas brasileiras, respondendo a uma demanda real dessas últimas, particularmente daquelas que se exilaram na qualidade de esposas de exilados e que se encontravam um tanto deslocadas naquele contexto novo, como afirma Goldberg:

> A solidariedade entre mulheres brasileiras no Chile apareceu e se consolidou no Comitê de Mulheres Brasileiras no Exterior, que veio responder à demanda de uma enorme população de esposas e donas-de-casa, marginalizadas dentro

---

79 Entrevista – Ângela Xavier de Brito.
80 Entrevista – Maria Moraes.

da sociedade chilena (muitas mal podiam se expressar em espanhol) e da própria colônia brasileira, deslocadas entre os "heróis" e as "heroínas", "caretas" entre os "desbundados".[81]

Para o PCB, o grupo teria desempenhado "um importante papel no despertar político de dezenas de mulheres, na formação de numerosos quadros de massa para o trabalho feminino e permitiu ao Partido razoável recrutamento de novas companheiras muitas das quais vieram a desempenhar na Europa um trabalho junto ou na própria Seção Feminina do CC".[82]

Com o golpe de 11 de setembro de 1973 no Chile, o comitê deixa de se reunir. O "oásis" de exilados que era o Chile torna-se um lugar hostil à presença dos mesmos. Com a deposição de Salvador Allende, tem início uma das mais sangrentas ditaduras da América Latina. Houve repressão em massa. Toda forma de oposição era alvo da repressão, e, num país onde o governo deposto tinha amplo apoio popular, isso significou um massacre. As/os estrangeiras/os tornaram-se alvo privilegiado. A Junta Militar conclamava a população a delatá-los e ameaçava punir aquelas/es que os acobertassem. O "segundo exílio" se impôs para essas/es brasileiras/os.

Os primeiros países a receber os presos do Estádio Nacional foram França, Suécia e Suíça. Para estes países, particularmente para o primeiro, afluiu um grande número de exiladas/os brasileiras/os.

O EXÍLIO NA FRANÇA

A expansão das ditaduras pelo Cone Sul nos anos 1970 fez da Europa o destino privilegiado para o refúgio de latino-americanos. A França é um país que tradicionalmente recebia intelectuais e estudantes dessa região e, nesse momento, por diferentes razões, abri-

---

81 GOLDBERG, Anette. *Feminismo e autoritarismo...*, *op. cit.*, p. 68-69.

82 DPCB – "Recuperação do trabalho do Partido entre as mulheres depois do golpe de 1964", maio de 1979.

84 MAIRA ABREU

garia muitos daqueles que fugiram de ditaturas nesses países. Em 1968 havia 9.836 latino-americanos no país, em 1977 esse número salta para 15.470.[83]

Como nos mostra Dennis Rolland, a chegada de Fidel Castro ao poder e uma série de outros fatores marcariam a imagem dos latino-americanos e isso teria um impacto na percepção dos mesmos na França:

> A focalização de uma parte do antiamericanismo e do militantismo anti-imperialista francês contra o embargo norte-americano, as viagens à Cuba por uma parte da *intelligentsia* francesa, a emergência de uma mitologia positiva do guerilheiro revolucionário em torno do personagem de Che Guevara (esse nome foi um dos gritos de reunião de estudantes parisienses de 1968), tudo isso tende a modificar radicalmente o pensamento francês, parisiense, sobre a América Latina e Latino-Americanos, a mudar profundamente as redes de relação desses últimos, vivendo na sua maioria em Paris.[84]

Embora estatisticamente os latino-americanos representassem uma ínfima parte dos estrangeiros na França (0,5% do total de estrangeiros no país em 1975 e 0,8 % em 1982), para Rolland, sua inserção no seio das instituições francesas de pesquisa e de ensino, sua vizinhança ou imersão nas redes de militância de esquerda francesa dariam à sua presença grande destaque e imagem superdimensionada.[85] Mas essa inserção não se deu da mesma forma para homens e mulheres, como veremos. Antes disso, é necessário fazermos algumas precisões sobre a chegada de brasileiros na França.

---

83 ROLLAND, Dennis; TOUZALIN, Marie-Hélène. "Un miroir déformant? Les latino--americains à Paris depuis 1945". In: MARÈS, Antoine; MILZA, Pierre. *Le Paris des étrangers depuis 1945*. Paris: Publications de la Sorbonne, 1994, p. 270.

84 *Ibidem*, p. 268.

85 *Ibidem*, p. 268.

Após 1964 esse é um dos países a receber maior número de exiladas/os brasileiras/os. Para Goldberg,[86] podemos identificar três períodos de chegada dos brasileiros à França: 1- após o golpe de abril de 1964; 2 – após o AI-5 em 1968; 3 – após o golpe de setembro de 1973 no Chile. A comunidade exilada brasileira na França cresce principalmente a partir de 1973. O país foi um dos principais a receber exiladas/os logo após o golpe de 1973 no Chile. Entre as entrevistadas, há chegadas em diferentes momentos. Clélia Piza, por exemplo, já estava na França antes mesmo do golpe de 64. Vera Tude chegou à França em 1968, mas antes da promulgação do AI-5. Ela relata que, no momento de sua chegada, havia poucas/os brasileiras/os em Paris. Mariza Figueiredo chegou em 1970, assim como Danda Prado e Cecília Comegno. Todas participaram do Grupo Latino-Americano, mesmo que somente em sua fase inicial. O grupo teve suas primeiras reuniões em 1972, antes, portanto, do maior incremento da comunidade exilada, com a chegada daqueles que se encontravam no Chile. Por outro lado, todas as militantes do Círculo entrevistadas chegaram depois de 1973, vindas do Brasil ou Chile.

A inserção nessa sociedade foi, por diversos motivos, bem diferente da realizada em países da América Latina. É preciso lembrar que a ideia de provisoriedade do exílio, um sentimento muito presente num primeiro momento, se chocava agora com a realidade de um regime político que conseguira institucionalizar-se e consolidar-se, desfazendo as esperanças de um súbito colapso. A perspectiva de uma breve retomada de atividades profissionais ou acadêmicas ou das formas de militância no Brasil se tornava cada vez menos crível.

Nesse contexto, garantir a sobrevivência no exílio não podia mais ser encarado como um problema temporário que poderia ser resolvido com recursos casuais. O problema da inserção profissio-

---

86 GOLDBERG, A. *Feminismo e autoritarismo...*, *op. cit.*

nal tornou-se uma questão vital para muitas/os dos exiladas/os, que tiveram de enfrentar um mercado de trabalho não muito receptivo ao ingresso de estrangeiros, pelo menos no que concerne aos trabalhos "qualificados". Uma realidade diferente daquela encontrada no Chile, como observa Rollemberg:

> Ao contrário do Chile, onde houve um espaço para a integração através da valorização profissional, na Europa o rebaixamento profissional e social tornou-se a realidade da maioria e único meio de ganhar a vida. Só uma minoria conseguiu se manter em suas atividades originais, em geral, pessoas identificadas à geração de 1964 com carreiras mais sólidas.[87]

A maioria passou a exercer atividades como babás, faxineiros, porteiros, operários na construção civil etc. Nesse sentido, afirma a autora: "O exilado e o refugiado confundiam-se com o migrante econômico. A classe média urbana, maior parte dos exilados, entrava em contato com uma realidade distante".[88] Por outro lado, o exílio europeu abriu, *para muitas/os exiladas/os,* a oportunidade de estudar ou continuar estudando. Alguns aproveitaram esse momento para continuar seus estudos, fazendo cursos de graduação e pós-graduação.

Para Goldberg,[89] o rebaixamento profissional teria sido ainda mais comum entre as mulheres. Os homens exilados beneficiaram-se, muitas vezes, da imagem valorizada de "guerrilheiros" e do "mito do herói revolucionário", que lhes facilitava a inserção no novo país e diminuía o sentimento de perda de identidade. Dessa forma, graças a seu passado militante, alguns teriam conseguido bolsas de estudo ou empregos mais qualificados. Já as mulheres, com passado político inexistente ou considerado de pouca importância em relação ao

---

87   *Ibidem,* p. 125.

88   *Ibidem,* p. 163.

89   GOLDBERG, A. *Feminismo e autoritarismo... Op. cit.*

dos homens, viam-se obrigadas a procurar empregos para suprir as necessidades num país com custo de vida elevado. A vivência dessa nova realidade teria consequências do ponto de vista do reconhecimento de uma identidade entre mulheres, como veremos.

O militantismo de brasileiras/os no exílio francês tomou formas diversas.[90] Encontramos, por exemplo, militância em organizações de denúncia da ditadura – que se articularam, sobretudo, a partir de 1968 - como, por exemplo, Front Brésilien d'Information (FBI), o Comité de Défense des Prisonniers Politiques Brésiliens, Comitê France Brasil, Comité Brésil Amnistie (CBA). Outros mantiveram suas atividades relacionadas à organização na qual militavam no Brasil (tal como PCB, MR-8, POC), criando "seções exteriores" dessas organizações.

Segundo Brito, o engajamento de exiladas/os latino-americanos/as não se deu sob uma égide internacionalista, mas, de um modo geral, cada comunidade permaneceu centrada na sua própria realidade.[91] Isso não significa que grupos latino-americanos não tenham existido nesse contexto, nem que não tenha havido militância de exilados em organizações políticas francesas ou formas de atuações de cunho e composição internacionalista. Vera Tude, por exemplo, militou no PCF, Sônia Calió teve militância na LCR, para citar dois exemplos tirados das entrevistas que realizamos. Sobre grupos latino-americanos cabe mencionar a existência de uma célula de latino-americanos na LCR.[92]

---

90 Sobre a questão da militância no exílio, encontramos diferentes posições. Para Denise Rollemberg "alguns exilados abandonaram o interesse por política. A maioria, entretanto, o manteve, revendo e ampliando sua concepção". ROLLEMBERG, Denise. *Exílio: entre raízes e radares...*, *op. cit.*, p. 190. Chirio, por outro lado, considera que "uma parte somente guarda um militantismo politico". CHIRIO, Maud. "Formes et dynamiques des mobilisations politiques des exilées brésiliens en France (1968-1979)". *Cahier des Amerique Latine*, 2007, p. 78.

91 BRITO, Angela; VASQUEZ, Ana. *Mulheres latino-americanas...*, *op. cit.*, p. 7.

92 "Outros militantes trotskistas que emigraram para a França continuaram sua atividade partidária diretamente dentro da LCR, o partido mais importante da extre-

88   MAIRA ABREU

Com o recrudescimento da repressão e a consequente desarticulação de muitas organizações no Brasil, o exílio torna-se um importante lugar para reestruturação das organizações, de autocrítica e também de busca de unificação de grupos.[93] Podemos acompanhar, a partir dos materiais produzidos no exílio, a reorganização de partidos políticos, assim como a formação de novas organizações de caráter partidário ou não. Como exemplo de reorganizações políticas, podemos citar a formação do grupo Campanha ainda no Chile, e do grupo que se articulou em torno da revista *Debate* na França.

Dada a importância que o grupo Campanha teria para a formação do Círculo de Mulheres Brasileiras em Paris e escassez de informações sobre o mesmo cabem aqui alguns comentários.

O grupo Campanha surgiu no Chile, em 1972, a partir da iniciativa de militantes da organização brasileira Fração Bolchevique, e se estruturava a partir da confecção de um jornal homônimo. Praticamente inexistem relatos sobre essa organização. Cito a seguir um trecho da entrevista de Regina Carvalho, uma das articuladoras para a criação do grupo:

> como nós estávamos desautorizados pela organização, por conta de que a prisão tinha acontecido num momento de luta interna, de divergências dentro da organização - principalmente o Nilton, que era quem cabeceava essa discussão -, tinha se exilado, tinha saído. Então eu acho que a organização não reconhecia nele e em nós, as três outras militantes, como representantes dela. Então o Campanha foi uma tentativa disso, de ter uma representação, de ter uma cara.[94]

---

ma esquerda naqueles anos, integrando lá uma célula latino-americana.". FRANCO, Marina. *El exilio: argentinos en Francia durante la dictadura*. Buenos Aires: Siglo XXI Editores, 2008, p. 113).

93   CHIRIO, Maud. *Formes et dynamiques des mobilisations...*, *op. cit.*, p. 86.

94   Entrevista - Regina Carvalho.

O grupo tem continuidade na França, depois do golpe no Chile, e se amplia significativamente nesse país. Apesar disso, não se trata de um grupo numericamente expressivo, como muitos que se formaram nesse contexto. Segundo as entrevistadas (Sônia Calió, Regina Carvalho e Maria Betania Ávila) o Campanha teve contato com o feminismo via LCR (Liga Comunista Revolucionária), organização francesa que já discutia o feminismo desde o início dos anos 1970 e com a qual tinham proximidade política. Para Sônia Calió o grupo foi pioneiro na incorporação de algumas questões: "O Campanha tinha um discurso muito aberto... ele discutiu a sexualidade, discutia a homossexualidade, todos esses temas maiores, mais importantes para a esquerda, ele estava na linha de frente".[95] Apesar de ressalvar os limites dessa incorporação.

Emergem também neste contexto, por exemplo, o grupo de cultura do CBA, o "Saci"[96] (um grupo voltado para as crianças brasileiras na França) e, que nos interessa em particular neste trabalho, diversos coletivos feministas.

A vivência do exílio francês abriu novas perspectivas existenciais, intelectuais e políticas para muitas/os exiladas/os. Tratava-se de um ambiente social, cultural e político distinto do seu país de origem. Por exemplo, algumas temáticas até então periféricas ou inexistentes na pauta da esquerda brasileira, tais como ecologia, democracia, feminismo e, em menor medida, homossexualidade, passaram a receber atenção. As críticas ao sistema implementado na URSS e Leste Europeu também entram em pauta para alguns militantes.

Do ponto de vista das relações de gênero, há que mencionar o "choque" provocado por uma realidade distinta, em que era difícil reproduzir determinados padrões de "solução" ou "acomodação" existentes no Brasil, como menciona, por exemplo, Vera Tude: "Não

---

95 Entrevista – Sônia Calió.

96 Sobre esses grupos ver ROLLEMBERG, Denise. *Exílio: entre raízes e radares. Op. cit.*, p. 220-223.

tinha mamãe para chamar, titia, a vizinha, a empregada, não tinha nada, era o confronto ali".[97] A existência de filhos tornava essa realidade ainda mais gritante, como lembra Ângela Muniz:

> Estávamos numa idade onde muitas de nós começávamos a ter filho, onde as questões da casa, do assumir os filhos, iam meio que "escancarando" situações que te possibilitavam pensar ou não sobre aquelas questões.[98]

As/os exiladas/os brasileiras/os eram confrontados com uma realidade na qual alguns privilégios, como o acesso a uma empregada doméstica, eram muito mais exclusivos, restritos somente à elite.

> A sociedade francesa é estruturada pra você lavar seu prato. Quando você se levanta, você lava o prato, em cada quarteirão tem uma lavanderia e é acessível, não tem empregada doméstica.[99]

> Não havia a mordomia daqui de ter a empregada mal paga, escravizada etc., que fizesse tudo, [o que] obrigava então a discussão das tarefas domésticas (...) o questionamento da postura acomodada dos respectivos companheiros que eram revolucionários, mas não faziam nada em casa, não arrumavam a cama, não passavam uma vassoura na casa... E se você tivesse a empregada nunca perceberia isso porque você não vai fazer, o cara não vai fazer mas há alguém que faça e lá não existe isso, só as famílias extremamente ricas é que têm sua criadagem.[100]

Essa situação suscitava, frequentemente, discussões sobre divisão do trabalho doméstico, críticas às posturas dos companheiros e questionamentos que dificilmente surgiriam com a presença de uma empregada. Além disso, as dificuldades relacionadas à sobre-

---

97 Entrevista – Vera Tude.

98 Entrevista – Angela Muniz.

99 Entrevista – Regina Bruno.

100 Entrevista – Regina Carvalho.

vivência no exílio potencializam a percepção dessas questões. A necessidade de procurar emprego e cuidar das atividades domésticas trazia à tona o problema da "dupla jornada" e dos padrões das relações nos microcosmos domésticos. Mas, consideramos que o principal fator para a formação de uma consciência das hierarquias de gênero foi a existência de um atuante movimento feminista nos anos 1970 na França, o qual lançou questões para o conjunto da sociedade e se tornou amplamente conhecido. O impacto causado pelo contato com o feminismo europeu, particularmente francês, é relatado em diversos depoimentos de exiladas como fundamental para uma tomada de "consciência feminista". Nas entrevistas que realizamos esse aspecto é recorrentemente mencionado:

> Eu morava num grande conjunto de prédios e tinha um MLAC ali (...) Na universidade em que eu estudava tinha núcleos do MLAC, Movimento pela Legalização do Aborto e da Contracepção, isso tinha em toda parte, ou seja, você respirava feminismo.[101]

> Chegando lá é uma coisa muito presente, as mulheres faziam manifestações, as mulheres escreviam coisas, as mulheres escreviam nos jornais, você tinha um movimento feminista nas faculdades (...) Era uma coisa muito presente na sociedade francesa, então não tinha como você não ver.[102]

> Quando eu cheguei na França o feminismo estava em todo lugar. Uma amiga daqui que já estava lá, tratou de me contar muitas coisas sobre isso e despertar minha enorme vontade de acessar as questões e ao ambiente feminista.[103]

---

101 Entrevista – Sonia Giacomini.

102 Entrevista – Eliana Aguiar.

103 Entrevista – Maria Betânia Ávila.

92   MAIRA ABREU

O exílio é apontado, por muitas mulheres que passaram pela experiência, como um momento de descoberta do feminismo. Diversos são os depoimentos neste sentido.

> Para a maioria de nós, a tomada de consciência feminista aconteceu aqui na França porque existe um movimento social que serviu como ponto de referência. Foi todo um processo coletivo de troca de experiências com outras mulheres.[104]

> Vivendo aqui, na França, na Europa, é possível para nós uma ruptura mais profunda com os valores antigos porque existe um movimento social de mulheres que apoia essas nossas atitudes.[105]

Segundo Luci Pietrocolla, essa questão também aparece de forma recorrente nas entrevistas por ela realizadas:

> As tarefas da vida conjugal e familial foram revistas e questionadas. Uma emancipação masculina e feminina, restrita às discussões teóricas, passou a ser exercitada na privacidade da vida conjugal e familial. O avanço do Movimento Feminista na França na década de 70 é retratado invariavelmente por todos os ex-exilados que lá passaram. Homens e mulheres, ex-exilados políticos, atribuem as profundas mudanças de comportamento pelas quais passaram às discussões e esclarecimentos obtidos nas inúmeras reuniões promovidas por esse Movimento implementado pelas mulheres no exílio.[106]

Mas, é importante ressaltar, não é possível generalizar essa experiência para o conjunto das mulheres que passaram pelo exílio. Segundo Anette Goldberg, muitas mulheres brasileiras viveram na Europa no início dos anos 70 "sem sair do Brasil". Muitas – prossegue – "sequer perceberam a existência de um movimento

---

104 COSTA, Albertina et al. Memórias..., op. cit., p. 414.

105 COSTA, Albertina et al. Memórias..., op. cit., p. 421.

106 PIETROCOLA, Luci. Anos 60/70 – O viver entre parênteses: a perseguição política aos revolucionários e suas famílias. Tese (doutorado) – FFLCH-USP, 1995, p. 87.

de liberação das mulheres que se encontrava em pleno apogeu, na fase de proliferação dos grupos de consciência, das grandes passeatas e outras formas de mobilização em torno de questões ligadas ao corpo, à sexualidade, à opressão patriarcal dentro e fora da família, incluindo-se aí as organizações de esquerda".[107]

Essa "descoberta" do feminismo no exílio não foi um privilégio das mulheres brasileiras. Outras latino-americanas fariam seus primeiros contatos com esse movimento também no contexto europeu. Cito, como exemplo, depoimentos de três mulheres de nacionalidades diferentes. Carmem Castilho, escritora e cineasta chilena, Ana Maria Araújo, socióloga uruguaia e a argentina Dora Coledesky:

> As que saíram exiladas, castigadas por nossa própria posição ou seguindo o marido, conhecemos o feminismo fora, ou seja, entramos em contato com os instrumentos para entendermos e integrar a fragmentação de nossas existências quando já não podíamos entrar em contato com nossas origens concretas, com muitos desses fragmentos. Nesse sentido, sinto que o exílio obriga as mulheres a duplos e triplos processos e a carrega com duplas ou triplas ausências.[108]

> Meu exílio enriqueceu minha realidade latino-americana. Os movimentos de mulheres contribuiram para me descobrir mulher. Radicalmente e politicamente.[109]

> O feminismo em todo sentido da palavra, eu o aprendi na França, na teoria e na prática (...) Foi na França onde me abriram os olhos, conheci mulheres brilhantes, o movimento feminista tinha uma grande vitalidade, grande envergadura (...) Entendi claramente que não se pode chegar ao socialis-

---

107 GOLDBERG, A. *Feminismo e autoritarismo...*, op. cit., p. 70.

108 CASTILHO, Carmem. "Mujeres, militância y exilio". Disponível em: www.pieldeleopardo.com. Acesso em: 8 de abril de 2009.

109 ARAÚJO, Ana. *Apud* LESSELIER, Claudie. "Femmes, exils et politique en France depuis 1970". *Sextant*, n. 26, 2009, p. 142.

mo sem uma revolução que seja feita em todos os planos, um dos quais, sem dúvida, o feminismo.[110]

É, portanto, nesse contexto, que muitas mulheres vão se deparar com os primeiros questionamentos feministas. Mas esse despertar para os problemas da opressão específica da mulher não foi vivido sem conflitos e contradições. Assumir-se enquanto feminista implicava uma tomada de posição sobre sua própria condição enquanto mulher no contexto mais geral de opressão do conjunto das mulheres. No entanto, muitas vezes, criava-se um status artificial e "intelectualista" de distanciamento com relação aos problemas relativos à condição da mulher, como em relação a algo que dizia respeito somente a uma "outra mulher" abstrata, uma entidade sociológica na qual a "analista social" não se incluía, como as próprias militantes do Círculo relembram num panfleto:

> Nós, como brasileiras, também reagimos às efervescências do movimento feminista internacional desses últimos dez anos como se tudo isso fosse um luxo de país desenvolvido. Nos assumirmos enquanto feministas, vulgo histéricas, sexistas, foi um longo período cheio de contradições ideológicas e de descobertas. Podíamos assumir sociologicamente a luta das mulheres, das que estavam lá longe, mas assumir que nós mesmas, que, ainda pior, no exterior, também fazíamos parte da metade da humanidade que sofre no seu dia-a-dia a condição de ser mulher era ainda mais complicado.[111]

Para Claudie Lesselier, o movimento de mulheres e outros movimentos sociais pós-68, dotados de um forte espírito internacionalista, ofereceram um quadro favorável à formação de coleti-

---

110 CHAHER, Sandra "Eso que se llama respecto" entrevista com Dora Coledesky. Disponível em: www.artemisanoticias.com.ar/site/notas.asp?idnota=1008. Acesso em: 8 de abril de 2009.

111 DCM – v. v – Boletim do Círculo de Mulheres Brasileiras em Paris, maio de 1978.

vos autônomos de mulheres estrangeiras, imigrantes e exiladas.[112] Influenciados por esse movimento, formam-se, a partir do início dos anos 1970, diversos grupos e associações de mulheres estrangeiras, exiladas ou imigrantes na França. Ainda segundo Lesselier,[113] o Grupo Latino-Americano de Mulheres foi pioneiro nesse sentido. Mas, podemos citar outros como a Associação de Mulheres Marroquinas (1972-1978), o Grupo de Mulheres Marroquinas (1979-1982), o Coletivo de Mulheres Chilenas Exiladas (COFECH), fundado em 1979. Encontramos também referências a três encontros de mulheres latino-americanas na Europa. O primeiro foi realizado em Bruxelas, em outubro de 1978, sobre o qual não temos muitas informações. O segundo em Paris, entre os dias 10 e 11 de fevereiro de 1979 – do qual participou o Círculo de Mulheres. O terceiro aconteceu entre os dias 27 de fevereiro e 1 de março de 1981 em Paris.[114] Segundo o boletim ISIS,[115] esse último foi organizado pelo "Grupo de Mujeres Latinoamericanas de Paris" e teve como temas principais: análise da situação que enfrentam as latino-americanas que vivem na Europa, sexualidade feminina, mulher e política e trabalho.[116] Para se ter ideia da diversidade de grupos que se formaram nesse contexto, citaremos aqui alguns dos participantes deste último encontro: Associação Latinoamericana de Mujeres

---

112 LESSELIER, Claudie. "Femmes, exiles et politiques en France depuis 1970". *Sextant*, n. 26, *Femmes exilées politiques*, 2009, p. 41.

113 LESSELIER, Claudie. "Aux origines des mouvements de femmes de l'immigration". Disponível em: http://www.femmeshistoireimmigration.org/claudie_%20Colloque%20genre%20et%20migration%20mars%2006.htm. Acesso em março de 2007.

114 "Mujeres latinoamericanas en Europa" ISIS, Boletin Internacional n. 5, abril de 1981.

115 Araújo menciona a realização de três congressos de mulheres latino-americanas na Europa. Guadilla, faz referência aos dois primeiros. ARAÚJO, Ana. "Hacia una identidad latinoamericana – Los movimientos de Mujeres en Europa y América Latina". *Nueva Sociedad*, n. 78, 1985; Naty GUADILLA, 1980, Historiando. *Herejias*, março de 1980.

116 *Ibidem.*

96   MAIRA ABREU

ALAM (Suécia), Associación de Mujeres Danesas Latinoamericanas (Dinamarca), Grupo de Mulheres Brasileiras em Londres, Grupo de Mujeres Latinoamericanas em Barcelona, Grupo de Mulheres Latinoamericanas de Berlin Ocidental, Grupo de Mujeres Latinoamericanas de Grenoble (França).[117] Embora não tenhamos informações sobre esses grupos, a própria existência dos mesmos nos dá elementos para visualizar as formas de organização de mulheres latino-americanas na Europa.

Especificamente em Paris, sabemos que se formaram pelo menos três grupos de mulheres latino-americanas. O primeiro a se formar foi o Grupo Latino-Americano de Mulheres em Paris, que realizou suas primeiras reuniões no ano de 1972 e que a partir de 1974 produziu o boletim *Nosotras*. Segundo Naty Guadilla, divergências internas levaram a uma cisão interna do grupo em janeiro de 1975. Algumas mulheres sairiam do grupo e se reuniriam em torno de um grupo de estudos sobre a situação da mulher da América Latina. Uma parte desse último seria responsável por reunir informações sobre o tema e elaborar o livro *Mujeres*, publicado pela *Editions des femmes* no ano de 1977.[118] Neste livro podemos encontrar uma descrição do grupo que o escreveu, identificado como *Collectif de Femmes D'Amerique Latine et Caribe*:

> Conscientes do perigo que havia em se transportar mecanicamente modelos estrangeiros, nós nos demos conta da necessidade de definir a especificidade e o significado de um movimento de mulheres no contexto latino-americano. Afim de tentar colocar o problema da mulher a partir das nossas realidades, nós nos reunimos regularmente a partir de 1972, em um grupo de mulheres latino-americanas em Paris. Atualmente, após mudanças e transformações, e enriquecidas

---

117 Consta a existência de diversos outros grupo entre os participantes do evento. Ver ISIS n. 5, abril de 1981.

118 COLLECTIF DE FEMMES D'AMERIQUE LATINE ET DE LA CARAÏBE. *Mujeres*. Paris: Editions des femmes, 1977.

com a presença das mulheres do Caribe, nos apresentamos, neste livro, nossa reflexão e diversos testemunhos e documentos sobre a condição da mulher do nosso continente.[119]

Cabe mencionar que em 1977 surge em Paris um "Grupo de Mujeres Latinoamericanas" cuja origem não tem vinculação direta com o Grupo Latino-Americano que publicava o boletim *Nosotras*. O primeiro é formado durante a jornada "Parole aux femmes d'Amerique Latine", promovida pelo jornal *L'Information des femmes*. O Círculo de Mulheres Brasileiras realizou algumas atividades conjuntas com esse grupo, como veremos com mais detalhes no capítulo 4. *O Grupo de Mujeres Latinoamericanas* publicaria o boletim *Herejias*.

---

119 *Ibidem*, p. 10.

CAPÍTULO III
Grupo Latino-Americano de Mulheres em Paris

O primeiro grupo formado por mulheres brasileiras no exílio a se reivindicar feminista foi o Grupo Latino-Americano de Mulheres em Paris.[1] Composto por mulheres de diferentes países da América Latina, realizou suas primeiras reuniões a partir de 1972.[2] Promoveu grupos de reflexão (ou autoconsciência), debates, projeções de filmes e, entre janeiro de 1974 e o segundo trimestre de 1976, publicou o boletim bilíngue (português e espanhol) *Nosotras*. Constituiu uma importante experiência feminista para diversas mulheres latino-americanas e foi também pioneiro em reunir mulheres estrangeiras no início dos anos 1970 na França. Nesse capítulo, pretendemos recuperar alguns elementos da história desse grupo. Começaremos pela trajetória de Danda Prado, de quem partiu a iniciativa de criá-lo.

Yolanda Cerquinho da Silva Prado, mais conhecida como Danda Prado, chegou à França em 1970.[3] Ela relata que foi para a França com a ideia de fazer um doutorado sobre a temática "mulher" e que, nesse contexto, entrou em contato com o MLF a partir

---

1   NEVES, Angela. "Femmes brésiliennes...". *Op. cit.*; LESSELIER, Claude. *Aux origines des mouvements..., op. cit.*

2   No primeiro boletim, datado de janeiro de 1974, consta a informação de que o grupo se reunia há um ano e meio.

3   Danda Prado relata que teve que retornar ao Brasil para o julgamento do seu pai, o intelectual Caio Prado Júnior mas retornaria à Paris em 1971 devido ao contexto político brasileiro.

de Simone de Beauvoir,[4] que conheceu quando esta visitou o Brasil nos anos 1960. Sobre os seus primeiros contatos com o MLF, ela rememora:

> Eu fiquei muito espantada quando cheguei em Paris, porque eu, até então, só tinha participado de grupos políticos, nunca tinha atuado em grupos de mulheres. No Brasil, não existiam grupos de mulheres. E quando eu cheguei na França, em 1970, em todo canto eu via uns cartazes estranhos, às vezes escritos à mão dizendo REUNIÃO DE MULHERES. Como não consegui descobrir o endereço dos encontros, acabei pedindo informações para Simone de Beauvoir (que eu conheci durante visita dela ao Brasil). Ela me disse que achava a minha visão de mundo muito esquerdizante e radical e que eu não ia me entender bem com as francesas. Então ela sugeriu arranjar uma moça que já tinha estado em Cuba, e que provavelmente teria um contato que se adequaria melhor às minhas ideias.[5]

A pessoa que Simone de Beauvoir apresentou a Danda foi Anne Zelensky, militante do MLF.[6] Sobre esse encontro, Danda lembra-se que Zelensky ficara "horrorizada", porque ela só falava de revolução, de Fidel Castro.[7] Ela relata que, até aquela época, "nunca tinha ouvido falar em patriarcado, não entendia essa opressão e, além do mais, morria de medo daquelas militantes francesas".[8]

Esse "desencontro" foi certamente vivenciado por muitas outras mulheres brasileiras, provenientes de uma tradição de esquerda, que tiveram os seus primeiros contatos com o feminismo na

---

4 GOLDBERG, Anette. *Feminismo e autoritarismo...*, *op. cit.*, p. 71.

5 CARDOSO, Elisabeth. Imprensa feminista brasileira pós-64. Dissertação (mestrado) – ECA-USP, São Paulo, 2004, p. 75.

6 Anne Zelensky publicou suas memórias da militância no MLF. Ver PISAN, A. Historias del Movimiento de Libération de la Mujer. Madrid: Debate, 1977.

7 GOLDBERG, Anette. *Feminismo e autoritarismo...*, *op. cit.*, p. 71.

8 *Idem*, p. 71.

Europa. A dissonância entre o que propunha o feminismo francês e as teses tradicionalmente defendidas pelos partidos de esquerda é relatada por várias delas.

O feminismo francês abria um universo novo de experiências e conceitos, que as levariam a uma revisão de seu próprio universo de referências. Sobre o contato com as militantes francesas e a ideia de reunir mulheres da comunidade exilada brasileira, Danda comenta:

> Na volta, fiquei, em 1971, muito impressionada com o nível de análise delas e eu não conseguia conversar isso com as brasileiras, que era o meu mundo. Eu queria que nós nos reuníssemos para poder colocar isso (as coisas que eu aprendia) e ouvir o que elas pensavam, para então discutirmos.[9]

Outro fator importante foi a percepção das diferenças entre homens e mulheres na comunidade exilada, diferenças agudizadas pela precariedade das condições de exílio e tornadas ainda mais visíveis pelo contato com o ambiente político-cultural do feminismo francês. Com efeito, Danda relata sua insatisfação com a situação de uma parte das mulheres da comunidade exilada, que, em condições muitas vezes adversas e precárias e em trabalhos considerados subalternos, como faxina, provia o dinheiro para a sobrevivência, enquanto os homens ficavam em casa, discutindo a revolução e esperando o retorno ao Brasil:

> Quando eu convoquei a primeira reunião, é porque eu já estava ficando irritada com aqueles homens. Os homens ficavam em casa, não tinham o que fazer, as mulheres estavam trabalhando (...). Aí eu resolvi discutir isso em reunião, porque eu ouvia contar que uma que foi espancada e saiu de noite pela rua... Eu começava a ouvir essas histórias e dizer: não, vamos pelo menos estar juntas, pelo menos a gente traduz (...) serve para contar o que está acontecendo no movimento de mulheres. E aí convocamos a primeira reunião.[10]

---

9   CARDOSO, Elisabeth. *Imprensa feminista brasileira pós-64. Op. cit.*, p. 77.

10   Entrevista – Danda Prado.

Ela rememora que procurou diversas mulheres brasileiras que viviam em Paris e as convidou para os encontros. Sobre este momento de formação do grupo, ela comenta:

> Por conta da ideia da tese, resolvi convocar uma reunião com todas as brasileiras que pude localizar em Paris; muitas vieram a essa primeira reunião e não voltaram, com as outras continuei a reunir. Aí, com algumas latino-americanas da faculdade surgiu a ideia de criar um grupo. Quando isso aconteceu houve brasileiras contrárias à ideia, que achavam que criar uma entidade era ir longe demais.[11]

O grupo teve que enfrentar a oposição da comunidade exilada brasileira. "O feminismo era visto como um absurdo" e não era bem aceito por uma grande parte da "esquerda" nesse momento, afirma Danda Prado, em especial a latino-americana, que em fins dos anos 1960 e início dos anos 1970 considerava inimaginável pautar a questão da "libertação das mulheres" nos termos colocados pelo feminismo.[12] A ideia de libertação passava, para esses setores, fundamentalmente pela luta contra a dominação de classe. Outras questões (como a chamada "questão das mulheres", a "questão racial" etc.) eram consideradas como menos importantes e sua resolução era remetida a um futuro pós-revolucionário.

Não seria senão pouco a pouco, a partir de uma lenta "digestão", que o feminismo ganharia alguma legitimidade. Mesmo para as organizações de esquerda francesas a questão permanecia ainda polêmica em 1972, dois anos após as primeiras mobilizações feministas.

O feminismo ainda era uma grande novidade também para aquelas que participavam das reuniões do grupo latino-america-

---

11 GOLDBERG, Anette. *Feminismo e autoritarismo...*, *op. cit.*, p. 71.

12 VASQUEZ, Ana. ARAÚJO, Ana Maria. Exils latino-américains: la malédiction d'Ulysse. Paris: l'Harmattan -CIEMI, 1988.

no. No primeiro boletim, elas rememoram algumas de suas questões iniciais:

> Tudo se passou como se fosse uma bola de neve: duas ou três latino-americanas escrevendo suas teses de doutorado sobre a mulher. Deparamo-nos pela primeira vez com as perguntas "porque pensam isso as feministas francesas? O que quer dizer feminismo? O feminismo é um movimento que teria sentido somente em países industrializados? O que há de comum e de diferente entre a mulher mexicana, venezoelana, argentina, brasileira, francesa?"[13]

Dúvidas sobre o que seria o feminismo, sobre a validade de suas propostas, particularmente em países subdesenvolvidos, além de questionamentos sobre a possibilidade de se articular uma luta a partir de um "algo comum" foram questões comuns a muitas mulheres que tomaram contato com o feminismo neste contexto.

As primeiras reuniões eram realizadas no subsolo de um café no *Quartier Latin*, lembrado como "Café Cluny". Participavam dessas reuniões, segundo a memória de algumas das entrevistadas, Danda Prado, Clélia Piza, Mariza Figueiredo, Vera Tude, Cecília Comegno, Gilda Grillo, Norma Benguell e Sonia Nercessian. De acorco com alguns relatos, havia uma grande curiosidade masculina em relação a essas reuniões. Enquanto essas mulheres discutiam, alguns homens circulavam e iam ao banheiro (que se localizava justamente no subsolo) para tentar ouvir o que se falava naquele espaço no qual os homens não podiam participar.[14]

Sobre alguns dos nomes mencionados acima e sobre outras mulheres que sabemos que fizeram parte do grupo cabem alguns comentários.

---

13 "Editorial". Nosotras, n. 1, janeiro de 1974.
14 Ver GOLDBERG, Anette. *Feminismo e autoritarismo...*, *op. cit.* e GOLDBERG, Anette "Brésiliennes en exil. De femmes migrantes à féministes étrangères". *Les cahiers du* CEDREF, 8-9, 2000.

Mariza Figueiredo é jornalista e foi um importante membro do grupo, no qual permaneceu durante toda a sua existência. Mariza, que se considera "estruturalmente feminista desde sempre", relata que teve contato com *O segundo sexo* quando ainda estava no Brasil. Descontente com os rumos políticos do país resolveu deixá-lo em 1969 para fazer um curso de fotografia. Ela relata que o encontro com o movimento feminista teria gerado uma identificação imediata. Participou dos momentos inicias do MLF, das famosas assembleias no Beuax-Arts e de outros eventos importantes do movimento e relata que fez parte de um grupo que tinha como integrantes, entre outras, Christine Delphy e Monique Wittig, com as quais também dividiu casa. Foi através de Anne Zelensky, acima mencionada, que conheceu Danda Prado. Mariza participou do grupo desde as primeiras reuniões e foi uma presença marcante na elaboração do boletim *Nosotras*.

Vera Tude saiu do Brasil em 1968, em virtude dos riscos que corria devido à sua relação amorosa com Aloísio Nunes, que era militante de organização de esquerda, e também devido à sua atividade de acolher militantes em fuga da repressão. Seus primeiros contatos com o feminismo deram-se na França, através do grupo formado em Paris. Ela não permaneceu muito tempo no grupo e parou de frequentá-lo antes da publicação do boletim.

Cecília Comegno deixou o Brasil em julho de 1970. Antes disso, havia participado do MOVE (Movimento pela Educação), tido proximidade com o POC e trabalhado no Dieese, que considerava também uma forma de militância. Ela relata que, em Paris, participou das primeiras reuniões do grupo e que as integrantes eram todas brasileiras. Sobre suas impressões em relação ao grupo, comentaremos posteriormente.

Lucia Tosi, de origem argentina, participou também ativamente do grupo. Ela era provavelmente uma das mais velhas do mesmo.[15] Ela era química e já havia morado nos anos 1940 na França para fazer um pós-doutorado. Foi durante este período que ela conheceu o economista brasileiro Celso Furtado, com o qual se casaria. Após o golpe de 1964 sai do país. Lucia trabalhou no CNRS de 1966 até sua aposentadoria em 1983. Ela faleceu em 2007 em Campinas. Infelizmente não temos muitas informações sobre a mesma.

Naty Garcia Guadilla é de origem espanhola mas viveu também na Venezuela. Ela relata ter conhecido o MLF durante a *Journées de denonciation de crimes contre les femmes* (Jornadas de denúncia de crimes contra as mulheres) realizada Paris em maio de 1972 e que havia poucas estrangeiras nos primeiros anos do MLF, particularmente mulheres de países fora do continente europeu. A necessidade de discutir problemas específicos das mulheres na América Latina a motivou a participar, a partir do final de 1972, das reuniões do grupo Latino-Americano:

> Antes de qualquer coisa, *enquanto mulher,* eu me sentia profundamente comprometida por esse movimento. Mas *enquanto estrangeira*, tendo uma vivência cultural diferente (...) eu me dei conta que havia entre as mulheres francesas e eu mesma uma distância reciprocamente sentida que não podia compensar o fato que nós pertencíamos a mesma comunidade de mulheres.[16]

Uma mulher que foge bastante dos perfis brevemente esboçados acima é de Maricota da Silva. Maricota é, na verdade, um pseudônimo de uma mulher que forneceu um testemunho para o livro

---

15   Nascida em 1919 em Buenos Aires, já tinha mais de 50 anos quando tomou contato com o grupo.

16   GUADILLA, Naty. *Le Mouvement de Libération des Femmes (M.L.F) en France de 1968 à 1978*. Thèse de Doctorat: Troisième cycle sociologie. Paris: EHESS, 1979.

106 MAIRA ABREU

Memória das mulheres no exílio publicado em 1980 no Brasil. Ela começa seu depoimento com a seguinte frase:

> Acho que eu nunca estaria aqui se não fosse mulher. Estou aqui porque estou acompanhando marido, então, há realmente a tal condição de esposa, e como esposa, de acordo inclusive com a religião, tenho que acompanhar o marido onde ele estiver.[17]

Ela, que trabalhava com "educação" (como ela define) no Brasil, saiu do país, ao que tudo indica, logo após o golpe acompanhando o marido que tinha envolvimento com atividades de oposição ao regime. Ela considera os anos que viveu no exílio como "perdidos". Mas uma das poucas coisas importantes que ela relata ter feito neste período, e que não teria sido possível no Brasil, teria sido a participação no "grupo de mulheres da América Latina, organizado por Danda Prado",[18] que ela caracteriza positivamente como "completamente apolítico" e cuja característica marcante seriam as atividades de autoconsciência (embora ela não empregue o nome). Participar do grupo teria sido "um dos momentos chaves" de sua vida.[19]

Uma das primeiras referências que encontramos sobre a existência do grupo data de 1973, no jornal *Le Torchon Brûle*, o primeiro jornal do MLF:

> AMERICA LATINA: Um grupo se constituiu em Paris com o objetivo de estudar e participar do *Mouvement de Libération des Femmes* levando-se em conta os problemas específicos de nosso país de origem: as línguas faladas são o português e o espanhol. Se você quiser se juntar a nós, escreva a Me Silva. Caixa Postal 640675261 Paris Cedex 06.[20]

---

17 Maricota da Silva, abril de 1978. In: COSTA, Albertina. *Memória das Mulheres...*, op. cit., p. 33.

18 *Ibidem*, p. 38.

19 *Ibidem*, p. 40.

20 Le torchon brûle, n. 5, s/d. Este boletim data, segundo F. Picq, de ago.-set., 1973.

A noção de "problemas específicos" das mulheres latino-americanas aparece em diversos momentos no boletim. A existência do grupo era justificada pela especificidade da "condição" de latino-americanas. Como lembra Naty Guadilla, o grupo surgiu justamente com o intuito de analisar essa especificidade:

> Atraídas por esses novos movimentos, as mulheres latino-americanas se engajavam e participavam dos grupos de consciência ou das grandes assembleias do movimento de mulheres francês. Depois, nasceu a necessidade de analisar a especificidade da situação das mulheres latino-americanas e se constituíu o Grupo Latino-Americano de Mulheres com o objetivo de comparar e buscar as diferenças entre mulheres de diferentes países do mundo.[21]

As fontes às quais tivemos acesso não permitem reconstituir a dinâmica de funcionamento do grupo nesses primeiros anos. Mas, sabemos que um elemento fundamental eram as atividades de reflexão, sobre o qual comentaremos posteriormente. Uma outra importante atividade realizada nesse período inicial foi uma mobilização de apoio a três escritoras portuguesas perseguidas pelo regime ditatorial de seu país por terem escrito o livro *Novas Cartas Portuguesas*.[22] Temos como hipótese que essa mobilização foi um dos fatores que contribuiu para o fortalecimento do grupo e que foi um agente propulsor para o início da publicação do boletim *Nosotras*.

---

21 GUADILLA, Naty. "Historiando". *Herejias*, março de 1980, p. 11.

22 BARRENO, Maria Isabel; Maria Teresa Horta; Maria Velho da Costa (2010). Novas Cartas Portuguesas. Edição anotada. Org. Ana Luísa Amaral. Lisboa: Publicações Dom Quixote.

AS "TRÊS MARIAS"[23]

Novas Cartas Portuguesas de Maria Isabel Barreno, Maria Teresa Horta e Maria Velho da Costa é publicado em abril de 1972, em Portugal. O texto, logo após sua publicação é apreendido pela polícia política de Portugal e as escritoras e o editor acusados de publicarem um livro com conteúdo pornográfico e atentatório à moral pública. O texto constituía uma denúncia do regime salazarista, a mais longa ditadura europeia do século xx, e aborda algumas das feridas do sistema, entre elas a guerra colonial e a tortura dos prisioneiros políticos. Mas um aspecto fundamental da obra é a crítica à profunda dominação exercida sobre as mulheres. Embora não tenha sido concebido como um livro feminista, este tornou-se um símbolo de solidariedade feminista naquele contexto.

As escritoras, que ficariam conhecidas como Três Marias, decidem, diante do processo, enviar alguns exemplares (em português) acompanhados de uma carta a Simone de Beauvoir, Marguerite Duras e Christine Rochefort. Desconhecemos o destino dos exemplares enviados às duas primeiras. Sabemos que o que chegou à casa de Christine Rochefort foi, segundo Maria Isabel Barreno, encontrado por Carmen Sanchez:

> No momento em que a nossa carta chegou, Christiane Rochefort estava em viagem. Foi uma vizinha peruana chamada Cármen, encarregada de regar as plantas e dar comida aos gatos, que viu a carta com o livro e o abriu. Como ela era de língua espanhola, entendeu o suficiente para achar aquilo muito interessante. Escreveu à Christiane e, já com autorização dela, abriu a carta anexo ao livro. Esta Cármen estava ligada ao mlf (Mouvement de Libération des Femmes)

---

23   Esse item é parte de um artigo sobre o tema publicado em co-autoria com Adília Carvalho. Para maiores informações sobre esses eventos consultar: ABREU, Maira; CARVALHO, Adília Martins. *Sisterhood is powerful: exílio e mobilizações feministas na França em apoio às "Três Marias". Lutas sociais*, v. 18, n. 32: dossiê Ditaduras, Exílios, Resistências.

francês que, por sua vez tinha anexo um grupo de mulheres latino-americanas, a quem leu o texto.[24]

É, portanto, graças à essa coincidência que o livro chegaria às mãos do Grupo Latino-Americano. Esse encontro mudaria os rumos do livro na França. Através de circuitos que desconhecemos, a informação sobre a perseguição circula pelo movimento feminista e ações de solidariedade começam a se estruturar.

Em maio de 1973, o jornal *Politique Hebdo* publica o texto "Maria à ses soeurs"[25] assinado por Evelyne le Garrec e fragmentos do livro traduzidos pela primeira vez para o francês por Gilda Grillo. Le Garrec apresenta a trajetória do livro e o esforço das feministas, sobretudo na França e nos EUA, em suscitar um movimento internacional de solidariedade. Gilda Grillo, nesse texto, é apresentada como "uma camarada brasileira que vive atualmente em Paris e que tem em comum com as acusadas muito mais que a língua", numa referência clara ao contexto ditatorial brasileiro e português.

O risco de prisão, a censura e a repressão não eram absolutamente questões estranhas a muitas dessas mulheres latino-americanas que participaram da mobilização. A essa "identidade" se somava uma outra, recentemente afirmada: a de um "nós" mulheres que se unia para lutar contra sua própria opressão.

O livro, para além da sua singularidade, torna-se um símbolo. Para Evelyne le Garrec e Monique Wittig "a repressão direta exercida sobre as Três Marias é um símbolo evidente daquela a que estamos submetidas todos os dias", "Não é simplesmente um livro escrito por mulheres portuguesas e sobre mulheres portuguesas. O seu sig-

---

24 COUTINHO, Cláudia; FERNANDES, Ana Raquel; PINTO, Sara Ramos. "Conversa com Maria Isabel Barreno". *Pretextos*, Lisboa, n. 3, 2003, p. 67.

25 LE GARREC, Evelyne. "Maria à ses soeurs". *Politique Hebdo*, 24 de maio de 1973.

nificado é internacional".[26] Em diversos panfletos que divulgam o caso essa ideia está presente. "Nesse processo, somos nós, as mulheres, que seremos julgadas". A luta contra a perseguição às "Três Marias" se transforma numa luta coletiva e, sob o olhar de muitas feministas, na primeira ação feminista internacional: "Pela primeira vez mulheres manifestam seu apoio à outras mulheres em nível internacional",[27] afirma um dos panfletos.

O Grupo Latino-Americano teve um papel fundamental nas mobilizações de apoio às três escritoras. Mas, as ações seriam realizadas em conjunto com outros grupos, particularmente com um grupo anglófono em Paris e com setores do MLF. Sobre o primeiro grupo cabem alguns comentários. Trata-se de um grupo formado em 1972 e que inicialmente constituía uma seção do grupo estadunidense NOW (National Organization for Women) que publica, a partir do início de 1973, o boletim *Now or Never. Paris chapter Nowsletter*, N.O.W *International*. A partir de setembro de 1973 o grupo ganha o nome de POW – *Paris Organization of Women*, que passa a ser também o nome do seu boletim. Gilda Grillo e Danda Prado participaram das reuniões do grupo. Como se pode ver, havia circulação e contatos entre os grupos que criava um ambiente favorável à circulação de informações e articulação de ações. O boletim *Pow or Never*[28] de junho de 1973 menciona que os membros do NOW Paris trabalhavam com o grupo latino-americano e o MLF para denunciar a perseguição que sofriam as escritoras. Os dois grupos assinariam panfletos, realizariam reuniões conjuntas para organizar essa mobilização.

---

26 *Idem*. WITTIG, Monique. "Note pour l'éditions française". In: BARRENO, Maria Isabel; HORTA, Maria Teresa; COSTA, Maria Velho da. *Nouvelles lettres portuguaises*. Paris: Seuil, 1974, p. 7.

27 "Il était une fois trois femmes". Panfleto assinado por "Des femmes françaises et latino-américaines". s/d. Dossier "Portugal". Bibliothèque Marguerite Durand.

28 Now or Never, v. 1, n. 5, june 1973.

Um momento importante para a organização desse movimento de solidariedade foi uma Conferência internacional feminista realizada em Boston em junho de 1973.[29] A ideia desse encontro era "construir um movimento feminista internacional e organizar uma grande Conferência Internacional Feminista" prevista para 1975. Um dos temas discutidos foi *Novas Cartas Portuguesas*. No relatório do evento consta a participação de Mariza Figueiredo, Danda Prado e Gilda Grillo. A primeira é identificada como pertencente ao "MLF-Paris" e as duas últimas como "NOW-Paris".

Gilda Grillo[30] relembra sua participação na conferência e o caráter internacional que o movimento ganhou:

> Eu fui convidada para uma conferência, a primeira conferencia em Boston, na qual havia 28 países, quatrocentas e poucas mulheres e propusemos a primeira ação internacional para salvar as três Marias. Era bastante internacional.[31]

Logo após a conferência em Boston são organizadas diversas ações de apoio. Em Paris, foram três as ações principais. Uma primeira ocorreu no dia 3 de julho e constituiu na entrega de um abaixo-assinado de apoio às autoras na Embaixada de Portugal. Em *Nosotras* há menção a uma ação, no dia 3 de julho, em 17 países diante de embaixadas, consulados e organismos portugueses, exigindo "a liberdade para as três escritoras e seu livro feminista".[32]

Uma segunda ação foi a "*Nuit de Femmes*", um espetáculo realizado na sala Gémier no Palácio de Chaillot no dia 21 de outubro

---

29 International Feminist Planning Conference. June 1-4, 1973 at Lesley College and Harvad Divinity School Cambridge, Massachusetts (Anais do evento).

30 Uma cópia da carta encontra-se no dossier "Portugal" na Bibliotheque Marguerite Durand. Paris. França.

31 Gilda Grillo interviewée par MichèleCédric. Entrevista realizada por MichèleCédric com Gilda Grillo em 1997. Disponível em: <http://www.rhapsodie.info/Gilda-Grillo-inteviewee-par.html>.

32 "La nuit des femmes", *Nosotras*, n. 1, janeiro de 1974.

112 MAIRA ABREU

de 1973. Este espectáculo consistiu na leitura de trechos do livro por Delphine Seyrig, Isabelle Ehni e a atriz brasileira Ruth Escobar,[33] para um público inteiramente feminino.

Um terceiro momento foi uma "procissão"/manifestação em frente à Igreja Notre Dame a 30 de janeiro de 1974. O boletim POW menciona a presença de 300 mulheres nesta procissão noturna em Paris. Segundo a mesma publicação, foram realizadas atividades no mês de janeiro em outros países, notadamente em Londres e Nova York.[34]

No primeiro boletim do Grupo Latino-Americano de janeiro de 1974, pensa-se a continuidade da luta:

> As manifestações internacionais pelas 3 escritoras e pela causa feminista não terminarão enquanto elas não forem consideradas livres. Esta foi a primeira ação internacional que se seguirá por uma série de denúncias e manifestações preparadas para o Primeiro Congresso Feminista Internacional em Estocolmo, em setembro deste ano. Através da criação de um Tribunal Internacional de Crimes cometidos contra as mulheres, serão denunciados todos os critérios de discriminação sexista permanente em relação às mulheres.[35]

Foi certamente uma intensa mobilização que culminou nessas ações. Para visualizar a atividade militante necessária para a construção da campanha, é interessante citar que num dos boletins POW encontramos um calendário das atividades regulares do grupo e constam reuniões intituladas "3 Marias Protest group"[36] que seriam realizadas duas vezes por semana.

Após a Revolução dos Cravos de abril de 1974, as autoras seriam julgadas inocentes. O livro seria finalmente publicado em fran-

---

33 Ruth Escobar rememora esses eventos num depoimento publicado em *Brasileiras* (LAPOUGE, Maryvonne. PISA, Clélia. *Brasileiras*. Paris: Des femmes, 1977, p.271).

34 POW. V. 2, n. 5, février, 1974.

35 La nuit des femmes. *Nosotras*, n. 1 janeiro 1974.

36 POW. V. 2, n. 4, janvier 1974.

cês em setembro de 1974 pela editora *Seuil*. A tradução foi realizada por Vera Alves da Nóbrega, Monique Wittig e Evelyne le Garrec. As duas últimas prefaciam a edição francesa.

Em meio a esses eventos, em janeiro de 1974, o grupo publica o primeiro número do seu boletim *Nosotras*.

O BOLETIM *NOSOTRAS*

A publicação do boletim *Nosotras* parece se configurar como a principal atividade do Grupo Latino-Americano de Mulheres em Paris a partir de 1974. *Nosotras* foi publicado entre janeiro de 1974 e o segundo trimestre de 1976, totalizando 17 exemplares. Trata-se de um boletim bilingue (espanhol e português).[37] Nas suas páginas foram publicados textos de diferentes tipos e sobre temáticas bastante diversas. Num mesmo boletim podemos encontrar comentários de filmes, resenhas de livro, textos de apresentação de grupos feministas latino-americanos, bibliografias etc. Os textos eram escritos não somente por suas integrantes. Há também traduções assim como contribuições de leitoras e de grupos feministas de diferentes países. As temáticas são também bastante variadas: sexualidade, trabalho doméstico, situação das mulheres na América Latina, eventos internacionais, história do feminismo, entre outros.

O boletim é publicado nos mesmos moldes de outros jornais e revistas feministas existentes nesse contexto como o jornal *Le Torchon Brûle* e o boletim POW.

---

37 O título do primeiro boletim mostra uma mistura dos dois idiomas: *Nosotras. Boletin do Grupo Latino-Americano de Mujeres em Paris*. A opção por publicar nos dois idiomas foi, segundo as editoras, uma escolha para que as autoras pudessem se expressar no seu próprio idioma mas também foi determinante a falta de recursos financeiros para fazer traduções (ver *Nosotras*, n. 16/17/18, abril/maio/junho de 1975). Mas, é possível perceber que nem sempre as autoras escreviam no próprio idioma. Particularmente nos textos em espanhol, há termos em português ou mesmo palavras que não existem em nenhum dos dois idiomas, fruto, provavelmente, de uma tentativa de alguma das militantes de escrever num idioma que não o seu.

114   MAIRA ABREU

Le Torchon brûle foi o primeiro jornal do MLF, cujo primeiro número aparece em maio de 1971. Segundo a descrição de Françoise Picq,[38] esse jornal era uma grande "mistura". Não havia distinção entre teoria, testemunho, debate, experiência, ficção. Qualquer mulher podia enviar textos, participar das reuniões, criticar. Não havia um comitê editorial que selecionasse os textos ou uma instância central de decisão. O grupo que elaborava cada número não era o mesmo. A periodicidade era incerta, ou, como elas próprias definiam, era "menstrual". O jornal representa um momento particular do MLF, no qual as divergências, embora existentes, conviveram num mesmo movimento. O ano de 1974 é considerado um momento de ruptura: "Sobre a decomposição da unidade desfeita" afirma Picq, "tal como cem flores, as tendências e seus diversos jornais".[39]

Antes de 1974, poucos eram os jornais/revistas/boletins feministas publicados na França. Além do *Torchon Brûle*, outro periódico que parece ter exercido alguma influência na publicação de *Nosotras* foi o boletim *Now or Never*, do grupo anglófono, publicado a partir de 1973.

Now or Never e posteriormente POW era publicado de forma artesanal, na língua das integrantes do grupo e tinha um formato similar ao que teria o boletim *Nosotras*.

Nosotras é parte desse momento da imprensa feminista na França. Trata-se de um emprendimento militante, sem linha editorial, aberto a textos dos mais diversos tipos e movido por uma grande vontade de divulgar ideias. Para Danda Prado, o boletim era, em

---

38   PICQ, Françoise. *Liberation des femmes...*, *op. cit.*, p. 112.

39   Picq cita alguns deles: *Les nouvelles feministes*, da *Ligue du droit des femmes*, os jornais ligados à "Psicanálise e política" – *Le Quotidien des femmes*, *Des femmes en mouvements*, *Des femmes en mouvements hebdo* –, os diversos jornais da tendência "luta de classes", entre eles *Les Pétroleuses*, *Femmes travailleuses en lutte e, mais tarde, Le Cahiers du féminisme* e um jornal do Grupo Latino-americano, *Nosotras*. PICQ, Françoise. *Libération des femmes...*, *op. cit.*, p. 196.

sua origem, fundamentalmente uma tentativa de socializar algumas discussões do grupo, ideia presente também no primeiro boletim:

> Temos a esperança que esse boletim traga algo de novo a nosso relacionamento, que nos possibilite uma discussão mais sistemática e a divulgação de nossas opiniões.[40]

"O entusiasmo do grupo era tão grande que havia uma necessidade de comunicar aquilo às pessoas da nossa origem"[41] afirma Danda Prado. Sobre a fabricação do jornal ela relembra:

> Eu e a Lúcia Tosi rodávamos o *Nosotras* em mimeógrafo. Tinha até partes escritas à mão, por falta de verba; o dinheiro investido vinha do bolso das participantes e das assinaturas. (...) A equipe de redação era pequena, mas todo mundo contribuía, mas quem mais se ocupou foi a Marisa Figueiredo, e ela realmente era muito ativa, inclusive tinha sido jornalista no Brasil.[42]

Embora fosse editado em Paris, o boletim, como vimos, publicava textos em espanhol e português. Não tinha, portanto, como objetivo atingir o público francês. O propósito parece ter sido alcançar fundamentalmente mulheres da América Latina, divulgar ideias, fomentar debates e formação de grupos etc.

É preciso lembrar que, nos primeiros anos da década de 1970, poucos eram os grupos feministas existentes na América Latina. Nesse contexto, o boletim propunha-se a suscitar discussões e reuniões entre mulheres nessa região. Um relato de uma leitora do boletim parece ser uma resposta bastante significativa a essa proposta:

---

40 *Nosotras*, n. 1, janeiro de 1974.

41 Entrevista – Danda Prado.

42 CARDOSO, Elisabeth. *Imprensa feminista brasileira pós-64*. Dissertação (mestrado) – ECA-USP, São Paulo, 2004, p. 79.

> E AGORA, O QUE FAZER?
> você leu NOSOTRAS. Diversos números, até.
> Já tinha pensado em alguns desses assuntos.
> Mas pensado SOZINHA
> Experimente conversar com uma amiga hoje, outra amanhã,
> lendo juntas os artigos.
> Ficará espantada muitas vezes. Porque a mais entusiasmada,
> a que compreenderá mais profundamente, raras vezes será a
> de APARÊNCIA mais 'liberada' ou 'moderninha'.
> E agora sim, você compreenderá porque as feministas no
> mundo todo estão se sentindo menos sozinhas e isoladas.
> Porque a profunda verdade do que tentamos exprimir nos
> iguala a todas
> (essa experiência nos foi contada por uma leitora de
> Córdoba: Dora).[43]

Percebe-se que, aos poucos, o periódico procurou se consolidar não somente como órgão de socialização de discussões realizadas no grupo ou divulgação de opiniões, como sugerido no primeiro boletim, mas como um catalisador para o movimento feminista que surgia na América Latina. Para além de um "agente motivador de lutas reivindicatórias, sugerindo temas de debate e propondo formas de ação"[44] o boletim passa a ser pensado como um elo que possibilitasse o contato entre diferentes grupos que surgiam na região, uma "tribuna de um movimento feminista essencialmente latino-americano".[45] Pode-se perceber pelas páginas do boletim que este teve, em alguma medida, êxito na sua proposta. Diversos foram os grupos que se comunicaram com *Nosotras* e muitos deles foram divulgados por esse veículo.

É importante ressaltar que *Nosotras* pretendia estabelecer vínculos com suas leitoras que fossem além da relação com um públi-

---

43 *Nosotras*, n. 7, julho de 1974.

44 "Editorial". *Nosotras*, n. 16/17/18, abril/maio/junho de 1975.

45 "Editorial". *Nosotras*, n. 16/17/18, abril/maio/junho de 1975.

co-leitor passivo. O boletim incentivava uma participação ativa de suas leitoras em sua elaboração. Essas contribuições incluíam não só cartas, sugestões e comentários, mas também textos para publicação. Já no primeiro boletim, é colocada essa intenção de envolver as leitoras no processo de elaboração do mesmo:

> Pensamos que a colaboração poderia revestir-se de múltiplas formas: perguntas, análises de artigos publicados, comentários, críticas, artigos, dinheiro, mão de obra, ideias etc.[46]

O boletim recebeu diversas contribuições de grupos feministas ou de mulheres individualmente. O primeiro grupo latino-americano a figurar nas suas páginas reunia-se em torno da revista venezuelana *La avispa*, editada por um "grupo de mulheres socialistas" cujo lançamento foi noticiado no número 4. Outros grupos enviariam cartas, notas e textos.

O primeiro texto de autoria de um grupo feminista latino-americano publicado no corpo do boletim aparece no número 12 (dez. 1974). Trata-se do artigo *"El movimiento de liberación de la mujer en México"*, assinado pelo "grupo Z". O contato com este e outros grupos se intensificou em 1975. No boletim n. 13/14, diversos são os grupos presentes: MLM (Portugal), a revista argentina *Persona*, organizada pelo *Movimiento de Liberación Femenina* da Argentina e *Movimiento de la Liberación de la Mujer* (México).

Nos números seguintes, grupos de diferentes nacionalidades publicariam também textos: *Unión Feminista Argentina* (n. 15); *Grupo Feminista Mexicano* (n. 16/17/18); *Movimiento hacia la nueva mujer*, da Venezuela (n. 16/17/18); e *Acción para la liberación de la mujer peruana* (n. 21/22). Quanto ao Brasil, há um resumo do "Seminário Pesquisa sobre o papel e o comportamento da mulher brasileira", ocorrido entre os dias 30 de junho e 6 de julho de 1975

---

46   *Nosotras*, n. 1, janeiro de 1974.

(n. 19/20), além de um texto sobre o Centro da Mulher Brasileira (n. 19/20). Deve-se lembrar que este último evento, patrocinado pela ONU, é considerado um marco para o início de ações públicas de grupos feministas no Brasil.

Contudo, não eram somente grupos latino-americanos que se comunicavam com *Nosotras*. O grupo parece ter tido um contato estreito com mulheres portuguesas. Após o caso das "Três Marias" os contatos perduraram.[47] Maria Isabel Barreno comenta a importância dos contatos internacionais:

> O vosso boletim (NOSOTRAS) ajuda: é indispensável o contato com nossas irmãs de terras estrangeiras – relativiza os problemas – afinal – tôdas os temos, de Conchinchina à América... e dá coragem!!![48]

O boletim publicou até mesmo textos que veiculavam posições que nem todas as integrantes estavam de acordo e debates sobre algumas questões polêmicas, como salário para trabalho doméstico, universalismo x diferencialismo, entre outros temas que serão abordados a seguir. Convém destacar que, tal como os primeiros textos produzidos pelo MLF,[49] aqueles publicados nos primeiros números de *Nosotras* não eram assinados ou o eram somente pelo primeiro nome ou coletivamente enquanto grupo. Mas, um texto sobre a eleição presidencial colombiana divulgado no número 5, que expressava uma posição individual sobre o presidente e gerou polêmicas, parece ter motivado mudanças nesse

---

47 Além das cartas, o boletim publica no n. 13/14 uma matéria de capa sobre a reação machista a um ato organizado pelo MLM (Movimento de Libertação da Mulher) português no início de 1975.

48 *Nosotras*, n. 12, dezembro de 1974.

49 Sobre essa questão ver PICQ, Françoise. *Libération des femmes... op. cit.*, p. 362.

quadro.[50] A partir do número 8/9/10 a maioria dos textos é assinado com nome e sobrenome.

Em relação ao formato da publicação e sua divulgação cabem aqui alguns comentários. A frequência era incerta. Os sete primeiros números tiveram periodicidade mensal mas depois isso se altera. O número seguinte é triplo (8/9/10) e compreende o período de agosto, setembro e outubro de 1974. A partir daí, o boletim adquire um novo formato. O número de páginas aumenta, há um índice, a capa passa a ser colorida e confeccionada em material diferente do restante do boletim e são incorporadas fotografias e ilustrações em sua construção,[51] dando-lhe a aparência de uma revista (ver imagens 2 e 3). Essa questão nos remete às dificuldades de manter um jornal militante.

O boletim, tal como a maioria das publicações da imprensa militante, não era financiado por nenhuma organização nem por meio de publicidade. A necessidade de apoio das leitoras por meio de assinaturas é reafirmada recorrentemente nas páginas do boletim, enfatizando-se a importância dessas contribuições para a continuidade de sua publicação:

> NOSOTRAS não é financiado por um mecenas, nem subvencionado por nenhuma publicidade. O boletim depende EXCLUSIVAMENTE da contribuição das leitoras.[52]

---

50 No boletim de n. 7 elas explicam a situação e afirmam que todos os artigos publicados em Nosotras seriam assinados para evitar que uma opinião política pessoal seja tomada como representativo do grupo.

51 Havia gravuras nos números anteriores, mas eram bastante rudimentares.

52 *Nosotras*, n. 7, julho de 1974.

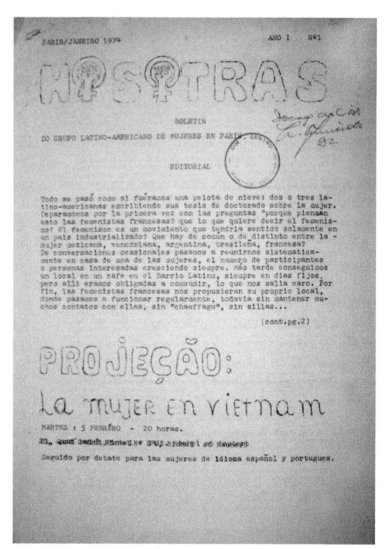

Imagem 1 – Capa do boletim *Nosotras* n. 1, janeiro de 1974.

Imagem n. 2 – Capa do boletim *Nosotras* n. 8/9/10, agosto/setembro/outubro de 1974.

A dependência exclusiva das vendas e das assinaturas, ao mesmo tempo que era um fator importante para a manutenção da autonomia ideológica do boletim, também gerava dificuldades materiais para a continuidade da publicação. Os pedidos de assinaturas são constantemente reforçados.[53] Mariza Figureiredo relata que uma parte dos gastos eram cobertos pelas próprias militantes. Apesar das dificuldades financeiras *Nosotras* conseguiu manter uma periodicidade e, sobretudo, ter uma vida longa comparado a outros jornais da época.

Além das assinantes, recebiam o boletim, como estratégia de divulgação da publicação, algumas mulheres conhecidas do grupo ou de leitoras do mesmo. Nos primeiros números, há pedidos de nomes e endereços de amigas para enviar *Nosotras*. Em um dos exemplares do acervo do Centro Informação Mulher (CIM), encontramos um recado anexado a um boletim enviado gratuitamente a uma leitora:

> Enviamos este boletim desde o n. 1 para que vocês o conhecessem e divulgassem. Muitas respondendo (sic) ou enviando contribuições financeiras. Outras não se manifestaram. Infelizmente como 'Nosotras' ainda não se auto-financia, seremos obrigadas a suspender seu envio a partir do próximo número (Responda logo para não interromper seu recebimento).

Além das formas já mencionadas acima e da divulgação "boca-a-boca", sabemos, por meio de duas cartas enviadas ao grupo, que o boletim foi divulgado no *Jornal da Tarde*. Uma das cartas que menciona o fato foi escrita por Laura Salgado, que viria a fazer parte do *Nós Mulheres*:

---

53 Em todos os números a partir do segundo, há pedidos de assinaturas como o reproduzido abaixo:
"Suscripción Por favor, por favor, por favor!!!
Envien nos sus contribuiciones financeras porque sin eso no poderemos continuar a hacer este buletin
Cheque 20 francos (o más) en nombre de Me. Silva – B.P. 64.6 – Paris (...)
Muchas gracias hermanas"

> Li com interesse a notícia sobre a existência de NOSOTRAS em "O Jornal da Tarde". Queria recebê-lo aqui em SP onde estou vivendo. Além disso, queria me informar sobre o tipo de colaboração que vocês recebem, ou melhor, qual as interessa? Quem são os seus colaboradores mais habituais, qual é o alcance de NOSOTRAS?[54]

A partir de algumas informações veiculadas no boletim e chamados de reuniões em outros periódicos feministas podemos ter ideia de como funcionavam algumas das reuniões e quais eram as temáticas discutidas no grupo. No primeiro boletim, elas citam alguns trechos de antigas atas de reuniões. Num deles, comenta-se a motivação das mulheres para participar das primeiras reuniões:

> As mulheres presentes, na sua maioria, concordam em dizer que vieram às reuniões impulsionadas pela curiosidade mas também com a intenção de descobrir o verdadeiro sentido do movimento feminista. Outras vieram impulsionadas pela sua consciência da exploração da mulher, o desejo de pensar com outras mulheres sobre os tabus, as restrições sociais de todos os tipos, os papéis ditos "femininos", etc. Pensar sobre a condição da mulher que trabalha, sobre o que significa o trabalho "doméstico" porque este não é considerado um trabalho, etc. Tudo isso as levou a se reunir com outras mulheres latino-americanas e nossa ideia principal era criar um coletivo de trabalho. De que forma? Sobre que bases? Algumas pensavam que a base seria uma tomada de consciência individual, verbalizada ou não, que deveria criar uma consciência de grupo, por sua vez criadora de uma prática de novo tipo. Uma revolução?

Organizar-se entre mulheres e a partir de reinvindicações vinculadas à suas vivências pessoais não era algo evidente. Algumas delas já tinham experiência de militar em outros tipos de organização. Mas, não era possível "transferir" os mesmos modelos para a prática femi-

---

54 Laura Salgado – Brasil. "Correo". *Nosotras*, n. 11, novembro de 1974.

nista. De que maneira construir essa nova militância era uma questão que se impunha. Uma preocupação, ainda segundo o primeiro boletim, era não reproduzir práticas que elas condenavam em outros grupos. O objetivo era fazer com que todas as mulheres falassem e se desenvolvessem. Diante disso, várias formas de organizar as reuniões. Uma delas foi fazer pequenos grupos. Essa decisão parece ter sido influenciada também pela presença de duas línguas no grupo:

> Tivemos problemas em relação à língua que deveríamos falar porque as mulheres de língua espanhola têm muita dificuldade para entender as conversas entre as brasileiras. Por outro lado, quase todas as brasileiras falam espanhol, o que inibe análises de tipo mais emocional ou introspectivo, já que o espanhol, por mais familiar que seja, é sempre uma língua estrangeira para elas. Por isso, diversos grupos pequenos estão se reunindo em vários lugares e decidimos fazer uma só reunião geral por mês, mais precisamente nos primeiras terças do mês.[55]

Nos pequenos grupos aconteciam as atividades de reflexão. Danda Prado rememora como aconteciam essas atividades:

> As reuniões eram fáceis, porque trabalhávamos com grupos de consciência, com a visão de que política não é só o que você discute, mas também a vida pessoal. Então começamos a conversa (...) com a seguinte pergunta: qual foi o momento da sua vida que você percebeu que existiam homens e mulheres? E aí cada uma contou. Essas reuniões aconteciam com mais ou menos 15 mulheres.[56]

Em relação às reuniões mensais, podemos acompanhar as chamadas de reuniões realizadas entre 1974 e 1975 a partir do bo-

---

55 Editorial. *Nosotras* n. 1, janeiro de 1974.

56 Entrevista - Danda Prado. CARDOSO, Elisabeth. *Imprensa feminista brasileira pós-64.* Dissertação (mestrado) – ECA-USP, 2004, p. 77.

letim. Elas nos dão também alguns elementos sobre os temas considerados relevantes.

5/02/1974 PROJEÇÃO: la mujer en Vietnam. (n. 1)[57]

5/03 Projeção: video Aborto – método Karman. (n. 2)

2/04 Confirmação do tema. (n. 3)

7/05 Projeção "La nuit des femmes", manifesto pelas 'Três Marias' (n. 4)

4/06 Debate – La mujer en el poder y El poder de las mujeres. (n. 5)

2/07 2 de julio 20:30 hs. Tema: "La sexualidad" (n. 6)

8/10 [sem tema especificado] (n. 7)

6/11 Tema: violación. (n. 8/9/10)

4/12 Tema: Las acciones Internacionales (n. 11)

21/01/75 El Tribunal Internacional de Mujeres (n. 12)

3/03 no Glife [sem tema especificado] (n. 13/14)

7/04 sem tema no Glife (n. 15)

2/06 sem tema no Glife (n. 16/17/18)

Permanência na primeira e terceira lunes de cada mês no Glife (n. 19/20)

Permanência no primeiro e terceiro martes de cada mês no Glife n. (21/22)

Permanência no primeiro e terceiro martes no Glife (n. 23-24).

Nos depoimentos alguns temas são particularmente enfatizados. Mariza Figueiredo elenca alguns: dupla jornada de trabalho, luta de classes e luta das mulheres, trabalho doméstico e principalmente sexualidade, o "tema farol" do movimento.[58]

As reuniões, que num primeiro momento eram realizadas num café, passariam a ser feitas na *Cité Trevisan* – onde vários outros

---

57 A ordem corresponde à data da reunião, ao tema e ao número do boletim no qual ela foi divulgada.

58 Entrevista – Mariza Figueiredo.

grupos feministas se reuniam – e, posteriormente, no GLIFE (*Centre de Liason/Information Femmes/Enfants*). No calendário do GLIFE, que consta no seu boletim GLIFE *Information* (publicado a partir de março de 1975), encontramos referências às reuniões do "Groupe Latino-Americain".[59] O grupo se reuniria todas as primeiras segundas do mês, às 20h. Cabe ressaltar que fazer parte de um espaço feminista permitia estabelecer contatos, como elas ressaltam:

> A presença no local é importante não somente porque ela contribui para que as mulheres possam conhecer outras mulheres, não somente as francesas mas de vários outros países da Europa, todo tipo de quadros de avisos dos diferentes grupos atuando em Paris e na Europa, todo tipo de jornais e publicações sobre a mulher e também ali pode-se discutir e participar das atividades nas quais estão trabalhando as francesas etc.[60]

No boletim *Now or Never,* num texto que descreve a criação da *Cité Trevisan,* o grupo anglófono descreve com entusiasmo o contato com outros grupos, particularmente com o Grupo Latino-Americano:

> o aspecto mais excitante foi sem dúvida o contato com outros grupos – latino-americanos e franceses. A razão para a cooperação num amplo projeto veio num momento oportuno, sob a forma da campanha das "Três Marias" e, também, por terem sido reunidos, num mesmo comitê, membros de diferentes grupos estão começando a se conhecer e a escutar o ponto de vista uns dos outros. Um internacionalismo feminista está nascendo![61]

Por meio do boletim podemos acompanhar também alguns dos eventos importantes do movimento feminista francês como al-

---

59   *Glife informations* foi publicado entre março de 1975 e abril de 1976.

60   Editorial. *Nosotras* n. 1, janeiro de 1974.

61   NEW FEMINIST CENTRE LAUCHED! *Now or Never*. Paris Chapter Newsletter. NOW International. v. 2 n. 1 outubro de 1973.

guns encontros e eventos internacionais: o Congresso de estratégia feminista realizado em 1974, o Ano Internacional da Mulher proposto pela ONU e o Tribunal Internacional de Mulheres realizado em março de 1976 em Bruxelas.

O Ano Internacional da Mulher, proposto pela ONU, é anunciado pela primeira vez no boletim n. 3 (março de 1974). Em abril de 1974 o grupo participa de um "Fórum de mulheres latino-americanas" proposto pela Secção da América Latina da Unesco. As militantes fizeram parte de dois grupos de trabalho e divulgaram a reunião no boletim *Nosotras* fazendo um convite para que "todas as mulheres latino-americanas residentes na França" participassem do fórum.[62]

Entretanto, a posição do grupo sobre o Ano Internacional vai se alterando. A partir do n. 13-14 (janeiro-fevereiro de 1974), começam a surgir textos críticos a este evento:

> O QUE SIGNIFICA ESTE "ANO INTERNACIONAL DA MULHER",
> decretado por meia-duzia de "decretadores-oficiais" de Anos-símbolos????
> Para NOSOTRAS este ano só pode ter um sentido: procurar, graças à propaganda oficial, estabelecer contatos com o maior número possível de mulheres, numa tentativa de situar nossa atuação enquanto indivíduos discriminados de uma sociedade sexista e, enquanto grupo aberto e organizado de reflexão, conscientização e ação relativos à condição feminina.[63]

Podemos encontrar posições similares no MLF. Este Ano foi percebido por amplos setores do movimento feminista como uma tentativa de capitulação do movimento. Em oposição à iniciativa da ONU, grupos feministas decidem organizar um Tribunal

---

62 *Nosotras*, n. 11, novembro de 1974.

63 "Janeiro de 1975 – primeiro aniversário de Nosotras...". *Nosotras*, n. 13-14, janeiro/fevereiro de 1975.

Internacional de Crimes contra as mulheres em Bruxelas.[64] Simone de Beauvoir, num texto publicado no jornal *Le Nouvel Observateur*, saúda o Tribunal como uma tentativa das mulheres de tomar o seu destino em mãos em oposição ao Ano Internacional da Mulher organizado por uma "sociedade masculina para confundir as mulheres".[65]

A decisão de organizar o evento é tomada no Congresso Internacional de Estratégia Feminista e é veiculada já no primeiro boletim do grupo. A iniciativa é descrita como uma ação que pretende denunciar "todos os critérios de discriminação sexista permanente em relação às mulheres".[66]

O Grupo Latino-Americano parece ter participado ativamente da organização dessa atividade. Como membro do Comitê Organizador do evento aparece o nome de Mireya Gutierrez, que era militante do grupo.[67]

Em diversos números do boletim, há chamados para envio de denúncias de crimes cometidos contra as mulheres na América Latina. O grupo se compromete a ser uma forma de elo com a região contribuindo para a constituição e transmissão dos dossiers sobre crimes cometidos nessa região.[68] No boletim n. 11, elas fazem o seguinte chamado:

> Se você mulher da América Latina conhece algum caso de mulher perseguida pelas leis injustamente ou de algum crime cometido contra as mulheres e que não tem sido passível de punição legal, POR FAVOR ENVIE A INFORMAÇÃO À NOSO-

---

64   Ver RUSSELL, Diana; VAN de VEN, Nicole. *The proceeding of the International Tribunal on Crimes Agains women*. Milbrae: Les Femmes, 1976; DENIS, Mary. *Le féminisme est dans la rue*. Bruxelles: De Boeck, 1993; RUSSEL, Diana. "Report on the International Tribunal on Crimes against Women". Frontiers: *A Journal of Women Studies*, v. 2, n. 1 (Spring, 1977).

65   BEAUVOIR *apud* RUSSELL, Diana; VAN de VEN, Nicole. *The proceeding of...*, *op. cit.*, p. XII.

66   *Nosotras*, n. 1, janeiro de 1974.

67   Apresentada num texto sobre o tribunal como "uma mulher mexicana que vive em Paris". RUSSEL, Diana. "Report on the International Tribunal...", *op. cit.*

68   *Nosotras*, n. 12, dezembro de 1974.

TRAS, nós guardaremos o seu anonimato e procuraremos incluí-lo entre os dossiers para o TRIBUNAL INTERNACIONAL DE CRIMES COMETIDOS CONTRA AS MULHERES.[69]

O evento ocorreu em março de 1976 em Bruxelas e contou com a participação de 2.000 mulheres de 40 países.[70] O slogan era *"Sisterhood is powerful! International sisterhood is more powerful!"*. Na abertura do evento, há a leitura de uma carta de Beauvoir:

> Falar com o outro, falar com o mundo, trazer à tona fatos vergonhosos os quais a metade da humanidade tem tentado encobrir. O Tribunal é, em si, uma proeza. Ele serve como um prenúncio. Eu o saúdo como sendo o ponto de partida de uma descolonização radical das mulheres.[71]

Entre os crimes denunciados, dois eixos principais são destacados no boletim do Grupo: a) discriminação no trabalho e não reconhecimento do trabalho doméstico, e b) crimes em relação à sexualidade. Neste, incluem-se as temáticas do aborto e contracepção, homossexualismo (sic), cliteroctomia, estupro etc.[72] No boletim n. 25-26, Marhel Darcy de Oliveira comenta sobre a importância do evento:

> O Tribunal de Bruxelas mostrou que as mulheres não se limitam mais ao papel que lhes foi tradicionalmente DESIGNADO. Elas questionam e reivindicam uma nova ordem de coisas. Nós mulheres, em Bruxelas, redescobrimos nossa voz, nossa palavra. A importância do tribunal está, como afirmou Simone de Beauvoir, em que as mulheres irão falar entre si,

---

69   *Nosotras*, n. 11, novembro de 1974.

70   RUSSEL, Diana; VAN DE VEN, Nicole. *The proceeding...*, op. cit., p. XII

71   RUSSEL, Diana. "Report on the International...". *Op. cit.*, p. 1.

72   Segundo Marhel, "foram condenados pelo Tribunal de Bruxelas: a escravidão, venda de mulheres para o casamento, poligamia, cliteroctomia, estupro, prostituição, discriminação às homossexuais, feminicídio, tortura, diferença de salários, não reconhecimento do salário doméstico, violência da medicina, em particular da psiquiatria." (*Nosotras*, n. 25-26, primeiro e segundo trimestre de 1976).

'falar ao mundo, trazer luz às verdades vergonhosas que a metade da humanidade se esforça por mascarar. Em si mesmo o Tribunal é um ato. Ele anuncia muitos outros.[73]

Encontramos também nas páginas do boletim notícias sobre as movimentações feministas em Paris: a criação de grupos como *Ligue du droit des femmes*, eventos como o Festival Internacional de Filmes de Mulheres, Encontro Nacional das Prostitutas Francesas, entre outros.

Títulos feministas são também divulgados no boletim. São anunciados livros editados em francês, inglês, português e espanhol. Em diversos números encontramos uma rúbrica "bibliografia". Mas há também resenhas, como, por exemplo, do livro de Sheila Rowbotham *Féminisme et Revolution*,[74] *Des chinoises* de Julia Kristeva[75] e *Odyssee d'une amazone* de Ti-Grace Atkinson.[76]

Todos esses textos nos permitem apreender o teor de algumas discussões realizadas no seio do grupo ou simplesmente veiculadas no boletim. Dada a diversidade de temas e perspectivas presentes nas páginas dessa publicação, não é possível fazer uma análise sobre a concepção de feminismo proposta pelo grupo pois o boletim publicava textos produzidos por pessoas e grupos diversos. Entretanto, podemos analisar como alguns conceitos e questões figuravam nas páginas dessa publicação.

---

73 *Nosotras*, n. 25-26, primeiro e segundo trimestre de 1976.

74 Vera. "Novos lançamentos: Féminisme et Révolution" – S. Robotham – P. Bibl. Payot. *Nosotras*, n. 2, fevereiro de 1974.

75 Clélia Pizza. "Crítica do livro 'Des chinoises'". *Nosotras*, n. 13/14, janeiro/fevereiro 1975.

76 Mariza Figueiredo. "Lesbianismo e feminismo. Notas para uma reflexão mais longa". *Nosotras*, n. 25-26, primeiro e segundo trimestre de 1976.

POEMA

Resposta à pergunta de um homem:
"O que eu posso fazer pela liberação da mulher?

Use um vestido.
Use um vestido feito por você mesmo ou comprado numa loja.
Use um vestido e, debaixo do vestido,
use elásticos em volta dos quadris e dos mamilos.
Use um vestido e, debaixo do vestido use um pano higiênico.
Use um vestido e sandálias de salto alto.
Use vestido, elásticos, pano higiênico por debaixo e,
Sandálias de salto alto nos pés e,
Ande pela rua Augusta, calle Santa Fé o Providência.
Use um vestido, elásticos, pano higiênico e sandálias de salto alto
Na rua Augusta, calle Santa Fé o Providência e,
tente correr.

Encontre um homem.
Encontre um homem simpático que você gostaria que o con-
vidasse para um encontro.
Encontre um homem simpático que o convide para um
encontro.
Continue vestido.
Convide para jantar o homem simpático que o convidou para
um encontro.
Prepare para o homem simpático, um jantar simpático que
esteja pronto
antes dêle chegar, sem amassar nem sujar seu vestido e, con-
serve o sorriso.
Diga ao homem simpático que você é virgem ou,
que você não usa métodos anti-concepcionais ou,
que você gostaria de conhecê-lo melhor...
Continue vestido e, vá ao cinema sozinho.

Consiga um emprêgo.

Passe seu vestido.

Use seu vestido passado e prometa ao seu chefe que você não vai engravidar,

(o que é previsível no seu caso) e, que você adora bater-à-máquina

E, seja sincero e sorria

Consiga um emprêgo ou inscreva-se na previdência social.

Empreste uma criança e mantenha-se pela previdência social.

Empreste uma criança e fique o dia inteiro em casa com a criança ou,

vá ao parque com a criança ou,

dirija-se com a criança ao centro de previdência social e,

chore e diga que seu homem o abandonou e,

seja humilde e use o seu vestido e seu sorriso e,

não fale.

Cozinhe,

Use seu vestido, prepare mais jantares simpáticos,

Afaste-se da rua Augusta, calle Santa Fé o Providência e,

Ainda assim você não terá aprendido siquer a metade e,

Nem tampouco dentro de um milhão de anos.

Susan Griffin. (Nosotras, n. 11, novembro de 1974)

FEMINISMO LATINO-AMERICANO?[77]

O Grupo Latino-Americano de Mulheres surge profundamente influenciado pelas mobilizações feministas francesas. Mas, apesar do reconhecimento do papel do MLF, a relação do grupo com este não se configurou como uma assimilação acrítica e descontextualizada. Ao contrário, o tema da "especificidade" se impôs desde o princípio. Assim, o *Nosotras* do qual falava o grupo era um "nós mulheres" mas tratava-se principalmente de um "nós mulheres latino-americanas".

> a realidade de cada país, marca profundamente as táticas de uma luta política. E o feminismo é político. Algumas tradições profundas de nossos povos, como a religião católica e o "machismo", dão um caráter específico às reivindicações que só poderão ser formuladas, teórica e concretamente pelas feministas de cada país latino-americano.[78]

A elaboração de uma teoria feminista latino-americana, enfatizavam, deveria ser "uma tarefa dos grupos feministas do nosso continente",[79] pois, "assim como cabe à mulher, e não ao homem, a determinação de seu próprio combate, cabe às mulheres de cada país a determinação do caráter específico/geral de sua luta".[80] Dessa forma, o grupo posicionava-se contra a importação a crítica de ideias, pelo fato de esta desconsiderar as particularidades regionais, e acrescentava que "Não podemos separar a mulher da realidade nacional na qual se encontra":[81]

---

77 Esse item foi parcialmente publicado em "Nosotras: feminismo latino-americano em Paris". *Revista Estudos Feministas*, Florianópolis, n. 2, v. 21, maio/ago. 2013, p. 553-572.

78 Danda e Mariza. "Feminismo". *Nosotras*, n. 5, maio de 1974.

79 Danda e Mariza. "Feminismo". *Nosotras*, n. 5, maio de 1974.

80 Vera. "Novos Lançamentos: *Feminisme et revolution...*" *Nosotras*, n. 2, fevereiro de 1974.

81 "Dos experiencias del grupo". *Nosotras*, n. 5, maio de 1974.

> Sendo diferentes as condições históricas e culturais na América Latina, a estratégia e as táticas de ação para superar esse problema são muito diferentes da atitude da mulher europeia ou norte-americana em relação à latina.[82]

No editorial do boletim n. 13-14 elas defendem que o feminismo teria um importante papel na superação das desigualdades e do "subdesenvolvimento" na América Latina e que a batalha por uma sociedade baseada na "verdadeira igualdade" seria indissociável de uma luta pela libertação da mulher:

> Estamos convencidas que a luta que empreendemos coletivamente para nossa libertação é a que permitirá à imensa maioria de nossas populações alcançar uma outra forma de relacionamento humano que estará baseado na verdadeira igualdade e na confraternização humana.[83]

Ao longo dos seus dois anos de existência, diversos foram os textos publicados que buscavam analisar diferentes aspectos da realidade da mulher latino-americana[84] e sua especificidade. Podemos citar, como exemplo, as críticas a Herbert Marcuse, publicadas no boletim n. 5. As ideias do autor sobre o movimento feminista, afirmavam, poderiam ter validade para a sociedade norte-americana mas

---

82 Giovanna e Marta. "Algunos aspectos del machismo en America Latina". *Nosotras*, n. 7, julho de 1974.

83 Editorial. *Nosotras*, n. 13-14, janeiro/fevereiro de 1975.

84 Eis alguns exemplos: "Algumas estadísticas sobre La mujer venezolana" (n. 1), "Venezuela: la madre marginada" (n. 2), "Mujer e escuela en venezuela" (n. 3), "Del matrimonio: critica dela código civil equatoriano" (n. 7), "As verdadeiras razões do incentivo à mão-de-obra feminina no Brasil" (n. 7), "La mujer en Bolívia" (n. 8/9/10), "La condición de la mujer en las sociedades indigenas latinoamericanas" (n. 11), "El comportamiento sexual des venezolanos" (n. 12), "La participación de la mujer latinoamericana en la actividad economica" (n. 16/17/18), "La femme de couleur en amérique latine (n. 16/17/18), "Análise geral e conclusões finais do seminário pesquisa sobre o papel e o comportamento da mulher brasileira" (n. 19/20), "Bolívia: analisis de la situacion actual y general de la mujer" (n. 23/24).

não teriam "aplicação no marco da sociedade latino-americana".[85] A situação da mulher latino-americana seria "específica" e exigiria métodos de lutas também "específicos". Nesse mesmo sentido, no texto de título sugestivo "Diferencia de lucha entre latinoamericanas y europeas", as militantes pontuam diferenças em relação a essas duas realidades e fazem uma aproximação entre a realidade da mulher latino-americana e vietnamita:

> A mulher latino-americana, como a mulher vietnamita, tem a imperiosa necessidade de empreender duas lutas: uma contra a opressão estrangeira representada em nível nacional por um sistema de injustiça que a domina, tal como o homem como indivíduo social; outra, contra a mentalidade machista tradicional – que a mantém sujeita ao poder de decisão do homem.[86]

Como se vê, a especificidade latino-americana ressaltada é menos uma questão étnica/'racial' que uma diferença socioeconômica. Fala-se de realidade nacional, de imperialismo, de diferentes realidades socioeconômicas, de subdesenvolvimento etc. Vê-se, portanto, que, nesse discurso, a opressão feminina não é entendida como algo completamente autônomo em relação a outras relações sociais. Mas, como veremos, essa percepção, por sua vez, não colocava em cheque a ideia de universalidade da opressão. Retomaremos essa discussão posteriormente. Antes disso, é importante analisarmos um dos instrumentos utilizados para a construção de uma identidade mulheres: os grupos de autoconsciência ou reflexão.

As reuniões de grupos de autoconsciência ou reflexão constituíram-se numa importante atividade do Grupo Latino-Americano. Mariza Figueiredo rememora essas atividades:

---

85   Diana e Maria Elena. "Herbert Marcuse en Paris...". *Nosotras*, n. 5, maio de 1974.

86   *Idem.*

Você escolhia um tema para aquele dia. Você tinha mulheres de quinze anos até mulheres de setenta. Um exemplo, no nosso grupo às vezes você tinham moças de 18-20 anos como você tinha senhoras já de cinquenta e poucos que era o caso da Lucia Tosi, que acho que era a mais velha do grupo, ou Norma Benguell, que era uma pessoa bem liberal e tal, existencialmente falando. (...) Tinha diferentes classes de idade, tinha diferentes classes culturais em termos de formação universitária ou não, tinha diferentes faixas etárias e bem diferentes, de 20 anos a 60. Então você via que no fundo no fundo tudo era sempre uma mesma e única coisa. Isso no movimento feminista francês então era gritante. Porque a diversidade era muito maior, a quantidade de gente era muito maior.[87]

Na descrição de Mariza Figueiredo, destaca-se a ideia de que os grupos de autoconsciência promoveriam a percepção de uma experiência comum compartilhada pelas mulheres. Independente das particularidades, para além das divisões de classe, diferenças culturais, etárias etc., "no fundo no fundo tudo era sempre uma mesma e única coisa".

O pressuposto dos grupos de autoconsciência era um "algo comum" que permitia gerar uma identidade. Essa ideia é bastante presente nas páginas do boletim. Mas como essa unidade formada por "nosotras" era visada no boletim?

A descoberta do conjunto 'nosotras' aparecia frequentemente sob a forma de uma referência negativa. 'Nosotras', esse 'algo comum', aparecia traduzido no reconhecimento de uma similaridade que se expressava na dor, no mal-estar. Maricota da Silva faz o seguinte comentário a respeito:

---

87 Entrevista – Mariza Figueiredo.

> O que interessava fundamentalmente era ver como nós éramos
> parecidas; era a gente ver como a nossa dor, enfim (...) como
> o nosso inconsciente tinha sido forjado da mesma maneira.[88]
> Essa dor que há em mim, só em mim, finalmente é uma dor
> absolutamente de todas nós.[89]

O modelo de feminilidade imposto seria também parte desse
"algo comum" compartilhado. Para Lucia Tosi, a especificidade seria
uma consequência de uma identificação com o estereótipo sexual
que é, por sua vez, resultado de um condicionamento.[90] Este tipo de
posição aparecem também em outros textos:

> No começo: um mal-estar. Perguntas sem respostas. O iso-
> lamento: cada uma no seu canto, carregando sua própria in-
> satisfação. Essa feminilidade que tanto apregoam: um olhar
> carinhoso, a frivolidade, o sensualismo... ESSA NÃO SOU EU.
> Será que passarei toda a vida em busca de uma resposta? E si
> não houver resposta?
> No entanto, um dia a gente percebe que à volta, ao lado da gen-
> te mesmo há outras com o mesmo mal-estar, as mesmas ques-
> tões, a mesma busca. Ah! Então não sou a única? Ela também.[91]

Mas, a percepção dessa opressão compartilhada era, no entanto, apenas um momento do processo. Essa opressão, afirmavam,
precisa ser qualificada em termos teóricos para fundamentar uma
prática adequada. Num dos boletins, faz-se referência à importância
desse processo que, da identidade experiencial conduz à generaliza-
ção teórica, possibilitando a formação de uma 'consciência política'.

---

88   COSTA, Albertina. *Memória..., op. cit.,* 1980, p. 39.

89   *Idem*, p. 40.

90   Lucia Tosi. "Algunas reflexiones a proposito del articulo de Françoise Collin...".
Nosotras, n. 23/24, novembro/dezembro de 1975.

91   "Três Mulheres, três atrizes semi-profissionais e a condição feminina", texto escrito por Wadad Alamedine, Catherine Lemaire e Evelyne Perard, autoras e atrizes
da peça "Histoires de bonnes femmes", e distribuído à entrada do teatro. *Nosotras*,
8/9/10, agosto/setembro/outubro de 1974.

Não se trata aqui da ideia de uma consciência que deveria ser trazida de fora, mas que emergiria a partir da própria experiência:

> Ser capaz de identificar no outro seus próprios problemas, sair do isolamento, fazer a generalização e poder teorizar, significam passos decisivos na aquisição de uma consciência política capaz de definir as transformações necessárias e de assumir o momento histórico para realizá-las.[92]

A consciência deveria ir até a apreensão da existência de um sistema a ser combatido e do reconhecimento da necessidade de oposição a essa opressão que estaria "na base de toda nossa estrutura social".[93]

Havia o sentimento de que a partir dessa percepção as mulheres poderiam sair do isolamento e se reconhecerem nesse 'nós'. O vocativo '*hermanas*', utilizado em diversos momentos no boletim, é bastante significativo desse sentimento. Embora o termo 'irmandade' seja pouco utilizado, há menções a 'sororidade', que faz referência a *soeur*, isto é, irmã em francês. Os pedidos de ajuda financeira para o jornal eram, por exemplo, chamados de "bonos de sororidade". Essa metáfora foi largamente utilizada pelo movimento feminista do período e denota a percepção não só do sentimento de se compartilhar uma experiência comum, mas também da *possiblidade* de se convertê-la em solidariedade:

> às irmãs de Portugal, do mundo muçulmano, da Austrália, da Indochina e de Israel, às irmãs europeias e norte-americanas, nossa solidariedade internacional.[94]

As mulheres não precisavam mais vivenciar sozinhas suas angústias de viver numa sociedade machista. Coletivamente poderiam

---

92   Danda e Mariza "Feminismo". *Nosotras*, n. 5, maio de 1974.

93   "Editorial". *Nosotras*, n. 13/14, janeiro/fevereiro de 1975.

94   "Solidariedade às portuguesas". *Nosotras*, n. 13-14, janeiro/fevereiro de 1975.

criar "uma nova perspectiva", tal como descreve Mariza Figueiredo comentando o filme *Wanda*:

> Barbara Loden é feminista? Não sei. Não creio.
> Ela propõe soluções porque a realidade que ela descreve não tem solução, é o inevitável, o óbvio, o de sempre.
> Uma mulher só: sem emprego, sem dinheiro, sem estudos, sem homem, sendo usada por todos os homens que a consideram à disposição deles. O que é de um é de todos.
> No entanto hoje, como feminista eu sei que na situação dela, uma mulher poderia procurar um grupo de mulheres e aí perguntar: Mas, o que fazer? Aonde ir? E, juntas, tentarão criar uma nova perspectiva.[95]

Mas, há ressalvas de que a percepção de uma opressão comum não geraria automaticamente uma solidariedade entre as mulheres. Essa solidariedade, segundo Ana Tegui, é fruto de um processo que avança a contrapelo dos próprios condicionamentos sociais a que as mulheres estão submetidas:

> Muito mais difícil que lutar contra o sistema (tarefa de verdadeiras combatentes), é unirmos as mulheres e chegarmos a um acordo sem atacarnos umas às outras. Parece-me que não podemos ir muito longe a menos que superemos essa etapa que deveria ser a primeira a ultrapassar, pois temos que levar em conta que estamos condicionadas pela sociedade para sermos inimigas.[96]

DIFERENCIALISMO X UNIVERSALISMO

Como já apresentamos no primeiro capítulo, a discussão sobre a "diferença sexual" foi uma importante polêmica dentro do MLF. Essa polêmica também estava presente nas páginas de *Nosotras*.

---

95   Mariza Figueiredo. "Wanda – crítica de um filme". *Nosotras*, n. 15, março de 1975.

96   Ana Tegui. "Testimonio: soy una mujer más". *Nosotras*, n. 7, julho de 1974.

140 MAIRA ABREU

No boletim encontramos analogias da opressão feminina seja com a questão da "raça" seja com a questão de classe. Essas analogias foram muito utilizadas pelo movimento feminista e constituiam uma tentativa de desnaturalizar a opressão feminina. Na definição de "sexismo", veiculada no boletim n. 5, há uma clara analogia entre "sexismo" e "racismo":

> SEXISTA é a palavra equivalente à racista, que atribui a um indivíduo (por causa de suas características específicas, raciais ou sexuais) um comportamento pré-estabelecido e irreversível. Assim, o negro "é violento", o judeu é "avaro", o homem é "racional", a mulher é "intuitiva e emocional.[97]

Constata-se que as militantes recusam a atribuição aos indivíduos, a partir de características físicas, sexuais ou raciais, um comportamento inato. O essencialismo biológico é considerado um apanágio do sexismo e do racismo e por isso rejeitado.

Embora seja esta a posição que parece predominar no boletim, no número 21/22 de *Nosotras* é apresentada uma perspectiva distinta. No editorial deste número elas abordam a dificuldade de conceituar feminismo e afirmam que o objetivo do feminismo seria descobrir a "essência do feminino". A tarefa do movimento feminista não poderia se limitar à reivindicação de direitos iguais mas deveria incluir a reivindicação de uma nova estruturação da sociedade que permita a afirmação da especificidade feminina e a realização de uma verdadeira comunidade humana.[98]

Dentro dessa perspectiva, encontra-se o texto de Françoise Collin "Nuevo Feminismo, nueva sociedad o, el advenimiento de outra" publicado nesse mesmo número e o texto de Julia Kristeva "Ese sexo que es por lo menos dos", publicado originalmente en *Les*

---

97 Danda e Mariza. "Feminismo". *Nosotras*, n. 5, maio de 1974.

98 "Editorial". *Nosotras*, n. 21-22, setembro/outubro de 1975.

cahiers du GRIF *em* 1974 e traduzido para o espanhol por Lucia Tosi no número 21-22.

No número 23/24 divergências quanto a este ponto são exemplificadas pelo texto de Lucia Tosi, que se posiciona contra a busca de uma "especificidade feminina" proposta por Collin e defende que o papel do movimento feminista é justamente lutar pelo contrário:

> Em que consiste a tão falada especificidade feminina. Seria unicamente a capacidade potencial de receber e guardar um óvulo fecundado e levá-lo a cabo. O resto não passa de uma criação social e em última instância criação masculina. *O movimento feminista não deve buscar a especificidade feminina senão negá-la e negar também toda especificidade.* Nossa especificidade atual, que não é senão uma identificação com o estereótipo sexual é um resultado de um condicionamento. Devemos rechaçá-la e somente assim nos será possível encontrar nossa verdadeira especificidade enquanto pessoas"[99] (grifos meus).

Este trecho é bastante significativo de uma determinada concepção de feminismo. Aqui Lucia Tosi se posiciona claramente dentro de uma perspectiva antiessencialista que, em contraposição à ideia de valorização de uma essência feminina, denunciava esta última como uma construção social a ser combatida.[100] A feminilidade seria uma "construção social", "criação masculina" passível de ser superada. Lucia Tosi é autora de diversos textos dentro dessa concepção. Em diversos textos publicados nos primeiros números de *Nosotras*, em diálogo com a literatura "científica" da época, ela procura desconstruir a ideia de uma "feminilidade" como algo natural.

Ainda em diálogo com essa perspectiva, cabe mencionar também a definição de mulheres como "classe" e uma definição "política"

---

99 Lucia Tosi. "Algunas reflexiones a proposito del articulo de Françoise Collin...". *Nosotras*, n. 23/24, novembro/dezembro de 1975.

100 PICQ, Françoise. "Un homme sur deux est une femme. Les féministes entre égalité et parité (1970-1996)". *Les Temps modernes*. n. 597, abril-maio de 1997.

de lesbianismo (sic) que aparece num dos textos publicados no boletim. Trata-se de um texto de Mariza Figueiredo comentando a publicação do livro de Ti-Grace Atkinson, *Odyssée d'une amazone,* em 1975 pela editora *Des femmes.* Voltaremos posteriormente a essa questão.

PATRIARCADO E CAPITALISMO

> *"Muchacha estudiante*
> *que lo cuestionas todo,*
> *las relaciones del obrero con el patrón,*
> *las relaciones del alumno con el maestro,*
> *has pensado también en cuestiona las relaciones del hombre y la mujer?*
>
> *Muchacha estudiante*
> *Que participas en la revolución,*
> *no te engañes una vez más,*
> *no te limites a seguir a los otros :*
> *define tus proprias reivindicaciones"*[101]

Como vimos, a discussão sobre "patriarcado e capitalismo" foi uma importante questão para amplos setores do movimento feminista. No Grupo Latino-Americano a questão aparece em diferentes momentos no boletim: "as lutas das mulheres dividem a luta de classes? Essa segunda é prioritária em nossos países? Quem determina as prioridades?"[102] Os trechos de atas de reuniões citados do primeiro número mostram que desde o início elas se colocavam questões como: podemos falar de problemas das mulheres independentemente das classes sociais? Podemos separar o problema da "discriminação sexual da exploração de classe"?[103]

---

101 Anne e Jaqueline. "De un grupo a outro". *Nosotras* n. 4. Este texto constitui uma versão de uma pichação feita em 68 em Paris. Ver PICQ, Françoise. *Libération des femmes...,* *op. cit.,* p. 12.

102 GUADILLA, Naty. "Historiando". *Herejias,* março de 1980, p.12.

103 "Editorial". *Nosotras,* n. 1, janeiro de 1974.

No boletim n. 5, num texto intitulado "Feminismo"[104] e assinado por Danda e Mariza, encontramos uma das primeiras tentativas concretas de definir feminismo no boletim. Uma primeira versão deste texto, assinado por "um grupo de feministas latino-americanas em Paris" (datado de março de 1974), foi publicado em *La Libération de la mujer*, uma coletânea de textos feministas organizadas por Mariza Figueiredo. Neste artigo a questão "luta das mulheres e luta de classes" é o pano de fundo:

> Qual é a luta principal? Apesar desta pergunta já ter sido respondida exaustivamente por várias autoras feministas, ela continua a ser a "eterna" questão levantada por todos aqueles que tem alguma preocupação política
> A realidade é que, todos os argumentos, objetivos ou não, tem sempre a mesma finalidade: provar que o feminismo não passa de "um desabafo das mal-amadas" ou de 'uma luta divisionista e sectária'"[105]

A acusação de que o feminismo seria "divisionista" estava presente no discurso de largos setores da esquerda. E as feministas tiveram que reagir frequentemente a este ponto de vista. Nas páginas do boletim encontramos em diversos momentos críticas à diluição da opressão feminina nas relações de classe. O marxismo é criticado por não ter compreendido a especificidade da opressão da mulher e até mesmo por ter ofuscado o deslinde dessa especificidade:

> Sem dúvida alguma o marxismo deu uma grande contribuição na compreensão da origem das injustiças sociais decorrentes da divisão da sociedade na classe detentora dos meios de produção e na classe que vende sua força de trabalho. Mas embora imprescindível, tal análise impediu durante muito

---

104 FIGUEIREDO, Mariza (org.). *La Liberacion de la mujer*. Dossier. México: Ed. Associées, 1974.

105 Danda e Mariza. "Feminismo". *Nosotras*, n. 5, maio de 1974.

tempo a clareza necessária à compreensão da discriminação específica das mulheres.[106]

A razão de existir do movimento feminista residiria na especificidade da luta que travava. Do contrário, ele não teria motivo para existir e toda luta deveria ser canalizada para a transformação da estrutura econômica. Os partidos de esquerda eram criticados por ignorarem esse aspecto da luta e por não compreenderem a radicalidade da proposta feminista:

> Os partidos de esquerda, em geral, ignoram toda e qualquer reivindicação especificamente feminina, interessando-se somente por aquelas que podem ser integradas no contexto mais amplo da luta de clases. Temem que toda mobilização separada das mulheres signifique criar um conflito entre os sexos no seio da classe operária.[107]

No trecho abaixo Mariza e Danda procuram explicitar a diferença entre a opressão feminina e a dominação de classe no nível mais fenomênico das personificações de uma e outra forma de dominação:

> Ao se falar na luta contra o sistema econômico que oprime a todos (homens e mulheres) e da necessidade de se acabar com uma opressão poder-se-ia acreditar que ela é idêntica para todo mundo. Entretanto a opressão da mulher vai mais além daquela exercida pelo patrão sobre o empregado.
> Oprimida economicamente (mas não somente ou nem sempre) por um patrão particular ou estatal, ela também o é pelo homem ao qual estiver diretamente ligada. No lar a mulher é sempre dominada por outro patrão: pai, marido ou amante.[108]

---

106 Danda e Mariza. "Feminismo". *Nosotras*, n. 5, maio de 1974.

107 TOSI, Lucia. "El movimiento feminista y su impacto". *Nosotras*, n. 15, março de 1975.

108 Danda e Mariza. "Feminismo". *Nosotras*, n. 5, maio de 1974.

Mas, embora defendam uma especificidade, uma autonomia dessas relações de opressão em relação àquelas de classe, encontramos também a ideia de que não há uma autonomia completa. A opressão feminina estaria permeada por diferenças de classe e "regionais". Haveria um entrelaçamento dialético das relações sociais. Assim, a superação de uma opressão específica implicaria uma transformação de todo o complexo social: "Cada 'reivindicação específica' feminina pode ser situada a longo prazo no contexto social integral de cada país e sua realização significa a transformação de todas as estruturas sociais".[109] Por isso, a estratégia de luta seria não uma luta isolada, apartada de outros movimentos, mas uma "convergência" das reivindicações dos "grupos oprimidos":

> No mundo atual, todas as reivindicações de grupos discriminados são convergentes. O que não se pode negar é a importância da característica particular de cada análise, de cada reivindicação específica, de cada luta organizada, pois seja ela contra o sexismo, o racismo ou contra qualquer sistema econômico opressor, elas tem um só e mesmo sentido e é irresponsável condenar como sectarista ou divisionista qualquer movimento espontâneo de organização de grupos com opressões particulares além das genéricas e comuns a todos.[110]

Vimos, por um lado, as tentativas de pensar a especificidade da situação das mulheres latino-americanas, o que de alguma forma as distancia de uma ideia de uma opressão homogênea. Mas, por outro lado, encontramos também a ideia de uma universalidade dessa forma de opressão. Pensar a articulação entre classe, raça, nacionalidade foi certamente um tema de discussão de diversos grupos.

Encontramos em *Nosotras* a defesa de um patriarcado universal. Para além das diferenças de classe, regionais etc., as mulhe-

---

109 Danda e Mariza. *Idem.*

110 Danda e Mariza. *Idem.*

res compartilhariam uma opressão universal. A negação desse postulado era considerada, como se pode ver no trecho abaixo, uma forma de antifeminismo:

> Uma das maneiras clássicas de reação ao feminismo, é alegar que "cada grupos de mulheres 'exemplo, as burguesas e as proletárias' teriam problemas diferentes", negando assim universalidade da posição de mulher, resultante da universalidade da ideologia patriarcal.[111]

A ideia de universalidade da opressão da mulher implica a noção de que haveria uma autonomia, em maior ou menor medida, desse "sistema de opressão" em relação a outras relações sociais, isto é, a opressão das mulheres seria uma forma específica de opressão/dominação, a qual se fundamentaria em causas/relações também específicas, não coincidentes com aquelas da estrutura de classes. Essa questão foi alvo de inúmeras polêmicas dentro do movimento feminista. Para nos limitarmos a um só exemplo, o Círculo de Mulheres Brasileiras em Paris, que surge em 1976 também na França, em *alguns momentos* afirmava ser impossível uma luta comum entre mulheres dada as diferenças de classe, como se vê no trecho abaixo:

> A opressão das mulheres toca diferentemente cada classe social, de um lado se combina com privilégios, de outro com exploração. Não consideramos portanto, que existam questões exclusivamente femininas que unificariam todas as mulheres numa luta comum contra uma opressão comum.[112]

Cabe mencionar que, segundo Guadilla, divergências relacionadas a essa discussão seriam um dos motivos para uma cisão do grupo em janeiro de 1975. Uma das partes enfatizaria mais o fator "classe" como desestabilizador de uma unidade das mulheres e ou-

---

111 Danda e Mariza. "Feminismo". *Nosotras*, n. 5, maio de 1974.

112 DCM – v. 1 – Carta Política – junho de 1976.

tra ressaltava a "sororidade" entre mulheres. Esta última continuaria elaborando o boletim *Nosotras* enquanto a primeira se reuniria em torno de um grupo de estudos sobre a situação da mulher na América Latina e ao menos uma parte deste seria responsável por reunir informações sobre o tema e redigir o livro *Mujeres* publicado pela editora Des femmes no ano de 1977.[113]

Para Angela Cunha Neves, o Grupo Latino-Americano era percebido pela comunidade brasileira no exílio como um "corpo estranho", algo "exótico". Seu "caráter apolítico", continua, teria tornado-o suspeito aos olhos dos militantes políticos, homens e mulheres.[114] Como exemplo de como as posições do grupo eram percebidas por uma parte da comunidade exilada brasileira, podemos citar um trecho de um balanço interno do grupo Campanha. Para tal agremiação, num documento cuja data precisa desconhecemos mas, ao que tudo indica, é do ano de 1976-1977, o Grupo Latino-Americano enfatizaria a luta das mulheres e por isso era considerado como "sexista", como se vê no trecho abaixo:

> Nosotras: Grupo de intelectuais latinoamericanas com a participação de mulheres como Danda Prado, Norma Benguel, com fortes características sexistas e psicoanalíticas e com pouca influência na colônia.[115]

"Sexista" era a forma como muitas vezes se denominavam as tendências do movimento que enfatizavam mais a luta das mulheres do que a luta de classes ou ignoravam essa última. Para citarmos um outro exemplo dessa caracterização, no panfleto que chamava a criação do Círculo de Mulheres Brasileiras em Paris, *Por*

---

113 COLLECTIF DE FEMMES D'AMERIQUE LATINE ET DE LA CARAÏBE. *Mujeres.* Paris: Editions des femmes, 1977.

114 NEVES, Angela. "Femmes brésiliennes en exil: la quetê d'une identité". *Cahiers des Ameriques Latines*, julho-dezembro de 1982, p. 114.

115 DCG – v. I – "Balanço", s/d. (faz parte dos materiais do Círculo de Mulheres Brasileiras em Paris).

uma tendência feminina e revolucionária,[116] criticava-se as iniciativas de organização das mulheres brasileiras já realizadas, considerando-as "iniciativas amplas, comitês de massa (...) sem falar nas iniciativas dos grupos sexistas".[117] Embora o texto não nomeasse o Grupo Latino-Americano, fazia clara referência a este quando menciona "grupos sexistas".

Para Danda Prado, o grupo teria enfrentado uma viva oposição da comunidade exilada. Um grupo identificado como "Front" teria ameaçado retirar ajuda financeira às mulheres que tivessem participação no grupo, o que teria provocado a saída de várias delas do grupo. Infelizmente, não conseguimos nenhuma outra informação sobre este fato.

Segundo relatos, muitas mulheres transitaram pelas reuniões num primeiro momento. De acordo com Mariza Figueiredo, "teve muita gente que passou". Algumas foram, não gostaram e não voltaram mais.

Um fator importante para que muitas não retornassem às reuniões parece estar ligado ao modo como o feminismo era visto pela esquerda. Julgado segundo as dicotomias político/apolítico, unidade de classe/sexismo, entre outras, definido em termos tradicionais e frequentemente estereotipados, o feminismo não era benquisto pela esquerda brasileira. Não foi senão aos poucos que esta aceitou rediscutir sua visão sobre feminismo. O grupo surgiu justamente num momento em que a esquerda encontrava-se ainda bastante fechada para tal movimento. Assim, não surpreende que por seu pioneirismo como grupo de mulheres brasileiras, tenha enfrentado resistência e hostilidade na comunidade exilada.

Vera Tude relembra-se de sátiras no seio do grupo sobre a existência da "turma da política" e a "turma da sexualidade" no início

---

116 Documentos do Círculo de Mulheres Brasileiras em Paris. – v. 1 – "Por uma tendência feminina e revolucionária.

117 *Idem.*

do Grupo Latino-Americano. Não é difícil notar que essa oposição sexualidade/política orbitava ainda nos termos pelos quais a própria esquerda se posicionava muitas vezes face ao feminismo. Mais interessante, porém, é observar até que ponto essa oposição atravessa os discursos das tendências presentes, contrapondo como esferas diferentes e não comunicáveis o universo da sexualidade e o universo da política ou da economia. A diferença encontra-se frequentemente apenas na positividade ou negatividade com que são recobertos os termos dessa dicotomia. Tanto havia quem enfatizasse a centralidade da questão da sexualidade, em sua exterioridade à esfera política ou econômica, para o movimento feminista, como também havia quem enfatizasse a centralidade das questões ditas "políticas" do movimento feminista (legalização do aborto, por exemplo) e desvalorizasse as "questões da sexualidade" como pertinentes a uma esfera privada e apolítica. É emblemático o seguinte trecho, extraído de uma entrevista dada por Norma Bengell ao jornal *Crítica*, em 1974, e que ilustra bem o primeiro caso mencionado:

> Feminismo pra mim é isso: descobrir que você é mulher. É uma questão de sexualidade. Tem o problema econômico também, mas esse a gente resolve depois. (...) Se eu fizesse um grupo feminista lá [no Brasil], faria um grupo de amigas que conversassem. (...) A mulher é feminista quando descobre que é mulher até os pés. Ainda não tem movimento feminista no Brasil porque até agora as mulheres estavam preocupadas em fazer infra-estrutura de outras coisas. Ou por falta de informação, né?[118]

Diferentemente de Norma Bengell, Cecília Comegno relata que lhe desagradava que as reuniões do grupo resvalassem em algo que mais se parecia a "uma sessão de terapia coletiva", pois "se eu quiser resolver meus problemas [pessoais], vou resolver no divã do

---

118 *Crítica* 18, 2 de dezembro de 1974. *Apud* GOLDBERG, Anette. *Feminismo e autoritarismo..., op. cit.*, p. 81.

psicanalista". Descontentava-lhe que fosse priorizado este tipo de questão em detrimento da mobilização em torno de bandeiras como a legalização do aborto e o salário igual ao do homem, bem como em torno da questão considerada vital no momento: a derrubada da ditadura no Brasil. Cecília rememora que "a gente queria que aquelas mulheres se manifestassem contra a ditadura, e elas não queriam".[119]

Ainda sobre essa polarização, Mariza Figueiredo comenta, referindo-se às brasileiras que vinham do Chile:

> elas vinham, mas elas questionavam o feminismo. Elas questionavam porque elas achavam que ser feminista era uma coisa de direita, não era de esquerda. Um monte de bobageira, mas, enfim, era umas ideias bem PCzão, umas ideias bem antiquadas para o meu gosto. Então havia muita discussão sobre isso mas que não levava a nada. Então elas vinham e saíam, porque elas queriam transformar aquilo numa extensão da coisa de esquerda. (...) Aí vinham umas teorias chatérrimas de luta de classes, não sei o que...[120]

Por essas e outras divergências, muitas mulheres foram a algumas reuniões e não se interessaram ou abandonaram o grupo, antes mesmo do início da publicação do boletim. Posteriormente, algumas delas se engajariam em outros grupos. Segundo Naty Guadilla, por razões ideológicas muitas mulheres brasileiras foram saindo do grupo e criaram o Círculo de Mulheres Brasileiras, em relação mais direta com as organizações políticas de esquerda brasileiras no exílio. O Grupo Latino Americano teria continuado mas reestruturado. Após o golpe chileno, em 1973, novas exiladas latino-americanas integrariam o grupo.[121]

Embora Naty Guadilla faça referência ao Círculo de Mulheres, trata-se, ao que tudo indica, segundo depoimentos e outras fontes,

---

119 Entrevista – Cecília Comegno.
120 Entrevista –Mariza Figueiredo.
121 Historiando. *Herejias*, março de 1980, p. 11.

de um outro grupo, ligado à figura de Zuleika Alambert, militante do PCB (Partido Comunista Brasileiro). Cecília Comegno recorda-se que o Grupo Latino-Americano foi-se "dividindo, dividindo, mas criou alguma unidade entre um outro grupo de pessoas. Quando Zuleika Alambert voltou do Chile, ela começou a chamar uma série de pessoas".[122] Trata-se de um Comitê ligado ao PCB mas aberto a mulheres de diferentes filiações, cujas primeiras reuniões ocorreram, segundo documentos deste partido, em março de 1974. Voltaremos a essa questão no final deste capítulo.

UM TEMA CENTRAL: SEXUALIDADE

Para além das temáticas mencionadas acima, uma outra questão se destaca: a sexualidade. Esse era um eixo fundamental do MLF[123] e, aparece com frequência nos boletins do grupo[124] e nas entrevistas. Para Mariza Figueiredo, esse era um tema "farol" do movimento. O último número é totalmente dedicado à questão (imagem 4). A partir dos textos publicados sobre o tema, abordaremos algumas questões importantes para o feminismo nesse contexto, tal como a ideia que o "pessoal é político", a crítica ao poder médico, a discussão sobre a lesbianidade assim como a crítica ao essencialismo.

---

122 Entrevista – Cecília Comegno

123 PICQ, Françoise. *Libération des femmes..., op. cit.*

124 A partir do boletim número 2, encontramos textos diretamente relacionados à temática. No número 2, Danda assina o artigo "Sexualidade da Mulher – Temário para discussão". A este se sucedem os artigos de Lucia, "Control de Natalidad: tecnologia actual y perspectivas futuras" e "El sexo biologicamente mas fuerte". No número 4, há um resumo da reunião sobre aborto, na qual foi projetado um vídeo sobre o método Karman e um pequeno texto sobre violência sexual. No boletim número 5, é publicado o primeiro texto com a temática homossexualidade, "De verdad, há que curar AL 85% de la mitad del cielo?" Nos números seguintes, além das temáticas já mencionadas, há textos sobre contracepção, orgasmo e frigidez, dentre outros.

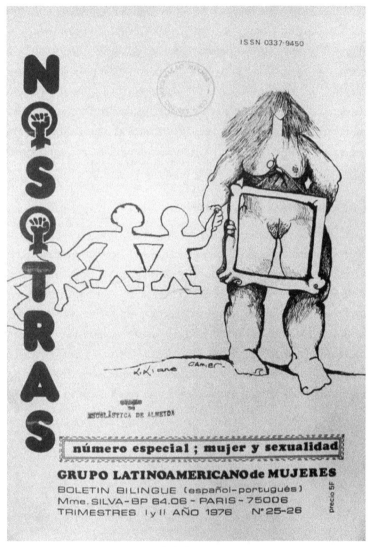

Imagem 4 – Capa do boletim *Nosotras*, n. 25-26.
(segundo e terceiro trimestres de 1976)

"A mulher não pode ainda desejar livremente o prazer sexual", afirmavam as militantes no primeiro texto publicado sobre a questão. Segundo elas, a sexualidade feminina, eternamente censurada e mutilada, era, na sociedade patriarcal, vista como um mero instrumento do prazer masculino e como um meio para reprodução da espécie. Elas criticavam duramente o "culto ao falo" presente na nossa sociedade – uma das manifestações da supremacia masculina –, que dominaria as relações sexuais.

> Sexo, coito, fazer amor de forma heterosexual é copular, que significa uma interação feminina-masculina na qual a condição necessária é que o falo penetre a vagina, interação dirigida para o estímulo sexual do orgão do homem e na qual o orgasmo feminino carece de importância.[125]

Havia uma virulenta crítica a esse padrão falocêntrico, que relegaria toda atividade que antecede a penetração a um plano secundário, por considerá-la um "jogo prévio", uma introdução ao grande ato, a saber, a penetração.

Nas relações sexuais realizadas dentro desse padrão, muitas mulheres não obteriam prazer e por isso seriam consideradas frígidas. Para Lucia Tosi, a frigidez sexual da mulher era um mito. Ela critica a hierarquização dos tipos de orgasmo feita por Freud. Este, segundo Tosi, qualificava o período de auto-erotismo clitoridiano como período fálico e uma experiência orgásmica infantil, à qual deveria se suceder, na fase madura, o orgasmo vaginal. A maturação sexual envolveria a passagem do orgasmo clitoridiano para o orgasmo vaginal. Essa questão foi alvo de discussões dentro do movimento feminista e ganhou maior difusão por meio do famoso texto de Anne Koedt "O

---

125 *Nosotras*, n. 25/26, primeiro e segundo trimestres de 1976.

mito do orgasmo vaginal".[126] Na França, Christiane Rochefort abordou também a questão em "O mito da frigidez feminina".[127]

Em contraposição à análise de Freud, Tosi cita a psicanalista Helena Deutsch, que distinguia o clitóris como órgão sexual e a vagina como órgão de reprodução. O clitóris seria o centro de excitação sexual. Essa excitação *poderia* ser transmitida, com maior ou menor êxito, à vagina.

> a famosa pergunta "Porque as mulheres são frígidas?" poderia, segundo Deutsch transformar-se na seguinte? Porque e como algumas mulheres conseguem alcançar o orgasmo vaginal?[128]

É importante mencionar que, por mais de uma vez, as militantes fizeram críticas à abordagem freudiana da sexualidade feminina. As análises de Freud contribuiriam para a repressão da sexualidade feminina nesta sociedade patriarcal, como nos trechos abaixo:

> O que importa considerar é o enfoque francamente frustrante que a teoria psicanalítica tem em relação à sexualidade feminina e a aparência de "autoridade científica" que se deu à teoria do complexo de castração com os seus corolários correspondentes: passividade, masoquismo e narcisismo.[129]

> Cabe a Freud o mérito de ter chamado a atenção para a importância da "libido" na construção do indivíduo. Mas também cabe e ele a elaboração de conceitos psicanalíticos que deram plena justificação à repressão da sexualidade feminina em nossa sociedade patriarcal.[130]

---

126 KOEDT, Anne. "Le mythe de l'orgasme vaginal". *Partisans*, n.54-55, julho-outubro de 1970.

127 ROCHEFORT, Christiane. "Le myte de la frigidité féminine". *Partisans*, n. 54-55, julho-outubro de 1970.

128 TOSI, Lucia. "La frigidez femenina". *Nosotras*, 8/9/10, ago./set./out. de 1974.

129 TOSI, Lucia. *Idem.*

130 *Nosotras*, n. 25/26, primeiro e segundo trimestres de 1976.

As condições para a mulher exercer uma sexualidade "plena" estariam longe ainda de se efetivar. Uma "verdadeira revolução sexual" só poderia ter êxito como parte de uma "ampla revolução feminista" que questionasse profundamente o falocentrismo e proporcionasse uma "vivência plena da sexualidade".

No primeiro texto que tratava da temática, assinado por Danda Prado, são elencados algumas das condições "básicas" para uma "vivência plena da sexualidade": conhecimento dos estímulos físicos para se atingir o orgasmo; desvincular sexo da reprodução para que o primeiro possa ser realizado sem medo de uma possível gravidez – daí a importância da difusão de métodos contraceptivos; caso falhem os métodos contraceptivos, a mulher deve decidir se deseja ou não interromper a gravidez; em ambas as alternativas deve-se prover condições para sua consecução.

Como se vê, parte fundamental dessa "revolução sexual" é a autonomia sobre o próprio corpo, reivindicação cara ao movimento feminista do período sintetizada na palavra de ordem "Nosso corpo nos pertence":

> Quando a sociedade respeita o direito da mulher de dispor sobre seu próprio corpo e de decidir sobre ele, dando-lhe os meios necessários para isso, os riscos de morte, de mutilação, de esterilização e as angústias não teriam mais razão de existir e entrariam para a história como uma época de barbárie. Liberada dos remorsos e medos, a mulher estará disponível para outras lutas. Lutará e, sem dúvida, ganhará, como disse Simone de Beauvoir.[131]

A luta pelo controle sobre o processo reprodutivo, incluindo aqui a luta pela legalização do aborto e da contracepção foi, como afir-

---

131 "Resumen de la reunion mensuel del grupo del 5 de marzo". *Nosotras*, n. 4, abril de 1974.

156   MAIRA ABREU

ma Ergas,[132] para muitas feministas, parte fundamental da luta contra a dominação masculina. Estes dois temas eram candentes para o MLF e se tornaram o grande eixo mobilizador nos primeiros anos do movimento. Discussões sobre ambos aparecem em diversos boletins do Grupo Latino-Americano.

Como exemplo, podemos citar o texto de Lucia Tosi "Control de natalidad: tecnologia actual y perspectivas futuras"[133] sobre os métodos contraceptivos existentes; "O que é vasectomia" de Mariza Figueiredo assim como outros diversos textos sobre aborto. Quanto à essa última questão "O método Karman" foi também objeto de discussões. Trata-se de um método de interrupção da gestação simples e realizado sem anestesia descrito no boletim como algo que permitia à mulher acompanhar o processo "sentindo seu corpo sem angústia, sem medo nem sofrimento inúteis, assistida pela médica e sua ajudante, dentro de um clima de companheirismo e confiança".

Pode-se perceber como uma série de reivindicações caras ao movimento feminista eram relacionadas ao aborto. Não bastava legalizá-lo, tal como já era praticado. O controle da mulher sobre o processo, sobre a intervenção no seu próprio corpo, eram também elementos importantes.[134]

Ainda sobre a autonomia em relação ao próprio corpo, um dos temas que se destacam é o combate à violência sexual. O estupro e a excisão do clitóris seriam duas manifestações extremas de mutilação da sexualidade feminina, "que permitem a abolição violenta do erotismo da mulher" tratando-a como um receptáculo do desejo masculino.[135] Cabe lembrar que a questão da mutilação genital na

---

132 ERGAS, Y. "O sujeito mulher: o feminismo dos anos 1960-1980". In: DUBY, G.; PERROT, Michelle. *História das mulheres no Ocidente*, v. 5., Lisboa: Afrontamento; São Paulo: Ebradil, 1990.

133 Figueiredo. "O que é vasectomia". *Nosotras*, n.16-17-18, abril/maio/junho.

134 *Idem*. *Nosotras*, n. 4, abril de 1974.

135 *Nosotras*, n. 25/26, primeiro e segundo trimestres de 1976.

França não é um questão de sociedades longínquas mas uma realidade próxima devido a presença de imigrantes de países da África subsaariana.

A prática é descrita como uma forma brutal de apropriação do corpo feminino (n. 5) e como "a forma mais extrema da opressão que padecem as mulheres nas sociedades patriarcais":[136]

> Dado que o clítoris constitui a parte da fisiologia sexual feminina onde se localizam as terminações nervosas, a consequência dessa mutilação é a incapacidade definitiva de experimentar o prazer sexual. Como parte de uma série de regras e tabus que mantêm a mulher totalmente submetida ao domínio masculino, a excisão constitui uma das expressões mais brutais que garantem ao homem a posse de uma pluralidade de objetos/esposas das quais ele se servirá à vontade, para o seu exclusivo prazer.[137]

A violência sexual foi objeto de uma reunião mensal do grupo (dia 6/11/74) e foi tema da capa do boletim n. 11 (novembro de 1974), "*Inês Garcia condenada. Esa es la justicia de los hombres*", sobre a condenação de uma mulher estadunidense por ter matado seu estuprador. A ação contra essa condenação recebeu apoio não só do movimento feminista dos EUA, mas também internacional. Na França, a *Ligue du droit des femmes* manifestou publicamente seu apoio e reafirmou a necessidade de criação de um Tribunal Internacional de Crimes cometidos contra as mulheres.

Poder expressar livremente a homossexualidade também era uma parte importante nesse processo. Essa questão foi abordada em alguns textos do boletim.

Encontramos a primeira referência no boletim n. 5, que reproduz o artigo publicado no jornal *Libération* "De verdad, hay que curar al 85% de la mitad del cielo?". O texto constitui uma sátira das

---

136 *Idem.*

137 Marcela. "Excision del clitóris". *Nosotras*, n. 7, julho de 1974.

análises sobre homossexualidade escrita por "un grupo de lesbianas 'liberais e bien bajo todos los aspectos'". Elas reproduzem perguntas "estúpidas" que as heterossexuais teriam que ouvir todos os dias: "a heterossexualidade é uma doença que deve ser curada?"; "Alguns casos de heterossexualidade são de origem hormonal?"; "Pensam que em uma sociedade no qual as relações de classes homens/mulheres sejam abolidas a heterossexualidade desaparecerá por si só?"[138]

Naumi Vasconcelos faz também breves menções ao tema em "Feminismo x Machismo". No último boletim do grupo Mariza Figueiredo publica uma resenha do livro de Ti-Grace Atkinson já mencionado. Mariza centra-se na definição de "lésbica" como uma identificação de "classe", "indiferente a toda consideração de ordem pessoal". O lesbianismo [sic] seria "engajamento voluntário e total de uma mulher junto aos outros membros de sua 'classe'". Seria uma parcela dos oprimidos que *não quer* responder à sua função política na sociedade, a saber, a reprodução.[139]

Sabemos que havia lésbicas no Grupo Latino-Americano e que não escondiam completamente essa orientação. Sabemos também que a questão não era bem vista pela comunuidade de brasileiros na França e que foi usada, em alguns casos, como forma de deslegitimar o grupo. Numa das entrevistas encontramos a referência a "um mal-estar grande" diante de mulheres que já "defendiam o lesbianismo" mas, a questão é evocada, mesmo que de forma não explícita, em outros depoimentos. Segundo Ângela Xavier de Brito, que militou no Círculo, este foi um elemento utilizado para desqualificar o grupo, como no evento que ela rememora:

> Eu acho que na verdade o que eu sei que houve foi que eles tentaram ganhar a Danda para o grupo político deles, não conseguiram e ficaram putos, e realmente aí foi uma baixa-

---

138 "De verdad, hay que curar al 85% de la mitad del cielo?". *Nosotras*, n. 5.

139 Mariza Figueiredo. "Lesbianismo e feminismo. Notas para uma reflexão mais longa". *Nosotras*, n. 25-26, primeiro e segundo trimestre de 1976.

ria, eles atacavam, diziam, acusavam ela de lésbica, que ela era mesmo, e era dito de uma maneira muito pejorativa.[140]

Se o feminismo já era um assunto por demais polêmico para uma grande parte da esquerda, o que não dizer da homossexualidade? Cabe sublinhar o pioneirismo de *Nosotras* em abordar a questão.

A publicação, em 1979, em Paris, do texto de Herbert Daniel "Homossexual: defesa dos interesses?",[141] é apontada como o primeiro documento a discutir a questão da homossexualidade dentro da esquerda brasileira. Antes desta publicação, ocorreu um debate promovido pelo grupo de Cultura do CBA (Comitê Brasil Anistia), que, segundo Denise Rollemberg,[142] gerou controvérsias e transformou-se num dos grandes marcos do exílio brasileiro na França. Mas tudo isso ocorreria cinco anos depois do boletim *Nosotras* começar a tematizar a questão.

SOBRE O FINAL DO GRUPO

O último boletim publicado data do primeiro e segundo trimestre de 1976. Não sabemos precisar o motivo do final do grupo. Num trecho de uma carta de Danda Prado endereçada a Lila, citada por Susel Oliveira da Rosa, a primeira explica que a falta de recursos como um dos fatores para o fim da publicação:

> Querida Lila,(...) você recebeu o último número de NOSO-TRAS, com um dossiê sobre sexualidade? É o último a ser publicado também, provisoriamente. Vamos congelá-lo, pois os recursos de toda espécie estão faltando. Além disso, há várias

---

140 Entrevista – Ângela Xavier de Brito. Entrevista realizada por Joana Maria Pedro.

141 DANIEL, Herbert. "Homossexual: defesa dos interesses?". *Revista Gênero*, v. 8, n. 2, 2008.

142 ROLLEMBERG, Denise. *Exílio: entre raízes e radares..., op. cit.*, p. 225.

publicações feministas agora, em cada país. Deixou de ter o papel que teve, o NOSOTRAS.[143]

Em entrevistas Danda Prado credita o fim do boletim aos seguintes fatos: 1- O ano internacional da Mulher teria acrescentado muitas viagens a sua agenda; 2- No ano de 1976, ela e Mariza Figueiredo realizaram uma pesquisa na Colômbia; 3- A proibição do Front à participação de seus associados no *Nosotras*; 4- A migração de mulheres de origem hispânica para um outro grupo.[144]

Segundo Danda:

> Depois da proibição do Front, o *Nosotras* continuou, mas com grande número de hispânicas. Depois sofremos outra divisão, porque o grupo de venezuelanas era grande (umas 10 mulheres) – e elas foram participar de outro grupo de origem boliviana, fundado pela Elisabeth Burgos, com tendência claramente partidária[145]

Esse grupo, identificado como Front, uma organização que promoveria ajuda a famílias de exilados, teria ameçado suspender a ajuda financeira às famílias contempladas caso as mulheres permanecessem no grupo feminista. Não sabemos se de fato essa proibição ocorreu. Sabemos que havia posições distintas sobre o feminismo no Grupo Latino-Americano e essas divergências acabaram culminando na saída de algumas mulheres que posteriormente fariam parte de um Comitê formado em 1974. Mas, como já mencionamos no final do capítulo 2, segundo Guadilla[146] uma outra cisão ocorreria, e essa supomos que seja a mesma a qual Danda se refere quando menciona a saída das hispânicas. Em janeiro de 1975, um ano após

---

143 Paris, 30/11/76. In: ROSA, Susel. "'Nosotras' e invenção de novos espaços-tempos". Anais do XXVI Simpósio Nacional de História – ANPUH, julho 2011.

144 CARDOSO, Elisabeth. *Imprensa feminista brasileira..., op. cit.*, p. 83.

145 *Idem.*

146 GUADILLA, Naty. *Historiando. Op. cit.*,

o lançamento do primeiro número do boletim, teria ocorrido um "racha" ligado a divergências sobre o caráter da luta feminista (ênfase na unidade do grupo mulheres por parte de um grupo e centralidade do fator "classe" como desestabilizador de uma unidade das mulheres por outro). Não encontramos outras referências a essa cisão. Acompanhando os boletins, pode-se notar que a partir do n. 13 alguns nomes, como de Naty Garcia e Elia Ramirez, não são mais mencionados. Entretanto, não conseguimos notar diferenças quanto ao enfoque dos textos do boletim.

O Grupo Latino-Americano representou a primeira tentativa de organização feminista de mulheres latino-americanas no exílio. Enfrentou a oposição da comunidade exilada, o antifeminismo, mas, conseguiu não somente semear ideias nesse meio hostil como propagá-las em outras terras. Foi um momento fundamental na vida de muitas mulheres que passaram pelo mesmo e que carregariam para o resto da vida elementos dessa "descoberta" feminista. Albertina Costa rememora a importância que o grupo teve na sua vida. Danda Prado considera que sua vida não teria sido a mesma sem sua passagem pela França e pelo grupo.

Quando retornam ao Brasil, algumas mulheres que fizeram parte do grupo se reorganizam em torno da revista *Impressões*, segundo Mariza Figueiredo. O número o data de 1987 e tem textos de Lúcia Tosi e Mariza Figueiredo. Danda Prado é parte do conselho executivo da revista. Outras mulheres que colaboraram com o *Nosotras*, como Naomi Vasconcelos e Anésia Pacheco e Chaves, figuram também entre as autoras de artigos para essa revista. Outras tantas se integrariam a outros grupos em seus países de origem, levando sementes feministas tal como almejava *Nosotras*.

CAPÍTULO IV
Círculo de Mulheres Brasileiras em Paris

GÊNESE DO GRUPO

O Círculo de Mulheres Brasileiras em Paris surge em 1976. Composto por mulheres que chegaram à França sobretudo depois de 1973, esse grupo se estruturaria em moldes distintos do Grupo Latino-Americano. Mais próximo das organizações políticas brasileiras no exílio e da tendência "luta de classes" do MLF, este grupo constituiu um importante momento de crítica à tradicional concepção dos partidos de esquerda sobre a "opressão feminina" e de reelaboração teórica e prática de um feminismo de esquerda de novo tipo. Ele consegue reunir um número expressivo de mulheres brasileiras, introduz paulatinamente questões feministas na comunidade exilada brasileira e se transforma num dos mais bem estruturados coletivos de exilados brasileiros na França. Para contextualizar o seu nascimento, começaremos por algumas considerações sobre um Comitê, idealizado pelo PCB em 1974, do qual sairiam algumas mulheres que cumpuseram o Círculo.

Documentos internos do Partido Comunista Brasileiro (elaborados na França)[1] relatam o surgimento de diversos organismos no exílio europeu dedicados à "questão da mulher" e que mantinham estreita relação com o partido a partir de 1973, entre eles: Grupo

---

1   CEDEM.

de Mulheres na Bélgica, Associação de Mulheres Democráticas de Lund (Suécia), Associação de Mulheres Brasileiras e Italianas (Milão), Grupo de Estudos (França).[2]

Na França, diante da grande efervescência feminista, a questão rapidamente se impôs. Encontramos registros de uma primeira reunião de mulheres brasileiras com o objetivo de discutir a questão em março de 1974.[3] Este grupo, chamado de "Grupo de Estudos" ou simplesmente "Comitê", tinha como proposta reunir principalmente mulheres recém-chegadas à França, provenientes do Chile. Sobre a formação deste, Zuleika Alambert comenta:

> [N]esse país europeu entrei em contato com outras exiladas do Chile que, como eu, ali foram parar. E pensamos novamente em nos organizar. Só que entramos em contato com outros grupos feministas que já ali atuavam. Entre eles o Grupo liderado por Danda Prado, denominado *Nosotras* de caráter nitidamente feminista. Eu que me considerava apenas uma marxista que estudava a questão da mulher tive então a ideia de criar o Comitê de Mulheres feministas no Exterior juntando feministas, não feministas, estudantes, profissionais, intelectuais etc. (...) Nós, mulheres vindas de Santiago nos somamos com o grupo de Danda Prado.[4]

Não encontramos informações sobre a participação de Zuleika no Grupo Latino-Americano. Como procuramos mostrar no último capítulo, o processo não parece ter sido de fusão entre dois grupos como é descrito.

---

2   DPCB – "Recuperação do trabalho do Partido entre as mulheres depois do golpe de 1964" – maio de 1979.

3   Documentos do PCB descrevem o surgimento do grupo da seguinte forma: "Em março de 1974 realizou-se a primeira reunião de mulheres brasileiras residentes em Paris, com o intuito de analisar o problema feminino no país. Da reunião participaram 13 mulheres, a maioria delas com alguma formação política e todas com alguma experiência na organização de grupos de mulheres no Chile e na França". DPCB "Trabalho do Partido entre as Mulheres" – maio de 1975.

4   Entrevista – Zuleika Alambert.

O Comitê se estruturou em moldes distintos do grupo formado no Chile. A influência do movimento feminista europeu promoveu, ao que tudo indica, tanto uma maior discussão, como o início de uma revisão de algumas teses tradicionalmente defendidas pela esquerda. Regina Carvalho, que foi militante do Círculo, participou de algumas reuniões do grupo. Ela menciona a presença de militantes do PCB e do grupo Debate e considera que nesse Comitê a discussão seria "bastante superior" àquelas que ocorriam no Comitê do Chile.

Mas, para Ângela Xavier de Brito, tal grupo "não tinha nada de grupo de consciência, nada de feminista". Sobre sua formação, ela rememora:

> antes de existir o Círculo, quando acabou a experiência chilena, aqui em Paris, a Zuleika tomou contato com um bando de mulheres e organizou um grupo de discussão, aí era um grupo que tinha mais intelectuais, porque eu me lembro da Ia [Maria Lygia Quartim], a irmã do João Quartim, da Maryse, que era a mulher dele na época, da Albertina Costa, eu, Iracema acho que estava também, era um grupo de umas 10 pessoas, mas que eu me lembre esse grupo durou muito pouco.[5]

Gradativamente, no interior do Comitê, a influência do movimento feminista francês parece ter levado ao surgimento das primeiras contradições entre uma "antiga" visão sobre a "questão da mulher" e outra, influenciada pelo contexto francês, que desejava um aprofundamento das questões sobre as relações de poder entre os sexos e uma análise e denúncia mais ativas da opressão feminina.[6] O grupo político Campanha foi um que sofreu essa influência do movimento francês por intermédio, principalmente, do contato que mantinham com a *Ligue Communiste Revolutionnaire* (LCR), organização ligada à Quarta Internacional, que, segundo militantes do Círculo, tinha uma

---

5   Entrevista – Ângela Xavier de Brito.

6   NEVES, Angela. "Femmes brésiliennes en exil: la quête d'une identité". *Cahiers des Ameriques Latines*, julho-dezembro de 1982, p. 113.

discussão consistente sobre a questão e participavam do MLF.[7] Sobre esse momento, as militantes do Campanha comentam:

> Começamos a sofrer influência do feminismo francês através do interesse pelo trabalho do MLAC (Movimento de Liberação do Aborto e da Contracepção) e posteriormente pela ida ao *Rencontre de Bievres*,[8] promovido pela tendência luta de classes em 1974. Começou a se formar em nós uma consciência feminista.[9]

Sobre o encontro em Bièvres, Regina Carvalho relembra:

> Nós fomos ao *Rencontre de Bièvres* e voltamos de lá alucinadas. O *Rencontre* se não me engano foi em 74. Aquele bosque de *Bièvres*, todas as feministas francesas, várias atividades e tal, um *meeting,* um grande encontro e nós saímos de lá (...) contaminadas mesmo, ... mas com algumas coisas mal digeridas.[10]

As divergências entre esse grupo de mulheres, que já travavam contatos mais estreitos com o feminismo francês, e o restante do Comitê foram se tornando cada vez mais evidentes, segundo documentos do grupo Campanha.[11] As primeiras questionavam as práticas do Comitê e cobravam maior comprometimento com questões especificamente femininas:

> Nós dentro do Comitê colocávamos a necessidade de sair dessa dinâmica de Grupo de estudo (só para ter uma ideia, ficamos ½ ano discutindo o livro de Engels: "família, pro-

---

7   Essa tendência publicaria a revista *Cahiers du féminisme*. Para maiores informações ver: TRAT, Josette. *Les cahiers du féminisme. Dans le tourbillon du féminisme et de la lutte des classes.* Paris: Syllepse, 2011.

8   O *Rencontre de Bièvres* ocorreu entre os dias 15 e 16 de junho de 1974 e foi organizado pelo jornal *Les pétroleuses*, ligado à tendência "luta de classes".

9   DGC – v. 1 – "Balanço", s/d.

10   Entrevista - Regina Carvalho.

11   DGC – v. 1 – "Balanço", s/d.

priedade"). Nos posicionamos sempre para que o Comitê tivesse uma prática de grupo de mulheres, com discussões específicas, em cima de experiências vividas e encontrasse formas de atuação política. A polêmica dentro do Comitê foi grande. O Debate (mais do que o PC) emperrava qualquer proposta de trabalho que não fosse a de estudo. Apresentou vários projetos 'ambiciosos' de estudo, que na realidade nunca foram cumpridos.[12]

Dessas e outras discordâncias, teria surgido a ideia de formar um novo grupo que se estruturasse como uma "vanguarda feminista revolucionária, classista". Assim foi criado o Grupo Brasileiro de Mulheres Revolucionárias (GBMR).[13] O GBMR realizou discussões sobre feminismo que incluíam autoras como Elena Belotti, Evelyn Reed e documentos da LCR, fez contato com grupos feministas e começou a práticar grupos de reflexão. Segundo Regina Carvalho, paulatinamente o grupo foi sentindo necessidade de ampliar-se e abranger mulheres de outras organizações. Desse sentimento é que nasceria a ideia de criar um grupo ampliado, que pudesse abranger um maior número de mulheres e com uma perspectiva distinta do Comitê,[14] ideia que se concretizaria com a construção do Círculo de Mulheres Brasileiras em Paris.

---

12 DGC – v. 1 – "Balanço", s/d.

13 DGC – v. 1 – "Balanço", s/d. No panfleto, o GBMR é descrito da seguinte forma: "Somos um pequeno grupo que nesses anos de discussão e atividade amadurecemos um conjunto de posições de princípio que cremos estarem expressas no documento que publicamos. Essas posições são fruto da experiência vivida em contato com a luta desenvolvida pelo movimento de mulheres a nível internacional". DCM – v. 1 –"Por uma tendência feminina e revolucionária" Anotações posteriores de Sônia Calió identificam as integrantes do GBMR: Regina Carvalho, Sônia Alves Calió, Regina Bruno, Maria Betânia D'Ávila, Mônica Rabello, Otilie Pinheiro. O nascimento do Círculo não implicou a dissolução do GBMR, que continuou se reunindo e atuando no Círculo.

14 Documentos internos do PCB caracterizam o Círculo como um grupo "formado essencialmente de mulheres que cindiram com o grupo de estudos". DPCB – Ata do Ativo Feminino Convocado Pela Coordenação do CC [Europa Ocidental], junho de 1976.

O estopim para o rompimento com o Comitê foi, ainda segundo documentos do grupo Campanha, divergências em relação ao Ano Internacional da Mulher. Nas discussões sobre a participação do Comitê nas atividades do Ano, uma ala, caracterizada pelo GBMR como "forças reformistas", levantou a necessidade e importância da participação do Comitê. O GBMR denunciava a iniciativa da ONU como "um projeto de capitalização política do movimento de mulheres pela burguesia, além do projeto de controle demográfico que estava por trás dele"[15] e defendiam a não participação do Comitê nessas atividades. Nesse contexto, o GBMR decidiu lançar, em novembro do mesmo ano, a brochura *"Por uma tendência feminina e revolucionária"* (imagem 4), chamando a criação de "um movimento autônomo de mulheres com base na luta de classes" para a "constituição de uma tendência revolucionária dentro do movimento de mulheres brasileiras".[16]

Nas primeiras páginas da brochura encontramos uma crítica das experiências de organização de mulheres no exterior: o Comitê no Chile e o reaberto na França, caracterizadas como "iniciativas amplas, comitês de massa", cujas discussões giravam entre o "assistencialismo social, estudo de Engels e preocupação exclusiva com os aspectos da mão-de--obra feminina" além das "iniciativas dos grupos sexistas" – numa clara referência ao Grupo Latino-Americano. Esses grupos teriam se arrastado "sem conseguir tirar de si mesmas nenhum desdobramento em nível de organização e de alternativa para o movimento de mulheres". Diante desse quadro, é proposta a criação de um novo grupo:

> Este documento é um apelo à criação de um Círculo de discussão com as companheiras que estejam de acordo com os pontos políticos essenciais deste documento e que se disponham a aprofundar esta linha de posições e desenvolver uma atividade no sentido de formação desta tendência revolucionária.[17]

---

15 DGC – v. 1 – "Balanço", s/d.

16 DCM – v. 1 – "Por uma tendência feminina e revolucionária", novembro de 1975.

17 *Ibidem.*

Imagem 4 – Capa da brochura "Por uma tendência feminina e revolucionária". (Nov. 1975.

O panfleto aponta como origem da opressão da mulher o surgimento da propriedade privada, ideia afirmada em vários momentos do texto em frases como: "Nossa opressão surgiu com a propriedade privada", "nossa dominação imposta pela sociedade de classes". Seria a sociedade de classes responsável por "transforma[r] diferenças biológicas entre homens e mulheres em opressão cultural, sexual, política e social".

Embora o panfleto, em acordo com as análises de Engels, aponte como origem da opressão da mulher a propriedade privada, não reproduz a equação: abolição da propriedade privada = emancipação. A opressão que incide sobre a mulher "é uma opressão específica", afirma.

Com efeito, ao se abordar a questão do papel da mulher na reprodução do sistema capitalista, acentua-se a dimensão ideológica envolvida e suas implicações no que concerne à revolução socialista. Não se trata apenas da importância do serviço doméstico gratuito no seio da família na redução dos custos da reprodução da mão de obra e, portanto, dos custos do capital, que, como o panfleto aponta, é um elemento essencial na conservação do sistema capitalista. A família teria um importante papel na reprodução dos valores da ideologia dominante. Essa compreensão exigia uma reformulação da concepção de revolução defendida por muitos partidos de esquerda. O panfleto rechaça a concepção de revolução como "apenas uma mudança institucional", pois uma de suas dimensões mais essenciais seria "a revolução da vida cotidiana". A "verdadeira revolução" seria aquela que muda não somente a estrutura econômica, mas que se dispõe a "varrer a ideologia burguesa", de modo que, no centro dessa luta, deve constar a destruição da família burguesa, "estrutura de opressão da mulher", "célula da estrutura capitalista e de perpetuação da ideologia dominante". Nesse sentido, criticam as experiências "socialistas" porque "tocaram muito pouco ou não tocaram na família como célula da sociedade", apesar dos avanços em relação à "questão da mulher".

O panfleto deixa claro que a libertação das mulheres não será alcançada dentro do capitalismo. Por outro lado, opõe-se energicamente à concepção de que a luta das mulheres deve ser adiada para depois da revolução. Nesse sentido, arrola as reivindicações imediatas que representariam melhorias relativas nas condições das mulheres ainda sob o regime capitalista: mesma educação para meninos e meninas; igualdade de acesso à formação profissional; igualdade salarial para trabalho igual; creches e refeitórios nos locais de estudo e trabalho e nos bairros; aborto e contracepção livres e gratuitos; proibição do uso da imagem da mulher para fins publicitários, dentre outras. Reivindica também um duplo princípio prático-organizativo: organização de um movimento específico de mulheres e autonomia do movimento em relação às organizações partidárias. Cabe às mulheres tomar as rédeas da luta contra sua opressão, pois "só nós podemos nos organizar, porque não há melhores defensores de uma causa que suas próprias vítimas", "porque fomos nós que fomos segregadas, caladas, obrigadas a submeter-nos ao macho" e "só nós fomos capazes de compreender nossa própria opressão e transformar a consciência em luta".[18]

Em janeiro de 1976, realizou-se a primeira assembleia das mulheres que estavam de acordo com a brochura "Por uma tendência feminina e revolucionária".[19] Nasceu, então, o Círculo de Mulheres Brasileiras em Paris.

---

18   DCM - v. l – "Por uma tendência feminina e revolucionária", novembro de 1975.

19   DGC – v. l – "Balanço", s/d.

POR QUE UM CÍRCULO DE MULHERES BRASILEIRAS ?

> Éramos milhares nas ruas de Paris. Nas pautas de reuniões das organizações da esquerda brasileira no exílio, éramos ausentes. Tornava-se imperativo para nós, brasileiras em Paris, inseridas naquele cenário de ebulição e efervescência do Movimento Feminista Francês, a discussão das consignas e temas de debates, postos nas manifestações.[1]

A formação do grupo se dá num contexto de grande efervescência feminista, como vimos. O contato com esse movimento trouxe questionamentos e a ideia de se discutir entre brasileiras a temática.

Para Regina Carvalho, o que unia o grupo não era somente o fato de serem mulheres e brasileiras, mas de terem um projeto de sociedade. Suzana Maranhão relembra sua sensação ao ter os primeiros contatos com o Círculo: "Ali estava a possibilidade de discutir as questões específicas da mulher, numa perspectiva socialista".[2]

Mas as motivações para participar do grupo eram, segundo Regina Bruno, muito diversas. Algumas, inicialmente, foram às reuniões para cumprir uma tarefa do partido. Outras, já estavam encantadas com o feminismo francês. As angústias individuais e fatos da vida privada, como separações amorosas, constituíram também motivos propulsores para muitas procurarem o grupo.

Ainda para Regina Bruno, o fato de ser um coletivo de brasileiras também foi um fator de atração:

> o Círculo foi um espaço de construção de um espaço Brasil, porque não é só a questão feminista e a questão da mulher, mas é uma atividade Brasil (...), você não vai só pela questão da mulher, você vai como espaço de socialização, como espaço de encontrar pessoas da sua nacionalidade, da tua

---

1 MARANHÃO, Suzana. "O exílio e o feminismo: uma travessia". *Cadernos de crítica feminista.ano* III, n. 2, dezembro de 2009, p. 158.

2 *Ibidem*, p. 157.

identidade, espaço Brasil, e era um espaço Brasil leve, na medida em que não estava marcado... não tinha marca política partidária.[3]

O grupo se identifica como "Círculo de mulheres brasileiras, *no momento vivendo* em Paris", "grupo de mulheres brasileiras vivendo na França", "mulheres brasileiras vivendo no estrangeiro". As reflexões e prática do grupo, afirmavam, partiriam fundamentalmente dessa identidade "mulheres brasileiras", o que dava singularidade a seus objetivos e demandas em relação ao feminismo francês, como se vê nos depoimentos abaixo:

> Eu acho que tinha uma diferença que era dada pela especificidade de sermos brasileiras, de nos organizarmos a partir dessa brasilianidade e de politicamente sermos um grupo que estava ligado a uma luta pelo fim da ditadura (...) pelo fim do exílio (...) eu acho que tinha uma limitação na nossa integração com as francesas. Essa limitação talvez não fosse dada nem pela gente nem por elas, mas pela situação mesma específica.[4]

> Quando a gente discute a questão de militar ou não em grupos franceses, nenhuma de nós assume esse problema concretamente. Acho que vivemos no Círculo uma prática militante voltada para o Brasil. Quase todas nós dizemos que nos sentimos estrangeiras, então essa prática que temos aqui é uma luta que fazemos. Se amanhã eu decidir não voltar ao Brasil, saio do Círculo, entro num grupo de mulheres de *quartier* não vou ficar mais dividida na minha militância política.[5]

Há, portanto, a recusa à ideia de ser um "círculo" no exílio sem "vasos comunicantes com o movimento em nosso país". Se esta fosse a proposta, afirmavam, "nos integraríamos todas nos grupos de mu-

---

3   Entrevista – Regina Bruno.
4   Entrevista – Eliana Aguiar.
5   COSTA, Albertina *et al. Memórias..., op. cit.*, p. 419.

lheres francesas".[6] Mas, por outro lado, há também à ideia que a pauta do grupo não deveria se reduzir a aspectos relacionados à ditadura e anistia.[7] A trajetória do grupo mostra claramente que, embora a situação no Brasil nunca tenha deixado de ser uma preocupação, sua pauta era muito mais ampla.

Não é possível saber dados exatos sobre a dimensão do Círculo. No livro *Memória das mulheres no exílio* o grupo é apresentado como um coletivo formado no exílio que teria conseguido "aglutinar o maior número de pessoas. Suas assembleias gerais já contaram com a presença de mais de oitenta mulheres".[8] Nos documentos encontramos algumas alusões a reuniões com até 50 mulheres.[9]

Perguntadas sobre a composição do Círculo, uma parte das entrevistadas lembra-se principalmente de dois "grupos": as "refugiadas" e as "estudantes". Não se tratava, se tomarmos o termo exílio num sentido mais estrito, de um grupo de exiladas. Como definem as editoras do livro *Memória das mulheres do exílio*, as integrantes do Círculo "eram exiladas ou não".[10] Nas entrevistas, deparamo-nos com uma diversidade de situações que motivaram a saída do Brasil. Há militantes de organizações de esquerda que saíram após uma situação de prisão, militantes do movimento estudantil, estudantes ou, simplesmente, insatisfeitas com a situação política do país que decidiram partir por este motivo.[11]

---

6   DCM – "O meu, o teu, os nossos subgrupos", 1977.

7   DCM – v. III – "Porque um movimento feminista autônomo", s. d.

8   COSTA, Albertina *et al. Memórias das mulheres..., op. cit.,* p. 413.

9   Documentos do grupo Campanha mencionam a presença de 20 mulheres na primeira assembleia. O ano de 1977 parece ter sido de grande crescimento do grupo. Neste ano, segundo documentos do grupo, este teria aproximadamente 50 mulheres. Dados do PCB de 1978 fazem referência à presença de 70 mulheres afiliadas.

10 COSTA, Albertina *et al. Memórias das mulheres..., op. cit.,* p. 413.

11 Sete das entrevistadas tiveram militância em organizações políticas no Brasil (Regina Carvalho, Ângela Muniz, Glória Ferreira, Maria América Ungaretti, Ângela Xavier de Brito, Angela Arruda, Elisabeth Vargas). Lena Lavinas era próxima de uma organização, mas não chegou a militar. Sônia Calió era membro do Centro

Em geral, eram mulheres jovens e com alto nível de escolaridade. Um questionário realizado em dezembro de 1977 com 52 mulheres brasileiras que participaram de uma atividade do Círculo, fornece-nos alguns indícios sobre o perfil das mulheres que compunham o grupo ou que dele eram próximas, embora não possa ser tomado de forma alguma como um "perfil" exato do mesmo. A maioria das mulheres que respondeu ao questionário tinha entre 20 e 30 anos e quase a totalidade delas até 40 anos. Além disso, a maioria era solteira e sem filhos.[12]

Todas as treze entrevistadas que participaram do Círculo tiveram algum tipo de vinculação ou eram próximas de alguma organização política no exílio (militante ou "área próxima" como diziam). Embora não possamos estender essa caracterização para o conjunto das mulheres que compuseram o grupo, as fontes consultadas indicam que a maioria delas tinha esse perfil. Mas, um grande número delas parece não ter tido militância com este mesmo caráter no Brasil. Voltaremos a essa questão no item "Círculo, organizações político-partidárias e autonomia".

MODO DE FUNCIONAMENTO

A forma de organização do grupo foi alvo de discussões e polêmicas ao longo de toda sua existência. Como se organizar levando-se em consideração uma diversidade de interesse,

---

Acadêmico de Geografia da USP. Regina Bruno conseguiu bolsa de estudos, Maria Betania Ávila e Eliana Aguiar partiram devido a descontentamento com a situação política do país. Sete das entrevistadas tiveram como primeiro exílio o Chile e seguiram, após o golpe de 11 de setembro de 1973, para a França. Todas as outras foram diretamente para a França.

12 Cinquenta e duas mulheres responderam ao questionário. Trinta e uma tinham entre 20 e 30 anos; dezessete entre 30 e 40 anos e somente 2 com mais de 40 anos. A maioria, vinte e cinco delas, estavam na França há mais de dois anos. Trinta delas não eram casadas, 41 não tinham filhos e 29 já tinham abortado. (DCM – v. II – "Resultats du questionnaire fait par le groupe Sexualité dans um meeting avec 52 brésiliennes le 17/12/77).

motivações e um número crescente de pessoas? Qual seria a forma mais adequada para fazer atividades voltadas para as vivências pessoais das mulheres? – são alguns questionamentos. O que parece ter predominado foi: assembleias gerais mensais e atividades nos subgrupos temáticos com maior frequência.[13]

Para Maria América Ungaretti, haveria uma Assembleia Geral, que se reunia a cada mês, e outros subgrupos que se reuniam semanalmente "onde se discutia e se aprofundava as questões e a prática". Ela menciona também a existência de uma coordenação composta por representantes dos subgrupos e, além disso, uma encarregada de finanças.[14]

Os subgrupos eram pequenos grupos que se reuniam a partir de preferências temáticas e/ou afetivas. Segundo o livro *Memória das mulheres no exílio*, o grupo se dividia "em pequenos subgrupos de seis, oito ou dez pessoas que se encontravam semanalmente ou quinzenalmente.[15] A organização em subgrupos parece ter sido uma forma de tornar mais profícua as discussões, à medida que o grupo foi crescendo, mas também uma saída para contemplar a diversidade de interesses.[16] Cada um deles tinha um tema que era sua pauta prioritária – mas não exclusiva – como sexualidade, educação, imprensa feminista, teatro, trabalho feminino, dentre outros.[17]

---

13   Na agenda do ano de 1978 de Elisabeth Vargas, consta pelo menos uma reunião semanal relacionada à temática feminista, muitas vezes identificada como o símbolo de Vênus.

14   Entrevista – Maria América Ungaretti.

15   COSTA, Albertina *et al. Memórias das mulheres..., op. cit.*, p. 413.

16   Ver por exemplo "com os subgrupos que agora se trabalha, pois, para nós, é impossível desenvolver discussões, pesquisas e trabalhos políticos com 50 pessoas ao mesmo tempo; sobretudo se não possuímos os mesmos interesses" (DCM – v. 11 – "Un peu de notre histoire" s/d.).

17   No boletim do grupo, publicado em 1978, há textos dos seguintes subgrupos: sexualidade, Chiquinha Gonzaga, 8 de março, imprensa feminista, Gobelins (antigo maternidade), teatro, alerta e audiovisual. Alguns nomes de subgrupos fazem referência à estações de metro ou bairros parisienses e remetem, ao que tudo indica, o local de reunião do grupo (exemplo: Gobelins, Nation, Picpus).

Segundo Maria Betânia Ávila: "Líamos livros, fazíamos as relações entre experiências empíricas (inclusive o *vécu*) com questões teóricas e interpretávamos a realidade e a nossa prática também com referências de linhas políticas e teóricas".[18] Era nos subgrupos que o contato entre as militantes era mais próximo e frequente. E era nele que se realizava a atividade chamada por elas de "*vécu*". Estas atividades constituíam uma forma de grupos de autoconsciência, que era, como vimos, um importante elemento da pauta feminista do período. Para Regina Bruno, o *vécu* seria o traço constitutivo de toda uma geração do movimento feminista.[19]

O *vécu* era um momento em que se falava do cotidiano, do vivido; deste modo, era um momento de expressão da particularidade. Como rememora Regina Bruno, "as nossas reuniões do Círculo, a nossa dinâmica era montada em cima de resgatar a nossa experiência, resgatar a nossa experiência do cotidiano, a experiência como mulher, como companheira, como mãe, como namorada, como esposa".[20] Por outro lado, na medida em que permitia, a partir da expressão do particular, o seu reconhecimento na troca, tornava-se um momento de recognição, que referia o particular à universalidade de sua determinação. Nesse sentido, recorda Eliana Aguiar: "Coisas que você vivia isolada, sozinha, que achava que era teu problema pessoal e que não tinha solução e tal, de repente ser questão de todas as mulheres".[21] O cotidiano era assim politizado, forjando uma identidade comum:

> Você tinha um espaço em que você podia discutir as suas coisas que eram consideradas as suas coisas privadas sem interesse, muito abaixo da política. De repente elas aparecem como

---

18   Entrevista – Maria Betânia Ávila.

19   Entrevista – Regina Bruno.

20   Entrevista – Regina Bruno.

21   Entrevista – Eliana Aguiar

> a política, aquilo era fazer política (...). Você, a partir daquela coisa que é sua e pessoal, você está discutindo política.[22]

Esse foi um importante espaço para a construção de uma identidade entre as mulheres e da criação de laços de solidariedade, uma solidariedade contra a opressão. Era o momento de se reconhecer na outra, de perceber as semelhanças e de construir uma luta comum.

> Eu acho que o grande mérito do feminismo é ter conseguido agrupar a gente. Conseguimos ver que os nossos problemas individuais não eram só nossos. Eram de todas as mulheres como nós. Foi o contato com o movimento feminista aqui na França que fez com que nos identificássemos e nos aproximássemos umas das outras, não nos vermos mais como 'aquela rival', como a causa das nossas futuras desgraças, como 'a outra'.[23]

> Quando é que passou pela minha cabeça antes que eu pudesse discutir com uma companheira, até de outras posições políticas, as minhas opiniões pessoais? Nunca, nunca. Acho que é esse tipo de mudança que a prática dentro do movimento coloca: uma solidariedade contra a opressão, o que não é a mesma coisa que ser uma irmãzinha de todas as mulheres.[24]

O *vécu* é lembrado por todas as militantes entrevistadas como uma das atividades de maior importância no Círculo:

> A gente discutia textos, chegava um dia e começava a falar de uma experiência de alguma, de um caso que alguém queria contar. Por isso a gente dizia que o subgrupo era a discussão do *vécu*... tinha uma dinâmica fantástica, ninguém caía a peteca, ninguém deixava de ir. Era uma coisa muito importante, muito incorporada na vida da gente, a reunião do subgrupo.[25]

---

22 Entrevista – Eliana Aguiar.

23 ANITA COSTA, Albertina *et al. Memórias..., op. cit.*, p. 415.

24 REGINA, *Ibidem*, p. 420.

25 Entrevista – Ângela Muniz.

> Nas reuniões, nas discussões do *vécu*, cada uma contava as suas misérias, as suas desgraças e se criou uma cumplicidade entre nós (...). A discussão do *vécu* era barra pesada, saía coisa do arco da velha. Discutia-se abertamente sobre o que não se gostava na outra, no que a outra falou. Tudo era resolvido ali. Uma coisa meio catártica (...). O indivíduo tinha que aparecer, dizer o que sentia.[26]

Um elemento importante a ser mencionado é que as memórias sobre a atuação no Círculo são profundamente marcadas pelas atividades nos subgrupos. Como afirma Sônia Giacomini, "Cada subgrupo tinha uma dinâmica muito própria".[27] É nos subgrupos que elas se reencontravam com mais frequência e criavam laços mais estreitos. Nas assembleias, reuniam-se todas as integrantes e eram tomadas decisões coletivas. Entre os temas discutidos, encontramos as seguintes referências: mulher e sindicato, autonomia do movimento feminista, sexualidade, anistia e análise dos editoriais do Brasil Mulher. Segundo Suzana Maranhão:

> Ali, socializávamos informações dos subgrupos, discutíamos bandeiras gerais do movimento, preparávamos grandes reuniões e eventos públicos, ampliando a visibilidade.[28]

Para Ângela Brito, militante do Círculo, a dinâmica dos subgrupos/assembleias seria a seguinte:

> nas Assembleias Gerais e nos panfletos, elas tratavam, antes de tudo, de temas políticos como a solidariedade à luta das mulheres brasileiras, feministas ou não, e sobretudo às lutas das operárias, a defesa das presas políticas, a luta pela anistia, a luta do povo brasileiro contra a ditadura. Nos subgrupos, que se reuniam mais frequentemente, as discussões sobre a vida privada e o cotidiano ganhavam ritmo, a criação de no-

---

26 ROLLEMBERG, Denise. *Exílio: entre raízes e radares. Op. cit.*, p. 216.

27 Entrevista - Sônia Giacomini.

28 MARANHÃO, Suzana. "O exílio e o feminismo...". *Op. cit.*, p. 160.

180   MAIRA ABREU

> vos subgrupos sobre a sexualidade, o corpo, a maternidade, contribuiu para que brotassem novas relações entre elas e surgisse uma nova forma de solidariedade entre estas mulheres que por tanto tempo disto haviam sido privadas. Uma nova identidade se esboçava.[29]

Entre os documentos do Círculo encontramos um regulamento que estabelece normas de funcionamento do grupo. Embora este não seja datado, foi, ao que tudo indica, elaborado nos momentos iniciais do grupo.

Normas para funcionamento do grupo

COMPOSIÇÃO DO GRUPO

Fazem parte do grupo todas as companheiras que:

1 - Concordam com os princípios, objetivos e normas de organização definidas pelo grupo;

2 - Estejam dispostas a contribuir para a unidade do grupo, participando regulamente de suas atividades.

ESTRUTURA DO GRUPO

O grupo se compõe de um Plenário, estruturado em grupos de estudo, uma Coordenação e Equipes de trabalho que executam as decisões do Plenário.

1- Funcionamento do Plenário

Das reuniões:

1 - Reúnem-se quinzenalmente, fixando-se anteriormente a ordem do dia, uma presidente e uma secretária;

2 - A reunião plenária do grupo é o órgão máximo de decisão;

3 - O quorum mínimo é a maioria simples das integrantes do grupo;

4 - A secretária elaborará uma ata, que será entregue à Coordenação para o arquivo;

---

29   ROLLEMBERG, Denise. *Exílio: entre raízes e radares. Op. cit.*, p. 217.

5 - Em cada reunião plenária será lida a ata da reunião anterior no que diz respeito às resoluções que tenham sido tomadas pelo plenário;

6 - Em cada reunião a Coordenação fará um rápido informe de suas atividades.

> Único: A modificação das presentes normas, dos princípios e objetivos, só poderá ser efetuada em REUNIÃO EXTRAORDINÁRIA convocada expressamente para tal fim...".[30]

Embora esse trecho dê a ideia de uma organização burocratizada, com normas rígidas de funcionamento e adesão, não parece ter sido esta a forma que predominou no grupo. Os relatos, como vimos, apontam para reuniões não verticalizadas e em formato pouco convencional. Supomos que esse documento reflita um tipo de organização com a qual estavam acostumadas uma parte das integrantes do Círculo. O regulamento citado pode nunca ter sido seguido à risca, mas, sua existência já é, por si só, significativa, ao menos das intenções do grupo em determinado momento.

Comentaremos somente sobre o critério de adesão como exemplo dessa mudança. Consta como critério a concordância com os princípios, objetivos e normas de organização do grupo. Além disso, o ingresso estava condicionado a uma apresentação por alguma integrante do Círculo. Segundo documentos do grupo Campanha, num primeiro momento a concordância com os pontos expostos na brochura "Por uma tendência feminina e revolucionária", e posteriormente uma "Carta Política" seriam o critério de entrada. Para além de questões de segurança, esse critério parece refletir a maneira como muitas dessas militantes estavam habituadas a se organizar. Entretanto, essas formas seriam pouco a pouco abandonadas, como afirma, por exemplo, Regina Carvalho:

---

30 DCM – v. 1 – "Normas de funcionamento do grupo". s/d.

no início nós discutíamos essa carta com todo mundo que entrava, era uma discussão individual pra depois participar das Assembleias. Depois, isso aí vai se afrouxando, convidamos pra participar de uma assembleia, pra assistir a uma assembleia e as pessoas iam se vinculando. Eu também acho que naquela época era muito difícil encontrar alguém que não fosse socialista, quer dizer, marxista assumido, talvez nem tanto, mas esquerda, todo mundo era de esquerda.[31]

CÍRCULO, ORGANIZAÇÕES POLÍTICO-PARTIDÁRIAS E AUTONOMIA

Como já afirmamos anteriormente, todas as treze entrevistadas que participaram do Círculo tiveram algum tipo de vinculação com organizações políticas no exílio e, ao que tudo indica, a grande maioria do grupo também tinha esse perfil. Para Lena Lavinas, "a maior parte das mulheres que militava no Círculo era de partidos de esquerda, podiam ser simpatizantes, podiam ser militantes mas era todo mundo dentro da área de atração dos partidos. A força dos partidos era muito forte".[32] Maria Ungaretti reitera "A maioria das mulheres integrantes do Círculo eram militantes de organizações políticas. Não tenho condições de precisar se eram refugiadas. Sei que no meu [sub]grupo éramos mais ou menos 50% de refugiadas políticas (Ângela Muniz, Helena Hirata, Suzana Albuquerque e eu). As outras estavam em Paris para estudar".[33]

Estavam presentes no Círculo, segundo os depoimentos, as seguintes organizações políticas: Campanha, MR-8 (Movimento Revolucionário 8 de Outubro), POC (Partido Operário Comunista) e PCBR (Partido Comunista Brasileiro Revolucionário).

A ideia de formação do Círculo partiu, como vimos, de mulheres vinculadas ao grupo Campanha. Este, embora fosse um grupo pequeno e, segundo os depoimentos, com pouca expressão na

---

31   Entrevista – Regina Carvalho.

32   Entrevista – Lena Lavinas.

33   Entrevista – Maria América Ungaretti.

colônia, foi talvez a primeira organização brasileira a se envolver, de forma mais próxima, com o movimento feminista francês, bem como com o seu ideário.

Regina Carvalho, militante desse grupo, relata que, convencidas da necessidade de ampliar o GBMR, elas lançaram a brochura e convidaram mulheres ligadas a outros partidos para se vincularem a esse novo grupo. O núcleo inicial era composto, fundamentalmente, por militantes de organizações no exílio.

Segundo documentos do Campanha, na primeira assembleia do Círculo, realizada em janeiro de 1976, compareceram aproximadamente 20 mulheres, "uma maioria de mulheres independentes, algumas militantes do MR-8, do POC, e nós [Campanha]".[34] Para o PCB, o Círculo tinha inicialmente a seguinte composição:

> A composição inicial do grupo que era dominantemente do Campanha (org. trotkista) e suas áreas próximas, foi lentamente se modificando, com a entrada de independentes e alguns grupos de mulheres pertencentes às organizações brasileiras, tais como o MR-8, que passaram a expressar a linha de suas organizações neste grupo.[35]

Através dos documentos e entrevistas podemos perceber que havia uma clivagem na esquerda brasileira no exílio em dois grandes blocos: para o grupo Campanha havia a "esquerda reformista" e a "esquerda revolucionária".[36] No primeiro bloco incluem PCB e Debate e no segundo Campanha, POC e MR-8. Para o PCB predominaria no Círculo um clima "cuja tendência ideológica e política hegemônica poderia ser caracterizada como de ultra-esquerda".[37]

---

34 DGC – v. I – "Balanço", s/d.

35 DPCB – II Ativo, fevereiro de 1977.

36 DGC – v. I – "Balanço", s/d.

37 DPCB – "Informes para a Comissão Feminina sobre o Círculo de Mulheres Brasileiras em Paris", janeiro de 1978.

Debate era um grupo que se articulava em torno de uma revista homônima que tem seu primeiro número publicado em 1970. Idealizada por um militante da VPR, João Quartim de Moraes, aglutinou em torno da mesma membros da esquerda brasileira refugiados na França. Pretendia ser um veículo unificador e um mecanismo a partir do qual fosse possível reorganizar o movimento revolucionário. Funcionou também como centro de estudos. Quarenta números foram publicados em 12 anos. Um aspecto que é importante destacar é que a revista se abriu para temas até então pouco frequentes na pauta da esquerda brasileira, como democracia, questão "racial" e "questão da mulher". Essa última temática foi abordada em 13 dos seus 40 números.[38] O primeiro artigo data de janeiro de 1975. Algumas das mulheres membros do grupo participaram do "Comitê" na França. Segundo Ângela Xavier de Brito, do Comitê formado na França saíram tanto algumas mulheres que formaram o Círculo como outras que fundariam o núcleo feminino do Debate, que segundo ela "era uma coisa próxima do partido mas não era o partido [PCB]".[39]

Cecília Comegno comenta suas percepções sobre a diferença entre PCB e Debate:

> o grupo Debate tinha uma característica muito diferente do da gente, era um grupo intelectual. Então era um grupo que estudava muito, elaborava muito, fazia muita análise, e trabalhos e textos, produzia análises sobre tudo. E nós não, nós vinculávamos a ação concreta, política, com algum estudo; o fim não era o estudo, entendeu.[40]

Perguntadas sobre a presença deste partido e do Debate no Círculo, as entrevistadas lembram-se vagamente da presença de

---

38 A questão foi abordada nos seguintes números: 17, 20, 24, 27, 29, 30, 31, 32, 35, 36, 37, 38, 39.

39 Entrevista – Angel Xavier de Brito.

40 Entrevista – Cecília Comegno.

uma ou outra militante. O PCB e o grupo Debate parecem ter tido uma participação muito limitada no Círculo.[41] As divergências não se resumiam a diferenças partidárias mas envolviam também debates sobre feminismo e objetivos do grupo. Ambas as organizações, segundo o grupo Campanha, teorizariam um feminismo "em cima de posições democratistas":

> Não são pela construção de um Movimento de Liberação das Mulheres. São por formas de org. de mulheres que lutem por melhores condições de vida, pelas liberdades democráticas. Portanto, diluem a importância da organização autônoma das mulheres para a construção desse movimento.[42]

Para o PCB, o Círculo seria "essencialmente anti-comunista" e existiriam "acentuados preconceitos contra o P.". Por esse motivo, as militantes deste partido, segundo documentos de janeiro de 1978, não se identificaram como tal quando atuaram no Círculo.[43] O Campanha, por sua vez, considera o PCB como "forças reformistas", "assistencialista" e "contra a autonomia do movimento".[44]

Segundo o Campanha, a entrada de mulheres das "forças reformistas" no grupo teria provocado alguns embates sobre a questão do papel do grupo:

---

41 Deste modo, ao contrário do que afirma Rosalina Leite, o Círculo teve entre os seus membros poucas mulheres ligada ao coletivo da revista Debate. Leite parece confundir em alguns momentos dois grupos distintos, o Círculo e membros do grupo Debate que discutiam a "questão da mulher". LEITE, R. *A imprensa feminista no pós-luta armada: os jornais Brasil Mulher e Nós Mulheres*. Tese (doutorado) – PUC-SP, São Paulo, 2004, p. 102.

42 DGC – v. I – "Balanço", s/d.

43 "Por motivos de ordem tática, nós, como militantes, somos obrigadas a atuar no Círculo sem nos identificarmos como militantes do P. Por isso, a posição do P. não pode ser levada à prática como o apoio de pessoas que poderiam simbolizá-la: ela precisa ser levada à prática abstratamente, de forma sutil mas muito bem definida e coerente. (...)" [DPCB "Informes para a Comissão Feminina sobre o Círculo de Mulheres Brasileiras em Paris", janeiro de 1978]

44 DGC – v. I – "Balanço", s/d.

> O crescimento sem controle permitiu a entrada de forças reformistas (ainda que até agora não organizadas) e de mulheres recém chegadas do Brasil influenciadas pelo 'feminismo democratista'. Aliás essas mulheres tentam canalizar a preocupação do Círculo para as iniciativas no Brasil, para propostas de apoio a elas, como retaguarda, desprezando a importância de um trabalho na colônia.[45]

Os documentos do PCB reforçam essas divergências, como se vê abaixo:

> Nossa orientação no círculo era de: fazer a luta ideológica contra o sexismo e propor discussões de releve para a luta das mulheres brasileiras, procurar sensibilizar o círculo com a solidariedade às lutas reais que as mulheres estão desenvolvendo no Brasil, sair dos problemas pessoais para colocar os problemas gerais, os problemas da maioria das mulheres e por esta via convencer o círculo da justeza de nossa orientação de que as mulheres devem lutar pela democracia no Brasil, como condição básica da luta por sua emancipação. (...) constatamos pior que há um problema de linguagem entre nós e elas que tem sido diferente: *nós queremos partir do geral e elas do individual*.[46]

Como vimos, este tipo de divergência estava presente também no Grupo Latino-Americano. Isso nos remete a uma importante questão para muitos grupos: a discussão sobre lutas principais e secundárias. A ideia de que o Círculo partiria do "individual" e o PCB do "geral" orbita nos termos como muitas vezes a esquerda se posicionava frente às reivindicações feministas. Retomaremos essa questão posteriormente.

Nos documentos de ambos os grupos políticos (PCB e Campanha) fala-se de disputa por hegemonia entre as forças partidárias. Infelizmente não dispomos de documentos internos de ou-

---

45   DGC – v. 1 – "Balanço", s/d.

46   DPCB – grifos meus.

tras organizações, além do PCB e de um balanço do Campanha, para acompanhar como se desenrolou esse processo.

A postura de muitas das organizações atuantes no Círculo parece ter sido, num primeiro momento, de vê-lo como uma área de atuação do partido, um espaço em disputa, postura que aos poucos vai sendo modificada pelas próprias militantes. Segundo as entrevistadas, o núcleo ativo do Círculo era constituído em sua maioria por militantes políticas que, de acordo com Ângela Xavier de Brito, viviam "constantemente dilaceradas entre duas lealdades: à organização política e à autonomia do movimento de mulheres, muito mais visceral".[47] Para muitas, o questionamento à postura das organizações não tardou a surgir entre as militantes partidárias, como afirmam diversas militantes:

> Estava muito claro para o grupo ampliado que nós elaborávamos antes como grupo, como partido político, como grupo político (...) Mas, por outro lado, éramos pessoas absolutamente apaixonadas por aquele trabalho sobre as mulheres e transcendíamos o que era discutido no Campanha.[48]

> A gente vai inicialmente como MR-8, mas a gente em seguida começa a discutir que não tem nada mais a ver[49]

> Viemos como militantes para influir desta ou daquela maneira. Só depois é que descobrimos, na própria dinâmica do grupo, que o movimento feminista é muito mais que a intervenção política num movimento de mulheres. (...) Acho que o grande salto que a gente deu nesse processo de grupo é não ver o Círculo como uma atividade política, não tentar intervir aqui assim ou assado.[50]

---

47 ROLLEMBERG, Denise. *Exílio: entre raízes e radares. Op. cit.*, p. 217.

48 Entrevista – Regina Bruno.

49 Entrevista – Ângela Muniz.

50 COSTA, Albertina *et al. Memórias..., op. cit.*, p. 420.

Essa atuação "mais partidária" dentro do Círculo foi diminuindo, segundo praticamente todas as entrevistadas, e aos poucos sendo substituída por uma postura de maior respeito à autonomia do movimento – processo nem sempre bem aceito pelas organizações.

> Naquele contexto havia uma discussão sobre a "dupla militância e havia uma disputa de direção. Essa era uma tensão e um conflito (...) Por outro lado, na minha visão, o Círculo tinha uma autonomia e uma resistência grande ao direcionamento. No conflito prevalecia os "valores" feministas tão fortes naquele momento da autonomia e horizontalidade. E os questionamentos profundos da "ordem patriarcal.[51]

> Eu acho que a autonomia não era pra essas mulheres, pra minhas companheiras, não era uma coisa de palavra que elas estavam usando... acho que havia uma luta de todas as mulheres, das que eram militantes e das que não eram militantes de organizações de esquerda, no sentido de preservar realmente a sua autonomia no Círculo (...) acho que elas não estavam ali querendo manipular, estavam ali realmente como militantes do Círculo preservando ... até talvez em algumas situações em confronto dentro das suas organizações mas preservando a autonomia das mulheres.[52]

Mas, para Sonia Calió, nunca se conseguiu colocar em prática uma verdadeira autonomia:

> nós achávamos que estávamos exercendo autonomia e eu acho que de certa forma a gente exercitou até aonde nós podíamos, porque autonomia mesmo, estando no movimento político partidário a gente não exercita.

> Manter autonomia do movimento e ao mesmo tempo ser de um partido político, que tinha uma estrutura de centralismo democrático, é impossível.[53]

---

51 Entrevista – Maria Betânia Ávila.

52 Entrevista – Eliana Aguiar.

53 Entrevista - Sonia Calió.

Um dos eventos que trouxe à tona a discussão sobre autonomia em relação aos partidos ocorreu em 1978. Foi a "Campanha de Solidariedade", lembrada com pesar até hoje pelas militantes do grupo. Tratava-se de uma campanha para arrecadar dinheiro para viabilizar a saída do Brasil de uma militante do Movimento pela Emancipação do Proletariado (MEP), Waleska, que estava sendo perseguida e corria risco de morte no país. Através de seus militantes, o grupo Campanha, que tinha ligações com o MEP, propôs que o Círculo encampasse o projeto. A proposta foi aceita e o Círculo passou a se mobilizar para conseguir dinheiro e apoio de grupos franceses. Waleska conseguiu sair do país. Não é possível afirmar a partir das entrevistas se todas ou somente parte das militantes do Círculo vinculadas ao grupo Campanha tomaram conhecimento da saída da militante. Mas, o Círculo, desconhecendo esse fato, continuou realizando a campanha. Uma integrante do grupo, vinculada a outra organização, divulgou, segundo alguns depoimentos, que Waleska já estava na Europa e que o Campanha sabia do fato mas nada fez para encerrar a atividade. Este momento é descrito como muito doloroso, marcado por choro e indignação. Nem mesmo as militantes do Campanha sabem explicar por que a verdade não foi declarada e por que não se encerrou a campanha (se por motivos de segurança, tentativa de mobilizar o Círculo num momento de pouca atividade, intenção de arrecadar dinheiro...). Os depoimentos sobre o episódio são marcados por um desconforto,[54] particularmente no caso daquelas que tinham vinculação com o Campanha. Passa-se a impressão de que a história ficou mal resolvida até hoje. Esse evento é interpretado muitas vezes, por aquelas que o vivenciaram, como uma ingerência do grupo Campanha, uma demonstração da fragilidade da autonomia do Círculo. Apesar das suas consequências no Círculo, este não encerrou suas atividades, mas, foi um detonador

---

54 Uma das entrevistadas pediu que desligasse o gravador e perguntou o que eu já sabia sobre o caso antes de começar a falar.

do grupo Campanha, que perderia muitas de suas militantes e praticamente deixou de funcionar logo depois desse evento.

ATIVIDADES PÚBLICAS

A primeira atividade pública do Círculo parece ter sido uma *soirée*, realizada em 1976, aberta à colônia sobre "o problema da mulher e o feminismo" com o objetivo de socializar algumas discussões realizadas no seio do grupo e sensibilizar mulheres da colônia brasileira para a questão. Nesta, foi projetado o filme o *Sal da Terra*, realizada uma exposição de trabalhos dos subgrupos e um debate. Além disso, foi divulgada a "Carta Política" do grupo. O Círculo se empenhou nesta atividade, como forma de sensibilizar a comunidade para a questão:

> Pessoas se deslocam de uma casa para a outra na *Cite Universitaire*. Cinco horas e o filme vai ser depois da exposição, às oito (...) Três, quatro de nós no trabalho de colar o imenso painel cheio de pequenas reproduções de pintores impressionistas e conformam a vida de uma mulher desde que nasce até que vira vovó. Manet, Degas, Gauguin, Van Gogh, Lautrec entre outros, vão se sucedendo, mostrando que também na pintura vemos os reflexos do condicionamento da mulher: nas suas posturas passivas, de modelos, experimentando vestidos ou tocando piano. Quando ativas, cortando pão e legumes. 'Será que vai ser mal interpretado?' Junto aos Cézanne, Sisleys, Monets e outros estão os ditos populares dos para-choques dos caminhões no Brasil e também pedaços de letras de música: 'ser mãe é padecer no paraíso', 'Amélia é que era mulher de verdade...[55]

A partir dessa primeira atividade pública, surgem as questões sobre se o grupo deveria ou não fazer atividades desse gênero e qual peso teriam essas. O dilema do grupo parece ser bem expresso por

---

55 DCM – v. V – "O nosso Círculo ou tudo começou em 75". *Boletim do Círculo de Mulheres*, 1978.

uma de suas militantes quando pergunta: "Nos lançamos, 'partimos pro pau' ou esperamos, estudamos, nos preparamos mais e depois veremos esse problema?".

O ano de 1977 é marcado por um crescimento e consolidação do grupo. O Círculo é convidado para diversos eventos na comunidade exilada e junto ao movimento feminista francês. Numa restrospectiva das atividades do grupo, as militantes caracterizam 1977 como uma "nova fase" e o Círculo participa de diferentes atividades ao longo desse ano "o Congresso de mulheres na Iugoslávia, as jornadas do CBA, o meeting *Parole aux femmes d'Amerique Latine*, o *Rencontre Internationale de Femmes*, a manifestação do 1º. de maio.[56]

Um balanço do grupo Campanha reafirma a importância desse ano. O Círculo é descrito como uma "realidade dentro da colônia" e uma "força polarizadora de debates" e prossegue: "Cada vez mais mulheres procuram o Círculo como resposta as suas expectativas, buscando uma alternativa de trabalho".[57]

Em relação às atividades na "colônia", encontramos panfletos como "Companheiras e companheiros brasileiros no exterior"[58] e referências a atividades como a participação de um dia de solidariedade ao povo brasileiro organizado pelo Comitê Brasil Anistia (CBA) em junho de 1977 no qual participa de debates e divulga o grupo por meio do panfleto *"Le Cercle des femmes brésiliennes"*.[59]

O Círculo manteve contatos estreitos com o movimento feminista francês. Através da bibliografia dos textos e dos grupos de estudos, pode-se perceber que este procurava acompanhar as discussões e teorizações desse movimento. Mas, o contato não se limitou à leitura de textos, o grupo procurou sempre manter-se em contato com os grupos feministas franceses. Para Regina Bruno, o

---

56   DCM – v. I, s/d.

57   DGC – v. I – "Balanço", s/d.

58   DCM – v. V – "Companheiras e companheiros brasileiros no exterior".

59   DCM – v. IV – "Le Cercle des femmes bresiliennes", junho de 1977.

Círculo estava "de frente e não de costas para o que estava acontecendo ali na França". Nas entrevistas encontramos muitas referências a este contato:

> Eu acho que a gente tinha uma relação muito estreita. Elas nos chamavam para os encontros delas, – no Mutualité – que é um lugar bem de encontro e de crítica – e nós participávamos de encontros delas, de manifestações pela legalização do aborto...[60]

> O Círculo procurava se inserir no movimento, procurava se integrar... era um momento muito forte do movimento francês, um momento de pique, era um movimento que existia, um movimento social constituído por vários grupos, mobilizações (...) O Círculo se alimentava dessa riqueza, procurava reuniões, seminários, chamava debates, estava presente nas passeatas, no 8 de março...[61]

Há menções ao MLAC (*Mouvement pour la liberté de l'avortement et de la contraception*), com o qual fizeram estágio, ao *Planning Familial*, ao jornal *Pétroleuses* e às mulheres da LCR. A última é recorrentemente citada nas entrevistas, particularmente pelas militantes do grupo Campanha. Nos documentos encontramos diversas referências a materiais dessa organização. Mas, embora o Círculo tenha se aproximado mais da tendência "luta de classes", seus contatos não se restringiam a essa parte do movimento, como se vê. Segundo Maria Betânia:

> Os contatos eram variados: tinha pessoas que também participavam de grupos de militância feminista francesa.[62] Outras tinham contato permanente. E com certeza todas participavam das grandes mobilizações, passeatas, debates do movi-

---

60 Entrevista – Lena Lavinas.

61 Entrevista – Regina Bruno.

62 Angela Arruda fazia parte de um "groupe de quartier". Sonia Calió participou do movimento de mulheres da LCR.

mento feminista francês. Mas os contatos eram, sobretudo, com as correntes do movimento autônomo e com as mulheres feministas da LCR. Bem, na minha referência. Mas acho que houve também grupos que tinham contato com as socialistas e do partido comunista.[63]

Sobre algumas atividades feitas com o movimento feminista francês, Ângela Muniz rememora:

> Eram atividades públicas (...) nós montávamos nossas barracas, expúnhamos o trabalho que a gente fazia, artigos ou faixas nossas, a gente se fazia presente, nesses encontros a gente se fazia presente pra divulgar nossa luta, era isso, principalmente pra divulgar a nossa luta, a gente não estava ali pra ganhar os franceses, a gente não estava ali pra ganhar massa de brasileiras, a massa das brasileiras estava no Brasil, a gente estava ali pra se fazer conhecido, pra divulgar uma luta que a gente achava importante, esse era o nosso papel, nos conscientizarmos e divulgarmos a nossa luta.[64]

Pensando em termos cronológicos, um primeiro evento que parece ter proporcionado maior contato com o feminismo francês foi a campanha de denúncia do estupro de uma brasileira na Bélgica. Em novembro de 1976 elas assinaram um panfleto com a *Coordination de Groupes de Quartier Parisiense*. Há alguns textos, escritos em francês, sobre essa questão.

Sobre a participação no *Rencontre Internationale de femmes* (1977), elas comentam que participaram de diferentes comissões, venderam material, distribuíram panfletos, recolheram assinaturas exigindo a liberação de presos políticos (enviadas a Geisel). Ainda segundo o relato presente nos documentos, este evento teria permitido um aprofundamento do contato com alguns grupos franceses e com mulheres latino-americanas.

---

63 Entrevista – Maria B. Ávila.

64 Entrevista – Ângela Muniz.

194   MAIRA ABREU

O evento *Parole aux Femmes de L'Amerique Latine* promovido pelo jornal *L'Information des femmes* como parte das comemorações do 8 de março de 1977 reuniu, segundo Araújo,[65] 500 mulheres latino-americanas e francesas.[66] O encontro contou com a participação de mulheres argentinas, colombianas, uruguaias, guatemaltecas e chilenas. Somente as chilenas e as brasileiras estavam organizadas enquanto grupo segundo documentos do Círculo.

O Círculo preparou uma brochura *Parole aux femmes du Brésil* (41 p.) em francês com o objetivo de denunciar "a exploração específica da mulher no Brasil". Foram traduzidos editoriais do jornal *Brasil Mulher e Nós Mulherese* traçando um histórico das lutas da mulheres no Brasil e textos sobre a situação da mulher no Brasil. Este evento permitiu um estreitamento de laços com os grupos franceses e uma aproximação com mulheres latino-americanas:

> O encontro dos grupos de mulheres latino-americanas foi sem dúvida um momento muito rico em nossa luta. Serviu para nos aproximar ainda mais, mostrando uma vez mais que as fronteiras de nossos países não significam nada no que diz respeito à nossa opressão.[67]

Deste encontro surgiria a Coordenación de *Mujeres Latinoamericanas*, do qual o Círculo fez parte. No jornal *L'Information des femmes* há um texto assinado pelo grupo de mulheres latino-americanas que se formou nesse evento comentando a reunião:

---

65   ARAÚJO, Ana. "Hacia una identidad latinoamericana – Los movimientos de Mujeres en Europa y América Latina". *Nueva Sociedad*, n. 78, 1985, p. 92.

66   Sobre este evento Ana Araújo comenta "Assim, no ano de 1976, a instância do movimento de mulheres "Luta de classe" na França realizaria um encontro no *Mutualité* (centro de reuniões políticas e sociais no bairro Latino em Paris), que reuniria mais de 500 mulheres latino-americanas e francesas. O encontro, cujo nome era "La Parole auxFemmes de l'Amérique Latine", seria o começo do grupo de mulheres latino-americanas em Paris que existe até hoje [1982]. Esse grupo; criado em 1976, tem como antecedente uma revista, Nosotras, que existiu no começo dos anos 70". ARAÚJO, A. "Hacia una identidad latinoamericana...". *Op. cit.*

67   DCM – v. v – "Agora é que são elas. Jornal do Círculo de Mulheres Brasileiras", 1979.

> O contingente foi importante e a sala B da Associação (onde acontecia o encontro) estava cheia, fundamentalmente, de mulheres; algumas camaradas latino-americanas e francesas, conscientes da importância da reivindicação feminista, inseridas na dialética da luta de classes, estavam igualmente presentes.
>
> O encontro teve início com uma exposição comum na qual era claramente estabelecida a situação de opressão e de exploração que a mulher viveu na sociedade latino-americana, sociedades, por todas as partes, apoiadas e sustentadas pela repressão, regimes ditatoriais sem nenhum apoio social, países sem visibilidade no seio do sistema capitalista.[68]

O grupo realizou algumas atividades com o Círculo. Encontramos nos documentos do Círculo três panfletos frutos dessa parceria: *"Les femmes latinoamericaines dans la rue"* (Mulheres latino-americanas na rua); *"Proposicion del grupo latinoamericano de mujeres: Tribunal internacional"* (Proposições do grupo latino-americano de mulheres: Tribunal internacional) em 1978 e *"Femmes latinoamericaines"* (Mulheres latino-americanas) distribuído no 1º de maio de 1978.

Consta como um dos objetivos do Círculo "Estreitar laços com os grupos de mulheres latino-americanas e buscar maior contato com os outros grupos de mulheres brasileiras no exterior, no sentido de uma atuação conjunta".[69] É interessante notar que o Círculo procurou também manter alguma forma de contato com outros grupos de mulheres estrangeiras em Paris. Como exemplo podemos citar a atividade *8 heures ensemble: on discute des luttes des femmes"* (Oito horas juntas: vamos discutir a luta das mulheres) no qual consta a discussão *"Nous, les femmes étrangères, nos groupes à Paris* (Nós, mulheres estrangeiras, nossos grupos em Paris) e um convite a todas as mulheres estangeiras organizadas em Paris – "mulheres negras, as algerianas,

---

68   *L'Information des femmes* n. 16, de abril de 1977.

69   DCM – v. v – Boletim do Círculo de Mulheres Brasileiras em Paris, maio de 1978.

as latino-americanas".[70] Entretanto, não encontramos registros sobre contatos com outros grupos de mulheres estrangeiras em Paris.

Ainda sobre o contato com outras mulheres latino-americanas, cabe mencionar as atividades de um centro de orthogenia. Nos documentos do Círculo aparece a seguinte explicação sobre o que seria um "centro de orthogenia":

> um centro de orthogenia quer dizer uma permanência cada – dia com médicos e médicas da colônia para enfrentar problemas como informações sexuais, informações sobre contracepção etc. Não tendo em vista somente informações e à medida do avanço dessa atividade, poderíamos organizar bate papos mesmo nestas permanências sobre esses assuntos. E inclusive esse centro de ortogenia poderia manter um estreito relacionamento com o MLAC (troca de experiências, informações, cooperações etc.).[71]

Após contatos com o MLAC e a cessão de um espaço pelo *Planing Familial*, em 1977, essa ideia se concretizou. A primeira atividade – *8 heures ensembles: on discute des luttes des femmes*– parece ter se realizado em junho de 1977. O "centro de orthogenie", como elas chamavam, pretendia, segundo o panfleto que divulgava essa atividade:

> responder ao desejo de ter um local de encontro, de informação, de coordenação e iniciativas de luta: encontro de mulheres, lugar de informação para as mulheres que não são vinculadas a nenhum grupo através da criação de 'permanências', documentos sobre contracepção, aborto, auto-exame.[72]

Sobre essas "permanências" comenta Sônia Calió:

> Nessa sala a gente fazia nossas reuniões e seguiam os plantões delas (...) As paramédicas ou médicas que elas tinham

---

70 DCM – v. II – *8 heures ensemble: on discute des luttes des femmes.*

71 DCM – v. II – Discussão sobre a prática do Circulo feita num subgrupo.

72 DCM.

atendiam as mulheres e a gente fazia um grupo de reflexão com a mulher sobre aquela situação vivida, se era violência o que ela viveu, o que era... Trabalhávamos com ela isso.[73]

O público, segundo Calió, não se restringia a brasileiras, "eram mulheres que não tinham condições financeiras. Lá não se pagava nada e se tinha uma boa consulta".[74] Sobre essa atividade, o Grupo Latino-Americano comenta no boletim *Herejias*:

> Depois de múltiplos ensaios e discussões o grupo Ortogenia (informação sobre aborto, contracepção e sexualidade) começou a funcionar às quartas às 8 da noite no local do Planning, 94 Bd. Massena, Paris 13, Metro Porte de Choisy. "Estávamos com o Círculo de Mulheres Brasileiras, com o qual queremos organizar uma permanência aos sábados à tarde."[75]

PUBLICAÇÕES

Ao longo da existência do grupo diversos materiais foram produzidos. Diferentemente do Grupo Latino-Americano, que publicou um boletim durante dois anos, o Círculo publicou um número de boletim, um número de jornal e diversas brochuras.

O boletim, publicado em 1978, é composto por uma série de materiais produzidos pelo grupo entre 1977 e 1978, sobretudo no seio dos diferentes subgrupos. Ainda nesse ano, o grupo produz um material intitulado "Pochette" (imagem 6) composto também por materiais diversos (propostas de trabalho, textos de subgrupos, cartas enviadas à jornais brasileiros, panfletos etc.) e que constitui uma espécie de "memória" do Círculo. O material foi vendido para a comunidade exilada.

---

73 Entrevista – Sônia Calió.

74 Entrevista – Sônia Calió.

75 *Herejias* n. 2, março de 1979, p. 5.

No início do ano de 1979, sairia o primeiro e único número do jornal do grupo: "Agora é que são elas". A publicação começa com uma entrevista com um membro do jornal feminista *Les Temps des Femmes*, abordando as diferentes campanhas pela legalização do aborto com ênfase nas discussões sobre o tema realizadas no Encontro dos Grupos de Mulheres Latino-Americanos sediado em Paris no mês de fevereiro daquele ano. Há uma sessão "Alô Brasil", com notícias sobre grupos feministas (Sociedade Brasil Mulher, Associação de Mulheres, Centro do Desenvolvimento da Mulher) e eventos ligados à condição feminina realizados no Brasil, entre eles, o Congresso da Mulher Paulista e uma "Semana da Mulher", organizada pelo Centro Acadêmico de Ciências Humanas da Universidade de Campinas e realizada nesta universidade em outubro de 1978.[76] Encontramos, ademais, uma lista com diversos títulos de livros publicados no Brasil sobre a questão da mulher. Nesse jornal consta a informação que já haviam sido vendidas 500 unidades da Pochette e que elas tentariam trocar jornais *Brasil Mulher* por essa brochura, que seriam vendidas, promovendo assim uma divulgação de ambas as iniciativas.

Também no ano de 1979, o Círculo publica o dossiê *Quelques questions sur la situation de la femme aujourd' hui au Brésil* (Algumas questões sobre a situação da mulher hoje no Brasil - Imagem 8). São 27 páginas em francês de informações sobre diversos grupos de mulheres existentes no Brasil (Centro da Mulher Brasileira, Clubes de Mães, Centro de desenvolvimento da mulher brasileira e Movimento feminino pela Anistia) imprensa feminista (Brasil Mulher e Nós Mulheres) e encontros de mulheres (Encontro Nacional de Mulheres e 1º Congresso da Mulher Paulista).

O Círculo publicou também artigos em revistas francesas, com o objetivo de divulgar a situação da mulher brasileira. Em ja-

---

76 Esse evento é aclamado como uma das primeiras vezes que se debate a questão do feminismo numa Universidade no Brasil.

neiro de 1977 publica um artigo no jornal *Rouge*,[77] denunciando as esterilizações forçadas promovidas pela Benfam (Sociedade Civil Bem-Estar Familiar). Nessa mesma época, publicam um artigo sobre o próprio grupo na revista ISIS *International Bulletin* intitulado "Feminism and Latin America".[78] Em 1978, conclamam o movimento feminista francês a se mobilizar pela libertação de cinco mulheres presas em Portugal por motivos políticos na revista *Cahiers du féminisme* nº 9 (abril-maio 1978). Também em 1978, escreve um artigo na revista feminista *Histoire d' elles*,[79] criticando o livro *Brasileiras*, publicado pela *Editions Des Femmes*.

Além disso, foram confeccionados diversos panfletos durante toda a sua existência sobre os quais comentamos ao longo deste capítulo. Muitos deles são de denúncia da ditadura militar brasileira, pedindo libertação de presos e, particularmente de presas, e de divulgação de atividades do grupo.

---

77   Coordination du groupe de femmes brésiliennes. "Contrôle de la natalité ou stérilisation forcée?". *Rouge*, 18/01/1977.

78   "Feminism and Latin America". ISIS International Bulletin, n. 6. Winter 1977/1978.

79   *Histoire d'elles*, n. 5, março-abril, 1978.

Imagem 5 – Capa da "Pochette"

Imagem 6 – Capa "Parole aux femmes du Brésil"

Imagem 7 – Capa "Quelques questions sur la situation de la femme aujourd'hui au Bresil"

REFERÊNCIAS TEÓRICAS E CONCEPÇÃO DE FEMINISMO

Antes mesmo do exílio, algumas mulheres já haviam tomado contato com uma literatura que questionava os padrões de feminilidade e problematizavam a opressão feminina. Mas é somente no exílio, em meio à efervescência dos movimentos feministas norte-americanos e europeus que produziram e suscitaram uma ampla literatura feminista, que essas leituras passaram a estar na ordem do dia para uma parte das mulheres que descobriam o feminismo e buscavam respostas às suas inquietações políticas e existenciais.

É perceptível a preocupação do Círculo com o debate teórico. Ainda assim, as referências são escassas e restritas a alguns poucos documentos internos – resumos, breves apontamentos, planos de estudos, dentre outras – dificultando a apreensão da profundidade e frequência dessas discussões, embora os depoimentos e alguns poucos documentos internos aludam ao teor de algumas delas.

Já no GBM foram realizados, segundo documentos do grupo Campanha, um programa de trabalho e estudos além de contatos com o movimento feminista francês. Evelyn Reed, Elena Belloti, Reich e Cooper são algumas/uns das/os autoras/es citados.[80] O primeiro plano de estudo elaborado pelo Círculo parece ter sido proposto em março de 1976. Movimento autônomo, movimento feminista e luta de classes, feminismo no Brasil, imprensa feminista, sexualidade são alguns dos temas invariavelmente citados nos planos elaborados ao longo da existência do grupo.

Se não é possível afirmar que as militantes do Círculo se reivindicavam marxistas, os depoimentos sugerem que estas se consideravam pertencentes ao campo mais amplo da esquerda e que tinham, como referencial teórico, muitos autores que se filiavam ao marxismo, ainda que suas leituras não se restringissem a estes.

---

80   DGC – v. 1 – "Balanço", s/d.

Aparentemente, na tentativa de realizar um estudo retrospectivo dos escritos socialistas sobre a mulher, figuram nos documentos do Círculo autores como Flora Tristan, August Bebel, Clara Zetkin e Alexandra Kollontai. Esta última foi, certamente, a mais revisitada pelo movimento feminista dos anos 1960-1970. Autora de propostas inovadoras para a época, criticava o mecanicismo com que muitos socialistas tratavam a questão da mulher e propunha a discussão sobre sexualidade, dentre outros temas considerados tabus naquele momento.

Mas, a tônica das discussões do grupo é dada pelas formulações do "novo" feminismo que se desenvolve a partir de meados dos anos 60. Nas entrevistas, algumas autoras são particularmente destacadas. Simone de Beauvoir foi, para muitas, o primeiro contato com a questão. *Du cote dês petites filles*, de Elena Belotti,[81] é lembrado por praticamente todas as entrevistadas. Sheila Rowbotham e Juliet Mitchell são também evocadas. As revistas publicadas pelo movimento feminista também exerciam um importante papel nas reflexões do Círculo; menciono aqui algumas citadas nos documentos: *Les Cahiers du* GRIF, *Questions Féministes, La revue d'en face, Cahiers du féminisme, Histoire d'elles, Le Temps de Femmes*. Os materiais produzidos pela LCR – publicações, resoluções de congresso, revistas (*Cahiers du féminisme* e *Critique Communiste*) – foram, segundo algumas entrevistadas, de grande valia para o Círculo.

Sheila Rowbotham e Juliet Mitchell parecem ter sido particularmente relevantes na elaboração teórica do grupo. As duas feministas inglesas procuram discutir o feminismo a partir de uma perspectiva socialista. Ambas criticam a forma como tradicionalmente a esquerda tratou a questão e consideram que deveria haver uma renovação do marxismo. Para Juliet Mitchell,[82] embora os socialistas do século XIX

---

81 BELOTTI, E. *Du côté des petites filles*. Paris: Des femmes, 1974.

82 MITCHELL, J. *La liberation dela mujer. Op. cit.* e "Mulheres: a revolução mais longa". *Civilização Brasileira* n. 14, julho de 1967.

colocassem a questão da mulher em suas obras e sublinhassem sua importância, estes não a "resolveram teoricamente" e suas limitações não foram superadas posteriormente. Rowbotham, no mesmo sentido, defende que questões capitais, relacionadas à condição da mulher, permaneciam sem resposta no marxismo e a resolução desses problemas não poderia ser buscada nas obras de Marx e Engels, mas na ampliação "[d]a teoria marxista a fim de fazê-la uma parte da práxis revolucionária feminina". O movimento feminista, por si só, não poderia propor uma alternativa acabada, pois é necessariamente parcial, mas poderia trazer importantes contribuições relacionadas a novas formas de organização (questão da horizontalidade, da democracia direta, dentre outras), no que toca a relação movimento social/partidos e principalmente uma nova forma de ver a questão da mulher. Em *Féminisme et Revolution*, que consta entre os livros lidos pelo grupo, Rowbotham levanta uma série de inquietações que também estão presentes no Círculo: Sendo a subordinação da mulher anterior ao capitalismo, poderia uma revolução socialista, concebida no sentido de mudança no regime de propriedade alterar essa situação? A condição sócio-histórica específica das mulheres gera a necessidade de uma ação revolucionária específica? Se sim, sobre que bases essa ação poderia ser eficaz?

O contato com essa literatura e com o movimento feminista francês alteraria uma certa concepção do feminismo que muitas tinham ao chegar na França. O feminismo era visto frequentemente de forma pejorativa e era associado a um movimento pequeno-burguês que lutava por uma igualdade formal nos marcos do capitalismo, não atingindo, portanto, a raiz das desigualdades entre homens e mulheres. Mesmo depois dos primeiros contatos com o movimento feminista francês havia ainda uma certa reticência em reivindicar-se como feminista. O documento que chama a criação do Círculo "Por uma tendência *feminina* e revolucionária" (ênfase minha) não menciona, em nenhum momento a palavra feminismo, assim como a Carta Política, que fala em "movimento das mulheres" e "luta pela emancipação da mulher". Esse tipo de tomada de posição está ligado a uma série de fatores: a imagem estigmatizada do feminismo, a rejeição da luta feminista pela maioria dos setores de esquerda, determinada concepção de revolução etc. Aos poucos, a partir do contato com uma nova forma de tratar a questão, essas posições vão se alterando.

Percebe-se também ter ocorrido inicialmente um certo distanciamento em relação a suas próprias vivências. A opressão da mulher parecia algo que dizia respeito somente a uma "outra mulher" abstrata, quase uma "entidade sociológica", na qual a "analista social" não se incluía, como elas próprias relembram:

> Podíamos assumir sociologicamente a luta das mulheres, das que estavam lá longe, mas assumir que nós mesmas, que, ainda pior, no exterior, também fazíamos parte da metade da humanidade que sofre no seu dia-a-dia a condição de ser mulher era ainda mais complicado.[83]

As discussões no seio do grupo e o maior contato com o movimento feminista francês foram, certamente, fatores de mudança nessa postura. As integrantes do grupo passam a buscar discutir também suas próprias experiências, suas vivências enquanto mulheres, e não somente a situação da mulher no Brasil, o nascente movimento feminista brasileiro etc. Um documento de 1978 descreve como as próprias militantes vivenciaram essas mudanças:

> Há quase três anos que estamos organizadas enquanto Círculo de Mulheres Brasileiras. No início, dizíamos: é importante conhecer e reconhecer as particularidades que assume a condição de mulher no Brasil e de aportar a nossa solidariedade às lutas que elas travam. As questões começaram a se colocar: nós? e a nossa vivência? nossa experiência

---

83   DCM – v. v – "O nosso Círculo ou tudo começou em 75", *Boletim*, 1978.

enquanto mulheres? nossa consciência feminista? quais as relações entre nós, feministas brasileiras vivendo no exterior, e o movimento que se iniciava em nosso país?[84]

Mas, a forma de assumir o feminismo era, em muitos momentos, feita de forma defensiva, particularmente no início do grupo. Isso se explica, em grande parte, pelo contexto no qual essas mulheres estavam inseridas. A comunidade exilada e as organizações de esquerda, geralmente, não viam com bons olhos o movimento feminista. A aceitação do feminismo por estes setores foi um processo lento e tortuoso.

Segundo documentos do grupo Campanha, tanto a esquerda revolucionária como a esquerda reformista, por volta do ano de 1975, colocavam as seguintes questões: "validade ou não do feminismo, necessidade ou não da organização autônoma das mulheres. Tudo isso regado com uma grande dose de desconfiança sobre a capacidade política desse movimento".[85] Devido a esse contexto, o Círculo precisou reafirmar recorrentemente sua concepção "*revolucionária*" de feminismo, diferenciando-se de outras correntes do movimento. O feminismo, afirmavam, não implicava uma "guerra entre os sexos" e nem o abandono da perspectiva revolucionária. Na Carta Política, provavelmente o primeiro documento público do Círculo, elas afirmam: "Nosso objetivo não é separar, dividir, diferenciar nossas lutas das lutas que conjuntamente homens e mulheres travam pela destruição de todas as relações de dominação da sociedade capitalista"; "A luta contra nossa opressão específica se integra à luta contra um sistema no qual o homem também é oprimido" – afirmam, diferenciando-se de uma perspectiva "sexista":

> A organização de nós mulheres contra nossa opressão específica, vinculada ao processo de luta do proletariado permiti-

---

84 DCM – v. v – "Feminismo x natureza feminina", *Boletim*, 1978.

85 DGC – v. 1 – "Balanço", s/d.

> rá a criação de novas relações coletivas se opondo sob todos
> os terrenos à ideologia dominante, e permanece como um
> objetivo até o surgimento de uma humanidade desalienada
> no senso mais geral do termo

A postura de constante autojustificação era fortemente influenciada pela necessidade de definir, perante as organizações e a comunidade exilada, em que campo político estava o Círculo. Para Regina Carvalho:

> a necessidade da afirmação marxista foi muito no início, para que nós não fôssemos renegadas por nossas respectivas organizações. É dizer: olha aqui, nós somos marxistas, nós somos socialistas, nós vamos fazer a revolução, não se preocupem! Estou um pouco fazendo uma caricatura.[86]

Aos poucos, esse quadro sofreu alterações, tanto por influência do contexto de efervescência feminista na França, como também, de alguma forma, pela própria existência do Círculo, que levou para dentro da colônia de brasileiros a temática feminista. Nesse contexto, a reafirmação de posições políticas "mais gerais", gradativamente, cede lugar a discussões mais particulares: "se é pra construir desde hoje, por onde? (...) e hoje na educação como é que a gente transforma isso, a questão da sexualidade...".[87]

Essa mudança, para Regina Carvalho, está relacionada a uma convergência de fatores: um maior contato com o MLF, uma maior aceitação do Círculo por parte das organizações de esquerda, diminuindo, assim, a necessidade de reafirmação de posturas socialistas, a entrada de novas militantes e a mudança de postura das antigas militantes do Círculo.

Uma "tomada de consciência feminista" é descrita como um processo coletivo, que surge a partir do contato com outras mulhe-

---

86 Entrevista – Regina Carvalho.
87 Entrevista - Regina Carvalho.

res e da percepção de uma situação de opressão comum. Era um momento de perceber que "o problema não era só meu, que várias outras mulheres também sentiam isso",[88] como relata uma delas. É a partir do contato com outras mulheres que se forja uma nova "consciência". Diversos são os depoimentos que enfatizam o caráter coletivo dessas "descobertas" e a importância do contato com o movimento feminista francês:

> Pouco a pouco, ao longo das nossas discussões (sobre o que lemos, sobre o que vivemos), tomamos consciência de sermos mulheres, de sermos oprimidas e exploradas. Essa tomada de consciência foi também possível Graças às lutas conduzidas pelo Movimento feminista internacional e, manifestamente, pelo MLF francês.[89]

> Progressivamente, nós nos encontrávamos para os debates, as trocas de ideias sobre o que havíamos lido, vivido, finalmente nos sentíamos ser mulheres, ser exploradas, sem perder a visão global da sociedade.[90]

> Eu acho que o grande mérito do feminismo é ter conseguido agrupar a gente. Conseguimos ver que os nossos problemas individuais não eram só nossos. Eram de todas as outras mulheres. Foi o contato com o movimento feminista aqui na França que fez com que nos identificássemos e nos aproximássemos umas das outras.[91]

> A transformação é exatamente quando você se coloca como mulher nessa história e você se sente dentro do movimento (...) e estar dentro do movimento é se sentir tão mal, tão oprimida como todas as outras mulheres (...) Acho que o

---

88 COSTA, Albertina *et al. Memórias..., op. cit.*, p. 417.

89 DCM – V. II.

90 DCM – V. II.

91 COSTA, Albertina *et al. Memórias..., op. cit.*, p. 415.

salto que a gente deu... Foi descobrir que estávamos todas oprimidas, que nos sentíamos mal na própria pele.[92]

Assim como apresentamos no capítulo anterior, o sentimento de semelhança é expresso em alguns textos do grupo e depoimentos a partir da ideia de uma dor e opressão compartilhada. "Estar em movimento é se sentir tão mal, tão oprimida como todas as mulheres", afirma Regina Carvalho acima. Ser mulher é algo que está profundamente relacionado a compartilhar uma experiência de opressão. É a condição de serem "oprimidas", de sentirem "na própria pele" essa realidade que as une. Por isso, caberia às mulheres tomar a dianteira dessa luta, porque "não há melhores defensores de uma causa que suas próprias vítimas", "porque fomos nós que fomos segregadas, caladas, obrigadas a submeter-nos ao macho" e fundamentalmente porque "só nós fomos capazes de compreender nossa própria opressão e transformar a consciência em luta". Essa ideia é reafirmada em diversos momentos. Como exemplo, cito a Carta Política do grupo:

> Ninguém melhor que o oprimido está habilitado a lutar contra a sua opressão. Somente nós, mulheres, organizadas autonomamente, podemos estar a frente dessa luta, levantando nossas reivindicações e problemas específicos.[93]

O grupo parte da ideia de que há uma opressão específica, que não se confunde com a opressão de classe, e que seu combate requer instrumentos mediatórios específicos. A própria razão de existir do movimento feminista é dada por essa especificidade:

> Se não tivesse a opressão específica a tarefa seria mobilizar as mulheres apenas para as lutas gerais pois o comba-

---

92 *Ibidem*, p. 420.

93 DCM – v. I – "Carta Política", 1976.

te único seria contra a exploração capitalista (de homens e mulheres).[94]

A relação da luta de classes com a luta das mulheres foi alvo de diversos debates. Elas questionam "Existe diferenças entre feminismo e luta de classes? "O que é uma discussão feminista?"; "A luta da mulher é uma luta do proletariado? Em que aspecto não é?".[95]

A defesa de uma especificidade da opressão feminina não as conduziu à ideia de uma homogeinização das "mulheres". Para o Círculo, haveria profundas diferenças de classe que permeariam este grupo. Deve-se ressaltar que encontramos nos documentos do grupo diferentes maneiras de se tratar a questão. Por um lado, há posições que consideram que, apesar das diferenças de classe, haveria um "ponto comum" que uniria as mulheres. A luta feminista aparece, assim, como transcendendo fronteiras de classe, sem, entretanto, negar a existência das mesmas. Abaixo um exemplo:

> Existe entre nós diferenças de classes e de cultura, que devemos levar em conta. Nós sabemos que os interesses imediatos de uma patroa não são os mesmos que os de uma empregada doméstica. Nós decidimos ir a fundo nos nossos problemas. Nós pertencemos a diversas classes sociais e nossas situações são, pois, muito diferentes. Mas, guardadas as devidas proporções, temos um ponto em comum: nós nos revoltamos por sermos mulher.[96]

Mas, em outros momentos, a questão é posta de forma diferenciada. A opressão é apresentada como um fenômeno que não é homogêneo e que assume diferentes modos e graus de acordo com a classe social. Disso, conclui-se a impossibilidade de uma união de todas as mulheres contra uma opressão "comum".

---

94 DCM.

95 DCM – v. III – "Sistematização de questões levantadas na última assembleia – autonomia do movimento feminista", s/d.

96 DCM.

> Consideramos entretanto, que essa opressão, embora específica, não se reflete da mesma forma para todas as mulheres de modo a permitir uma mesma unidade na luta e na organização.[97]

> A opressão das mulheres toca diferentemente cada classe social de um lado se combina com privilégios, de outro com exploração. Não consideramos portanto, que existam questões exclusivamente femininas que unificariam todas as mulheres numa luta comum contra uma opressão comum.[98]

Sobre essa polêmica, documentos do PCB relatam:

> Surgem discussões em que se diz que a opressão específica da mulher é sofrida por todas as classes, pois há uma superioridade e privilégios dos homens sobre elas; e a exploração é de uma classe sobre a outra, independentemente do sexo.

> A partir da constatação da opressão que é comum a todas as mulheres, surgem colocações no sentido de que deve haver uma solidariedade feminina, uma irmandade a unir todas as mulheres. Essa afirmação, no entanto, deixa de considerar a existência da exploração, que contrapõe as mulheres da classe dominante. (...)"[99]

As oscilações quanto a essa questão estão relacionadas não somente a mudanças de posição dentro do grupo, mas, parece-nos, refletem as dificuldades teóricas e práticas de se articular luta de classes e luta feminista. Dificuldades que muitas outras militantes de esquerda também tiveram. Muita tinta correu nos anos 1970 e 1980 sobre essa discussão. Uma união que chegou a ser chamada "casamento infeliz", o debate sobre a relação entre marxismo e femi-

---

97   DCM – v. I – "Carta Política" – junho de 1976.

98   DCM – v. II – "Carta Política" – junho de 1976.

99   DPCB - "Temas que aparecem no Círculo de Mulheres Brasileiras em Paris e sobre os quais devemos elaborar uma posição", fevereiro de 1978.

nismo foi de grande importância nesse contexto, seja para promover uma união, seja para fomentar um divórcio.

A posição que parece predominar no Círculo é que haveria dois tipos de opressão: uma geral, relacionada à dominação de classe, à exploração da classe capitalista, que atinge homens e mulheres, e outra específica da mulher, que antecede o capitalismo, mas que pode servir a seus propósitos. Ambas, portanto, estariam imbricadas e não seria possível desvincular totalmente a luta contra essas duas formas de opressão. O feminismo era concebido pelo Círculo como uma dimensão essencial da própria luta socialista, ideia sintetizada na palavra de ordem: "Não há socialismo sem libertação da mulher e não há libertação da mulher sem socialismo".

A percepção de uma opressão específica das mulheres parece também não tê-las conduzido à utilização do conceito de patriarcado, ausente nos documentos do Círculo, privilegiando termos como "machismo" e "opressão específica da mulher". Embora algumas feministas socialistas/luta de classes também utilizassem o conceito de patriarcado, é possível que a ausência deste refletisse uma tentativa de distanciamento do feminismo radical/revolucionário e da perspectiva segundo a qual o patriarcado seria uma esfera autônoma que mantém com o conjunto das relações de classe uma relação de exterioridade (tal como defendiam alguns setores do feminismo). Também não as conduziu a uma visão de que esta constituiria uma esfera autônoma em relação à luta de classes. O movimento feminista, defendem, deve se situar "em relação a essa luta" pois "a luta contra nossa opressão específica se integra à luta contra um sistema que oprime tanto homens como mulheres.".

Mas essa luta deve ser autônoma. Autonomia, para o Círculo significava não somente a organização das mulheres e a independência em relação aos partidos políticos. Uma militante do Círculo assim define autonomia:

> A autonomia do movimento não é sinônimo apenas de especificidade ou de não mixidade. Ela se define pela capacidade que o movimento tem de elaborar, e decidir suas reivindicações, lutar por elas, construindo uma força social a partir da luta contra a sua opressão específica.[100]

Autonomia representava também a possibilidade de uma crítica feminista à política. Esta crítica deveria "revolucionar" a política, "dar-lhe forma e conteúdos novos". O Círculo critica a política tradicional, que separa o público do privado e considera este de menor importância, e defende que nesses fatos cotidianos e aparentemente desprovidos de importância, estão presentes elementos do que convencionalmente se chamava de "grande política". À crítica feminista caberia romper com a ideia de que o poder está localizado somente no Estado, "politizar o quotidiano e romper a separação público/privado: contra as formas moleculares de poder, contra a separação artificial entre as reivindicações específicas e as reivindicações mais gerais da sociedade".[101] Para Eliana Aguiar, esse aprendizado marcou sua trajetória no Círculo:

> você começa falando do *vécu* e daqui a pouco você está discutindo política (...) a partir de sua experiência pessoal você começa de repente a descortinar a vida política e a participar da vida política a partir daquilo e não ao contrário, vem alguém, sei lá, alguém que vai te ensinar a política ou que vai te trazer a política, a política está ali na sua vida e a partir dali você começa a perceber um monte de questões que não te ocorriam antes...[102]

A luta, enfatizam, deve ser contra todas as "relações de dominação". Assim questionam a prática mecanicista que consiste em adiar a luta contra a opressão feminina para depois da revolução:

---

100 DCM – v. III – Carta de Regina Carvalho, 30 de maio de 1978.

101 DCM – v. III – "Porque um movimento feminista autônomo", s/d.

102 Entrevista – Eliana Aguiar.

> Recusamos uma prática mecanicista que consiste em subordinar a luta ideológica contra os valores da burguesia à transformação última e definitiva das bases materiais da sociedade burguesa. As ideologias sobrevivem e desempenham um papel conservador no interior de uma sociedade – os aspectos ideológicos da opressão feminina (a mulher objeto sexual, a mulher apolítica, a mulher resignada) – servem para perpetuar e reproduzir as relações sociais da sociedade capitalista burguesa.[103]

Essa posição aparece também nas entrevistas como um importante elemento do grupo:

> A mulheres começaram a dizer não, depois não, é impossível você pensar numa sociedade no futuro igualitária, libertária, sem tratar da questão da opressão das mulheres, da opressão dos negros, da opressão dos homossexuais desde agora, tem que estar no projeto, não tem que estar depois, porque se não você vai estar fazendo torto desde o começo.[104]

> Eu acho que a gente foi muito influenciada, em termos organizacionais, pela crítica que se fazia naquele momento aos partidos de esquerda, às organizações de esquerda, toda a crítica ao stalinismo, toda crítica que se fazia então à ideia de que havia uma contradição principal na sociedade e que devia ser resolvida, que era a contradição de classe (...)... é como se resolvendo essa principal o resto viria por si mesmo e toda a experiência histórica tinha mostrado que não era bem assim, que as lógicas de opressão e de exploração se interconectavam mas não de uma maneira mecânica, você não resolvia uma através da outra, havia um imbricamento.[105]

Nesse quadro, a revolução é tomada não como uma mudança meramente institucional. O processo revolucionário não mais se

---

103 DCM.

104 Entrevista – Eliana Aguiar.

105 Entrevista – Sônia Giacomini.

limitaria à tomada do poder e à estatização dos meios de produção, não seria

> uma conquista definitiva e acabada, que se realizará num futuro longínquo, mas um longo processo de rupturas no qual se inserem as pequenas lutas que enfrentam o poder burguês e apontam para uma sociedade de novo tipo, anti-autoritária, auto-gerida e profundamente democrática.[106]

A organização autônoma das mulheres é fundamental nesse processo, garantindo que suas reivindicações sejam parte das plataformas de lutas e que estas não sejam atropeladas por questões consideradas mais relevantes.

> A contribuição mais importante do movimento de mulheres à luta revolucionária é integrar desde hoje a dimensão feminina nas lutas por uma nova sociedade: abandonar a divisão entre o político e o privado, imprimir à concepção de democracia um novo caráter que implique na transformação das relações entre homem e mulher.[107]

O feminismo representaria uma luta revolucionária por questionar "todas as relações de dominação que estão na base do sistema de dominação como um todo: a família, o casal, a escola, os partidos políticos, enfim, a essência das relações humanas." Apesar de representar um questionamento das bases fundamentais de todo o sistema, o feminismo não seria capaz de levar a cabo um luta contra o capitalismo, daí a necessidade da organização revolucionária. Mas esse movimento tem o papel de levar a questão da mulher para o movimento operário e para a organização revolucionária. Assim, defendem que as lutas feministas se integrem à plataforma de lutas mais amplas. É a ideia de dupla militância, ou seja, a militância feminista concomitante à militância em organizações políticas.

---

106 DCM – v. III – "Porque um movimento feminista autônomo", s/d.

107 DCM – v. III.

ALGUNS TEMAS DE DEBATE

O Círculo, ao longo da sua existência, abordou nas suas reuniões, panfletos e materiais de divulgação uma série de questões. Nas entrevistas, alguns temas são recorrentemente mencionados como sexualidade, anistia, educação. No volume III dos documentos do Círculo, intitulado "principais temas de debate" constam 4 temas principais: 1- autonomia do movimento de mulheres e feminismo; 2- violência contra a mulher; 3- Anistia; 4- Jornais feministas brasileiros (Brasil Mulher e Nós Mulheres).[108] Sem nenhuma pretensão de esgotar os temas, apresentaremos algumas facetas das discussões sobre algumas das questões mencionadas.

Sexualidade

Sexualidade era um tema que tinha forte presença no movimento feminista francês – incluindo aqui questões relacionadas ao corpo, violência, aborto, contracepção, estupro dentre outros – e que teve um lugar privilegiado nas discussões do Círculo. Para Beth Vargas "nós tínhamos uma sede de falar sobre sexualidade".[109] A discussão sobre o corpo parece ter sido o eixo central organizador dessa temática. A disciplinarização dos corpos, a visão do corpo feminino unicamente a partir de sua função reprodutiva, a ignorância da mulher sobre seu próprio corpo, o poder médico sobre este mesmo corpo são temas que aparecem tanto no grupo como no feminismo francês em geral. Essas questões eram objeto privilegiado de um

---

108 Um documento do PCB de fevereiro de 1978, identifica alguns dos principais temas de debate no seio do Círculo: 1- Diferença entre opressão e exploração, 2- A autonomia do movimento feminino, 3- Ideia da superioridade da mulher em relação ao homem, 4- A família, 5- O problema da necessidade de coerência entre a posição política dos militantes de esquerda e o seu comportamento na vida privada, 6- A sexualidade. [DPCB "Temas que aparecem no Círculo de Mulheres Brasileiras em Paris e sobre os quais devemos elaborar uma posição", fevereiro de 1978].

109 Entrevista-Elisabeth Vargas.

subgrupo, o "sexualidade' ou *"Picpus"*,[110] que parece ter sido um dos mais ativos do Círculo, mas permeava também os mais diferentes assuntos, vivências e questões discutidas no Círculo como um todo. Eliana Aguiar relembra a ponte que se fazia entre a discussão política e a vivência de cada uma:

> Eu me lembro que uma das coisas mais importantes, de mais impacto que o Círculo fez, foi todo o trabalho com todas as mulheres de autoconhecimento do corpo. Por isso então você tinha toda uma discussão dentro do Círculo sobre o poder médico, que mantém as mulheres na ignorância do seu próprio corpo... que com toda aquela terminologia afasta disso, então se fez um trabalho pessoal, cada uma, de autoconhecimento do corpo, de olhar, de examinar, de ver como é que é, de falar sobre isso.[111]

A ideia de descobrir o próprio corpo, de tematizar a sexualidade, os tabus, aparece como uma necessidade imperativa:

> É tempo de assumir nossa sexualidade. De refutar a relação com o nosso corpo modelada pelo prazer masculino. Não queremos mais nos sentir muito magras ou muito gordas, muito grandes ou muito pequenas. Nós não queremos mais seguir o modelo estereotipado de um corpo que para nós mesmas é cheio de dúvida e insatisfação mas que serve docilmente ao prazer do outro. Nós queremos a liberdade e a plenitude do prazer sexual sem a angústia solitária de atingir as regras. Nós queremos abortar quando é necessário sem nos sentir culpadas, sem pagar preços exorbitantes e inacessíveis. Nós nos opomos ao poder médico que nos intimida

"Nosso corpo nos pertence" era um lema do movimento feminista. Era necessário reapropriar-se desse corpo, conhecê-lo, tocá-lo, fazê-lo fonte de prazer, desvinculá-lo da reprodução,

---

110 *Picpus* é o nome de uma estação de metro em Paris. Era provavelmente a região na qual ocorriam as discussões desse subgrupo.

111 Entrevista – Eliana Aguiar.

afirmavam. Era preciso criticar o poder médico que detém o conhecimento sobre o corpo, disciplinando-o e justificando a hierarquia entre os "sexos", que utilizando-se de uma linguagem técnica e de difícil acesso afastava esse conhecimento das mulheres. Conhecimento que se ancorava numa "natureza feminina" vendo os corpos femininos unicamente como o lugar da reprodução. Vulgarizar as informações "médicas", incentivar o autoexame, enfim, "tomar em mãos o corpo" se colocava como bandeira. Estar bem com seu próprio corpo era outro lema. Era uma forma de recusar a imposição de um padrão estético para as mulheres, padrão que não era produto de um desejo de autorrealização das mulheres, mas que estava em função do prazer e dos desejos masculinos:

> Nós vamos buscar toda a informação que sempre nos foi negada. Nós vamos tatear o nosso corpo, descobrir o prazer, buscá-lo ativamente nas nossas relações sexuais. Nós vamos conversar, soltar mesmo a língua, chorar juntas a dureza de jogar fora essa bagagem de opressão. Nós vamos rir muito juntas, meio espantadas ainda, a cada avanço, a cada nova sensação.[112]

A ignorância da mulher sobre seu próprio corpo e a repressão da sexualidade serviria aos interesses do capitalismo, que teria assim em mãos o poder de impulsionar ou reprimir a natalidade quando conveniente. Nesse sentido, era imperativo desvincular o sexo da reprodução e, por isso, lutar pela legalização e gratuidade dos métodos contraceptivos e do aborto:

> Assumir a contracepção vai ser a nossa primeira forma de dizer que não aceitamos mais a sexualidade reprimida, que nós temos um corpo que nos dá prazer, que responde à sensualidade das relações, da vida, e que isso não se enquadra em regras, em leis de autoridade. Esse assumimento vai ser o

---

112 DCM – v. II – "Por um aborto e uma contracepção livre e gratuita", s/d.

primeiro passo no sentido de desfazer na prática a implicação obrigatória entre o nosso sexo e a reprodução.[113]

O grupo começa a se reunir após as primeiras vitórias em relação à legalização do aborto na França. No entanto, a situação no Brasil é marcada não somente pela proibição do aborto mas também por políticas de controle de natalidade promovidas pela Benfam (Sociedade Civil Bem-Estar Familiar) que impunham métodos contraceptivos a mulheres pobres – sem lhe dar opções quanto ao uso de outros métodos – e que promoviam esterilizações sem o conhecimento e consentimento das próprias implicadas. Essa situação é denunciada pelo grupo:

> Para as feministas brasileiras, o problema do controle das mulheres sobre seus corpos e sobre a maternidade é um problema essencial que exige posições claras e resoluções distintas daquelas propostas pelos partidários da burguesia e da contracepção forçada:
> – Nem obscurantismo clerical e submissão secular das mulheres às maternidades "fatais"!
> – Nem apoio a essa forma de violência do corpo das mulheres que é a esterilização definitiva sem o seu consentimento.[114]

Além disso, o sexo não podia ser encarado como uma obrigação pelas mulheres ou como a satisfação de um desejo incontrolável dos homens. Por isso afirmam que "quando uma mulher diz não, é não!". O estupro, exercício de dominação levado ao extremo, é duramente criticado, assim como toda tentativa de culpabilização da mulher, manifestação dessa mesma dominação. Essa questão tornou-se candente para o Círculo com o caso de estupro sofrido por uma brasileira na Bélgica. O Círculo se mobiliza intensamente para o julgamento, entrando em contato com o movimento francês e belga. Nesse processo, a mulher se integra como militante do Círculo,

---

113 DCM – v. II – "Por um aborto e uma contracepção livre e gratuita", s/d.

114 Coordination du groupe de femmes brésiliennes. "Contrôle de la natalité ou stérilisation forcée?". *Rouge*, 18/01/1977.

o que, segundo ela, foi fundamental para a superação do trauma e questionamento da culpabilização:

> ...todas essas conversas me possibilitaram digerir essa coisa muito bem, de uma maneira, com muita rapidez e se transformou pra mim numa página virada, numa coisa do passado, uma experiência horrorosa e tal, mas acabada, não ficou como uma coisa pesada, uma coisa mal resolvida.[115]

O contato desta com o Círculo e as questões que isto suscitou são lembradas pelas entrevistadas como um importante marco para o grupo.

Por fim, cabe mencionar que o grupo se posicionava contra uma essencialização do feminino. Já no primeiro documento, elas afirmam que seria a sociedade de classes a responsável por "transforma[r] diferenças biológicas entre homens e mulheres em opressão cultural, sexual, política e social".[116] A diferença biológica só seria utilizada para hierarquizar e oprimir dentro de um contexto específico, a sociedade de classes. Mas não encontramos textos sobre a questão.

Educação e teatro

O tema educação foi também objeto de reflexões no Círculo. Somente um texto sobre o tema encontra-se entre os documentos do grupo, mas essa questão é lembrada pelas entrevistadas. Invariavelmente citam *Du coté des petites filles*, de Elena Belotti, como um livro importante nas discussões do grupo. Nessa obra, Belloti analisa os estereótipos e os condicionamentos sofridos por mulheres e homens na primeira infância para se conformar a um modelo de feminilidade e masculinidade, mostrando diversas situações nas quais se evidenciam como esse processo, que começa ainda

---

115 Essa militante está entre as entrevistadas mas omitimos o seu nome.

116 DCM – v. 1 – "Por uma tendência feminina e revolucionária", novembro de 1975.

na gestação, se desenvolve e como noções de agressividade e docilidade, espírito de competitividade, criatividade e independência são continuamente reforçados ou reprimidos em meninos e meninas.

O subgrupo educação objetivava discutir o papel da mulher na educação, a educação como forma de reproduzir "papeis sexuais", não só por intermédio da escola, mas da família e meios de comunicação. Sobre essas discussões lembra Regina Carvalho:

> Então eu, por exemplo, estava num grupo de escola, da educação, educação de crianças e nessa época surgia na França muita publicação, muita literatura infantil feminista. *Les bombones*[117] eu nunca me esqueço...[118]

O teatro também foi uma atividade realizada pelo Círculo como "instrumento de luta e de liberação da mulher". A partir da ideia de fazer uma peça de Augusto Boal – *Mulheres de Atenas*–, algumas mulheres formaram o subgrupo teatro no final do ano de 1977. Segundo elas, esse trabalho trazia questões importantes tais como: um trabalho com o corpo permitindo uma "liberação criadora de emoções bloqueadas, ao mesmo tempo que nos conduz a uma avaliação dos limites e da força de nossa expressão", um contato maior e direto com as integrantes do grupo; além de permitir a busca de "novas formas de expressão, de uma nova concepção de trabalho teatral e de uma linguagem especificamente feminista" e uma tentativa de romper com a exclusividade masculina na atividade criadora. Independente do resultado final,[119] afirmam, esse trabalho teria proporcionado muitas descobertas:

---

117 Regina Carvalho faz referência ao livro publicado pela Editions Des Femmes Rosa bombonne, cujas autoras são Adela Turin e Nella Bosnia. Essa editora tinha uma coleção Du côté des petites filles que publicava literatura infantil feminista (Des Femmes – Catalogue 1974-1979).

118 Entrevista – Regina Carvalho.

119 Um documento de maio de 1978 indica que a ideia original de representar a peça de Boal parece não ter se concretizado, dado que não conseguiram o roteiro com o autor. À época, pensaram em apresentar A casa de Bernada Alba, de Garcia Lorca.

A procura de novas formas de expressão, de uma nova concepção de trabalho teatral e de uma linguagem especificamente feminista – o que, para um grupo que se inicia tanto em feminismo quanto em teatro, é uma tarefa no mínimo "assaz" pretensiosa – nos levou a concluir que, qualquer que fosse o resultado do nosso trabalho, desde que nos colocássemos enquanto mulheres conteria necessariamente a problemática feminista, porque esta somos nós.[120]

Trabalho doméstico

O trabalho doméstico foi uma questão amplamente discutida pelo feminismo desse período. O Círculo acompanhou esse debate e procurou posicionar-se. Essa questão está presente desde os primeiros documentos. Na Carta Política discutem a gratuidade do trabalho doméstico e sua importância para a reprodução do capitalismo:

todas essas horas são grátis e com isso o capitalismo economiza creches, cantinas, lavanderias, e todos os serviços sociais indispensáveis à vida da população. E isto só pode ser feito perpetuando as tarefas desigualmente, perpetuando a família como célula base e a mulher como serva no seio da família.[121]

O Círculo denunciava o trabalho doméstico como essencial para o sistema capitalista ao baratear os custos de reprodução da mão de obra. Ao resumir o texto "La femme au foyer et son travail dans le systeme capitaliste"[122] (A mulher dona de casa e seu trabalho no sistema capitalista) – o qual defende que o trabalho doméstico é um trabalho necessário à reprodução da força de trabalho mas não é produtor de mais-valia – o Círculo tende a concordar com a posição des-

---

120 DCM – v. v – "Subgrupo Teatro". *Boletim*, 1978.

121 DCM – v. I – Carta Política – junho de 1976.

122 COULON, M.; MAJAS, B.; WAINWRIGHT, H. " La femme au foyer et son travail dans le susteme capitaliste". *Critique communiste*, n.º 4, dez. 1975/jan. 1976.

se texto contra "Seccombe e outros que afirmam contraditoriamente que o trabalho da mulher produz valor, mas que está fora do jogo da lei do valor".[123] Sobre essa mesma questão, o Círculo, comentando o artigo de Christine Dupont (1970), pseudônimo de Christine Delphy, "*L'ennemi principal*", posiciona-se contra a ideia de dois modos de produção, o industrial e o familiar, proposta pela autora. Criticam também a ausência de uma diferenciação de classes e o que consideram ser uma consequência lógica de seu argumento, qual seja, a reivindicação de um salário para o trabalho doméstico. Contudo, sobre ambas as questões, o material do Círculo não é muito pródigo, dispensando um parágrafo de comentário para cada um dos artigos.

Realidade brasileira e feminismo no Brasil

A nacionalidade era um dos elementos agregadores do grupo, como procuramos mencionar. Entre os objetivos do Círculo, constava "estudar a realidade brasileira em todos os seus níveis"[124] e pode-se perceber a partir dos documentos que o Brasil era um tema recorrente. Denunciavam a ditadura militar brasileira (e, juntamente com a *Coordination de Groupes Femmes Latinoamericains*, as ditaduras latino-americanas), pediam libertação de presos políticos, reivindicavam anistia etc. Elas eram especialmente sensíveis à questão das presas políticas e enfatizavam o caráter sexista da tortura aplicada em mulheres:

> Nós, do Círculo de Mulheres Brasileiras, julgamos justo e necessário desenvolver uma campanha de apoio específico às prisioneiras políticas latino-americanas não somente pelas razões que nos levam a sermos solidárias com todos os prisioneiros políticos latino-americanos – homens e mulheres – mas também em razão da opressão específica que

---

123 DCM –"Resumo das discussões do subgrupo 'trabalho-Mulher'", setembro 1977.

124 DCM – v. 1 – Carta Política – junho 1976.

> elas sofrem enquanto mulheres, tanto nas prisões quanto na vida cotidiana.[125]

> Criemos um largo movimento de solidariedade entre as mulheres. Tomemos em mãos a luta pela liberação das mulheres prisioneiras.[126]

Outro objetivo apontado na Carta Política era "aprofundar de maneira sistemática os estudos realizados por nosso grupo sobre as questões feministas e a realidade brasileira" e, como era reafirmado em diversos momentos, "estabelecer laços permanentes com o movimento feminista de nosso país e levar-lhe uma solidariedade ativa através de uma contribuição efetiva ao seu trabalho: envio de material, análises, artigos sobre o movimento feminista internacional, divulgação do material publicado por eles etc".[127] O Círculo se mantinha atento ao que acontecia no Brasil, principalmente aos aspectos referentes à condição da mulher brasileira. Nas referências bibliográficas de alguns dos textos produzidos pelo grupo, encontram-se vários jornais, revistas e livros brasileiros. As militantes acompanhavam com grande interesse o surgimento dos primeiros grupos, primeiros jornais, congressos, eventos e publicações relacionados à condição da mulher no Brasil. Deve-se lembrar que o grupo surge no mesmo momento que diversos grupos começavam a se estruturar no Brasil.

Como vimos, em diversos eventos dos quais participou, denunciava a opressão da mulher brasileira, a situação das presas políticas, e divulgava os grupos e iniciativas feministas brasileiras. No evento "*Parole aux femmes d'Amérique Latine*", organizado pelo jornal *Information des femmes* em 1977, foi distribuído um conjunto de textos sobre a condição das mulheres no Brasil, abordando aspectos

---

125 DCM.

126 DCM.

127 DCM – "Le Cercle des femmes bresiliennes" – junho 1977.

da história do movimento de mulheres no Brasil, do problema do controle de natalidade, além de divulgar alguns editoriais dos jornais *Brasil Mulher* e *Nós Mulheres*. O Círculo também abordou questões relativas à condição das mulheres brasileiras em artigos publicados em revistas francesas e belgas.

Há um farto material sobre grupos de mulheres e feministas brasileiros e sobre eventos relacionados à questão entre os documentos do Círculo. Um resultado da ampla discussão sobre o tema é o dossiê já mencionado, que data de maio de 1979, "*Quelques questions sur la situation de la femme aujourd'hui au Brésil*" (Algumas questões sobre a situação da mulher hoje no Brasil).

Mas o Círculo não se limitou a tomar conhecimento dos grupos de mulheres e feministas brasileiros e divulgá-los no exterior, procurou também estabelecer contatos e trocar experiências, como lembra Ângela Muniz:

> Eu acho que a gente teve um apoio muito grande do movimento de mulheres no Brasil que começava a surgir. As mulheres começaram a ir para a França e levar material e a gente mandava material para as brasileiras, para os grupos que existiam aqui, começou a ter uma troca muito grande de divulgação do que a gente fazia lá e a gente divulgava o que elas faziam aqui.[128]

Mas, o apoio a essas iniciativas não implicava a ausência de críticas, entre as quais se destaca a da falta de autonomia.

> Nós víamos como um movimento ainda muito de dentro das organizações, com a postura que a gente vai pro Círculo quando cria, ainda considerando que a garantia da luta de classes, a garantia da organização política, a garantia de que o principal é trabalhar a questão da exploração da mulher.[129]

---

128 Entrevista – Ângela Muniz.

129 Entrevista – Ângela Muniz.

> ...o que eu me lembro das discussões no Círculo sobre o movimento feminista aqui era que se via muito essa questão da autonomia, que muitos grupos aqui no Brasil ainda não estavam vendo com clareza e não estavam defendendo a sua própria autonomia do movimento... era uma espécie de correia de transmissão de algum partido, então o partido tem um grupo tal...[130]

A imprensa feminista atraía muito interesse, particularmente os jornais *Brasil Mulher* e *Nós Mulheres*. Um subgrupo se estruturou em torno dessa temática, o "imprensa feminista". Este promovia leituras dos jornais, escrevia comentários sobre estes e chegou a contatar grupos responsáveis pelos jornais.

> Os jornais eram lidos, analisados, discutidos e havia uma comunicação com o Brasil. Os jornais chegavam por vias diferentes. Quem tinha acesso, socializava os jornais.[131]

> Eu participava do subgrupo imprensa feminista. Nossas tarefas eram relativas à leitura e discussão do material originado do Brasil sobre a situação da mulher. (...) O nosso grupo decidiu depois de uma assembleia que iríamos discutir sobre os artigos apresentados nos jornais femininos e feministas brasileiros, considerando o trabalho doméstico, a contracepção, a estrutura familiar, as representações ideológicas da mulher na vida cotidiana, na imprensa e a situação no mercado de trabalho.[132]

Mas, outros subgrupos também se dedicavam à tarefa. Beth Vargas, que fez parte do subgrupo sexualidade relembra essas atividades:

> O meu grupo, que era de sexualidade, analisava os jornais. Todos os grupos analisavam os jornais, fazíamos relatórios

---

130 Entrevista – Eliana Aguiar.

131 Entrevista – Maria Betânia D'Avila.

132 Entrevista – Maria América Ungaretti.

> e mandávamos, criticando o *Brasil Mulher* e elogiando o *Nós Mulheres*! Era sério (...) Já com uma visão completamente europeia, mulheres contra a carestia? Que babaquice! Homens e Mulheres contra a carestia, isso não é uma reivindicação das mulheres.[133]

Algumas das críticas feitas aos dois jornais em questão foram: a falta de um tratamento "do aspecto específico da luta das mulheres e de sua opressão na sociedade", o que permitiria construir "uma análise feminista dos problemas em todos os níveis"; a falta de artigos mais profundos sobre feminismo (a preocupação com o caráter didático inviabilizava um maior aprofundamento dos temas); e a grande hesitação dos jornais em abordarem temas considerados tabus; tal como educação sexual, prostituição, aborto, dentre outros. Mas, fazem elogios ao *Nós Mulheres*. Consideram que o jornal publicado em março de 1978 apresentaria avanços:

> 1- Ele define que a vanguarda da luta feminista deve ser a mulher trabalhadora, porque ela é oprimida como sexo e explorada como classe; 2- ele toma posição também sobre a autonomia e a especificidade do movimento de mulheres.[134]

Em relação ao *Brasil Mulher*, são mais duras em suas críticas. Criticam o jornal pela indefinição do público-alvo, pela demora em se reivindicar feminista (o que se concretiza somente no sexto número), pela ênfase excessiva nas questões mais "gerais" da sociedade em detrimento das "específicas" da mulher, pela falta de uma discussão sobre autonomia, pela abordagem sobre a questão do controle de natalidade – que ao criticar a política da Benfam (Sociedade Civil Bem-Estar Familiar) terminava por condenar todo e qualquer método con-

---

133 Entrevista – Elisabeth Vargas.

134 DCM – "La Presse Feminista au Brésil".

traceptivo –,[135] pela falta de posicionamento sobre o aborto, dentre outros pontos. Apesar disso, o contato mais estreito que conseguiram estabelecer parece ter sido justamente com esse jornal.

Há menções nos documentos a algumas tentativas de comunicação com jornais como *Brasil Mulher, Nós Mulheres,* mas também *Opinião, Movimento* e *Em tempo,* muitas vezes sem retorno. Nos documentos do grupo constam algumas: 1- carta de dezembro de 1976 enviada a jornais como *Opinião* e *Movimento* (sem resposta); 2- carta de novembro de 1977 "Aos jornais 'Brasil Mulher e Nós Mulheres"; 3-maio de 1978, "O nosso Círculo ou tudo começou em 75", enviado aos jornais *Movimento* e *Em Tempo* (que não responderam) e posteriormente enviado ao *Nós Mulheres.*

Trechos da carta de novembro de 1977 foram publicados pelo *Brasil Mulher* em março de 1978 (n. 11) com o título de "Uma crítica de Paris". Neste texto, o Círculo se refere principalmente às questões levantadas numa carta escrita conjuntamente pelos dois jornais "Comunicado dos jornais Brasil Mulher e Nós Mulheres", publicado numa edição extra do BM em abril de 1977:

> Somos um grupo de Círculo de Mulheres Brasileiras em Paris e queremos expor nosso ponto de vista sobre o Brasil Mulher, especialmente no que se refere ao comunicado publicado em abril de 1977, onde vocês afirmam que a luta pela emancipação da mulher 'faz parte da luta pela libertação do homem'. Compreendemos a libertação da mulher ligada a todos os indivíduos mas será que cabe à mulher um papel particular nessa luta ? (...) que só ela sofrendo uma opressão específica saberá reivindicar seus verdadeiros direitos? (...) Questões que nos dizem respeito, como contracepção, aborto, tarefas domésticas, podem fazer parte de uma reivindicação de homens e mulheres. Achamos que não! Homens

---

135 O Círculo é particularmente duro com um artigo que termina com uma frase de Eduardo Galeano que propõe contra o controle de natalidade "o direito natural das crianças a um lugar ao sol". *Brasil Mulher,* n. 4, 1976.

apoiarão eventualmente essas reivindicações. Mas elas são nossas e só nós poderemos conduzir a luta.[136]

Nos números seguintes à publicação da carta – n. 12, 13 e 14 – algumas integrantes do Círculo aparecem como colaboradoras do jornal em Paris.[137] No BM de número 13, na matéria "Faixas, cartazes, balões, canções que atravessam as avenidas", fala-se sobre uma manifestação nas jornadas de 8 de março, da qual o Círculo também fazia parte, e divulgam-se trechos do manifesto lançado pelo Círculo neste evento:

> O tempo de viver de outro jeito começou. Hoje, 8 de março, comemoramos nossa luta, comemoramos a tomada de consciência de milhões de mulheres que não querem mais ser como o fogo que queima sem saber. (...) Ignorando nosso corpo, nossa sexualidade, nossa própria vontade, nós acabamos por realizar a felicidade dos outros em detrimento da nossa própria felicidade(...) Chega de ser o 'segundo sexo'! Comemorar hoje o 8 de março é comemorar nosso combate contra toda opressão. E comemorar o movimento das mulheres enquanto movimento autônomo, que não apenas luta pela igualdade dos sexos, mas pela transformação das relações humanas, hoje baseadas na forma e na opressão.[138]

Consta no jornal do Círculo que o grupo solicitou o envio de 200 exemplares do jornal com o objetivo de difundi-lo entre a colônia de brasileiros e grupos franceses. Mas, lamentam que poucos exemplares estavam sendo vendidos.[139]

---

136 "Uma crítica de Paris". *Brasil Mulher*, n. 11, março de 1978.

137 As colaboradoras anunciadas são Lena Lavinas, Beth Lobo, Maria Helena Tachinardi (no número 12) e as mesmas mais Otília, Sueli Tomazini e Sulanos, números 13 e 14.

138 "Faixas, cartazes, balões, canções que atravessam as avenidas". *Brasil Mulher*, n. 12, maio de 1978.

139 DCM – "Agora é que são elas" – 1979.

Segundo Goldberg, o *Brasil Mulher*, a partir de 1978, teria se distanciado de uma concepção marxista mais "ortodoxa" em relação ao movimento de mulheres para se aproximar do que a autora chama de uma orientação "feminista socialista". Assim conseguiu preencher até setembro de 1979 o espaço jornalístico antes ocupado pelo *Nós* Mulheres, que parou de ser publicado em junho-julho de 1978: "Esta feminilização pode ser constatada por um alargamento dos conteúdos – trabalho doméstico, planificação familiar, aborto, corpo e sexualidade, a violência masculina são temas que começam a ser tratados pelo jornal entre os artigos e reportagens sobre 'lutas gerais' e sobre as reivindicações das trabalhadoras".[140] A coincidência entre essa mudança da orientação do jornal e o contato com as críticas do Círculo nos sugere que esse último pode ter tido um papel nesse processo [141]

Maria Betania Ávila descreve também um outro momento frutífero dessas comunicações. O jornal Repórter publicou em 1979 uma matéria sobre aborto. Um grupo de Recife, *Ação Mulher*, escreveu criticando a matéria intitulada "Cadê o pai do aborto?". O Círculo teve acesso ao jornal e escreveu uma carta de apoio à posição da carta do *Ação Mulher*. Quando Maria Betânia retorna ao Brasil ela se integra a este grupo que daria origem ao SOS-*Corpo*, grupo do qual ainda faz parte.

---

140 GOLDBERG, Anette. *Le dire et le faire feministe..., op. cit.*

141 Um número após a publicação da carta do Círculo, o editorial do *Brasil Mulher* de número 12 (maio 1978) anuncia "A partir dessa edição, o Brasil Mulher tem cara nova mas não muda seu conteúdo: continua preocupada com a luta pela libertação da mulher, especialmente a mulher trabalhadora".

ANOS FINAIS DO GRUPO

A "abertura" do regime militar brasileiro e a possibilidade, cada vez mais real, de retorno ao país colocaram algumas questões novas na ordem do dia. Essa conjuntura deu novo elã à discussão sobre o movimento de mulheres no Brasil e sobre a Anistia. A ideia de dar prossecução à militância feminista no Brasil também é outra questão que se impõe nesse período. Na apresentação da publicação *"Quelques questions sur la situation de la femme aujourd' hui au Brésil"*, elas descrevem o clima reinante nesse contexto:

> Mais do que nunca, nossos trabalhos, nossas reflexões e nossa militância são orientadas em direção ao Brasil. O Brasil se agita. Há lutas de todas as classes e setores populares contra a vida de miséria e de opressão que nos subjugaram durante esses 15 anos de ditadura militar.[142]

Sobre essa preocupação com o Brasil nos anos finais do Círculo encontramos nos documentos do PCB a seguinte descrição:

> Achamos importante ressaltar a preocupação que se constata atualmente na quase totalidade dos subgrupos, em realizar algum trabalho voltado para o Brasil. Há grande interesse em acompanhar o que se passa no Brasil em termos de movimentos de mulheres, e em participar dessas realizações, através de contribuições como o envio de material para o trabalho de massas, e o apoio financeiro aos jornais. Essa preocupação se revela também na escolha dos temas para discussão nas assembleias: na última assembleia discutiu-se sobre a imprensa feminina no Brasil, a próxima tratará sobre o feminismo e sua definição para países desenvolvidos e subdesenvolvidos, e se tentará aprofundar a discussão sobre o que deve ser o feminismo no Brasil; na assembleia seguinte, discutir-se-á a atuação da Benfam.[143]

---

142 DCM – v. v – *Quelques questions sur la situation de la femme aujourd'hui au Brésil*, maio de 1979.

143 DPCB.

No tema da Anistia, algumas integrantes do Círculo que faziam parte do CBA (Comitê Brasil Anistia), identificadas como S. e B.[144] propõem uma importante discussão da questão. Esta deveria abranger, não só os "delitos políticos", mas também alguns "delitos comuns", vinculados à condição feminina:

> Ao falar em delito comum, nós mulheres exigimos que se incluam os delitos especiais na luta pela Anistia geral e irrestrita. Queremos Anistia para as mulheres que abortaram e para as que fazem abortos, para as infanticidas, prostitutas, para as adúlteras e "mães desnaturadas que abandonam o lar[145]

O movimento de mulheres brasileiras é acompanhado com muito interesse – como já mencionamos. Não se tratava apenas de um interesse "teórico"; havia também um interesse de se integrar às lutas feministas brasileiras:

> Refugiadas ou não, nós mulheres do Círculo queremos ter o direito de ida e volta ao Brasil. Todas queremos, no Brasil continuar nossa luta nos incorporando no movimento feminista que lá recém começa e no conjunto das lutas políticas de toda a sociedade brasileira.[146]

A ideia de continuidade da militância levou o Círculo a organizar um "Ciclo de debates e formação feminista", no final de 1979, objetivando preparar o retorno das militantes, que ainda permaneciam na França, ao Brasil. As palestras versavam sobre diferentes formas de organização, imprensa feminista, autonomia e questões mais gerais sobre a opressão da mulher.

Além desse ciclo de debates, discutia-se a possibilidade do Círculo dar continuidade ao seu trabalho no Brasil. Otilie Pinheiro

---

144 Anotações posteriores feitas por Sônia Calió identificam as duas militantes como Sandra Castro e Beth Lobo.

145 DCM – v. IV – s/d.

146 DCM – v. V – "Companheiras e companheiros brasileiros no exterior", s/d.

relembra que o grupo trabalhou por dois anos para arrecadar fundos e materiais na Europa, para trazer ao Brasil. Sônia Calió relata que, pouco antes do retorno de algumas mulheres ao Brasil, foi realizada uma grande festa para arrecadar fundos destinados à compra de livros para levar para o Brasil. Estes livros formaram o acervo inicial do Centro Informação Mulher – cim – (contando, na verdade, com a participação de poucas militantes do Círculo) em São Paulo. Suzana Maranhão comenta sobre esse processo:

> Sônia Calió capitaneou várias reuniões do Círculo sobre a necessidade de um Centro de Documentação da Mulher no Brasil. Quando voltou de Paris para São Paulo, despachou, via marítima, uma grande quantidade de livros e pôsteres doados. Surgiu assim, o Centro Informação Mulher, que funciona até hoje, sendo depositário de todos os arquivos e documentos catalogados do Círculo de Mulheres em Paris.[147]

Na década de 1980, esse centro tornar-se-ia uma referência sobre feminismo no Brasil.[148] Seu acervo se ampliou com a doação de livros, periódicos e cartazes de movimentos feministas de diferentes partes do mundo. Cabe lembrar que foi graças a este arquivo, o único que possui todos os boletins de *Nosotras* e os materiais do Círculo de Mulheres, que essa pesquisa se tornou possível.

Em 1979, com o retorno maciço de suas integrantes para o Brasil, o grupo, pouco a pouco vai encerrando suas atividades. As últimas registradas nos documentos datam do final de 1979.

RETORNO AO BRASIL

Antes mesmo da Anistia uma parte da/os brasileiras/os começa a retornar paulatinamente ao Brasil. A volta era um momento de reintegração ao país de origem, situação marcada, para mui-

---

147 MARANHÃO, Suzana. "O exílio e o feminismo...". *Op. cit.*, p. 168, nota 3.

148 A ideia de fazer um arquivo similar no Rio com cópias do acervo de São Paulo não se concretizou.

tas/os, por um descompasso. Muitas/os exiladas/os passaram mais de dez anos longe do Brasil e encontraram um país bem diferente daquele que conheciam. Como lembra Regina Carvalho, "a gente vivia num mundinho que tinha um Brasil que não existia mais".[149] O processo de adaptação a essa nova realidade foi para muitas/os um processo difícil.

Para Regina Bruno havia um "desencontro muito grande" de trajetórias entre os que ficaram e os que saíram. Ela e outras entrevistadas relatam diversas situações onde esse descompasso era marcante, como, por exemplo, na discussão sobre aborto, na concepção de feminismo, na crítica ao stalinismo, dentre outras.

> Não era só no lado feminista, a gente tinha lá um questionamento sobre a esquerda, eu encontrava mulheres... pessoas questionando a União Soviética (...) já tinha um questionamento grande, a gente questionava Cuba porque o homossexualismo tem campos de concentração (...) e você chegava aqui e a sociedade ainda não estava discutindo isso.[150]

> Certas coisas que lá não tinham nem mais que discutir, já vinham, já iam por si só, já estavam entendidas e digeridas, se eu não digo na sociedade francesa, pelo menos no tipo de grupo que a gente frequentava, então você não tinha que arrancar, discutir e tal, chegou aqui as coisas ainda não eram assim...[151]

Em relação ao movimento feminista, esse "desencontro" era notório. Anette Goldberg relata que o tema de sua dissertação de mestrado *Feminismo e autoritarismo: A Metamorfose de uma utopia de liberação em Ideologia liberalizante* foi motivado pela "reação de estranhamento" que ela teve ao feminismo que encontrou após o seu retorno ao país em 1978. Cito um longo trecho da autora:[152]

---

149 Entrevista – Regina Carvalho.

150 Entrevista – Regina Bruno.

151 Entrevista – Eliana Aguiar.

152 GOLDBERG, Anette. *Feminismo e autoritarismo...*, op. cit., p. 2.

Movida por minha identificação com a esquerda brasileira no exílio e por minha 'conversão' ao feminismo efetuada no Círculo de Mulheres Brasileiras em Paris, buscava, naquela primavera da 'abertura', encontrar a militância onde faria a síntese dessas duas experiências, o espaço no qual poderia atuar segundo a orientação pela qual não haveria socialismo sem liberação das mulheres nem liberação das mulheres sem socialismo. Ora, o reencontro com mulheres de minha geração surpreendeu-me.

Chamou-me a atenção, por um lado, o fato de que a individuação de muitas delas tivesse sido um processo de grandes rupturas e crises pessoais sem que isso desembocasse em identicação com 'irmãs de gênero' e estimulasse o surgimento de um movimento de liberação. Ao contrário, várias das que eu apressadamente tendia a etiquetar como 'feministas', se referiam ao feminismo como 'coisa de sapatão' ou como 'movimento de esquerda fechado e careta'. (...)

Tudo me parecia fora do lugar. As 'novas mulheres' não se consideravam feministas, e as 'novas feministas' veiculavam uma concepção do político e uma maneira de fazer política vestusas, ainda que entre elas houvesse muitas sinceramente preocupadas com a melhoria da situação das mulheres ou dispostas a lutar por uma nova sociedade igualitária sob todos os aspectos. Nada disso tinha similitude com a ideologia que eu associava aos novos movimentos de liberação da mulher, surgidos na América do Norte e em países europeus desde o final dos anos 60: aqui pouco se utilizavam as categorias 'gênero' e 'patriarcado' na caracterização da situação das mulheres; a prática de grupos de auto-consciencia não era valorizada; a noção de autonomia e a ideia de experimentos sociais alternativos não apareciam no ideário feminista 'bom para o Brasil'.[153]

Esse "desencontro" é relatado por outras entrevistadas.

O país aqui estava lutando pela anistia, pelo fim do regime militar, pelos direitos elementares, e a gente vinha de um

---

153 *Ibidem*, p. 2.

movimento... de uma estrutura social, de uma sociedade civil muito mais rica em termos de expressão, de luta, expressão social.[154]

Alguns dos grupos que tinham aqui, que eram bem ligados a alguma organização eram grupos bem sindicalistas, que vinham lutar com as mulheres operárias- trabalho igual, salário igual – e que achavam que esse negócio de *vécu* (...) essa discussão da vivência pessoal de cada um nem passava pela cabeça. Então eu acho que nós tínhamos uma visão crítica do que estava se passando aqui e isso quando eu cheguei realmente se verificou (...) Mas tinham vários grupos, como o *Nós Mulheres* em eu militei, que já tinham bastante clareza sobre essa questão...[155]

Mas, sobre esse momento de chegada algumas militantes fazem uma autocrítica:

De alguma forma nós voltamos um pouco de salto alto, a nossa experiência, a nossa não sei o que, a nossa Europa, o nosso tempo lá numa situação e numa trajetória que aqui era outra. Existe um desequilíbrio entre quem ficou... um desencontro. Esse encontro a gente vai construindo aos poucos...[156]

Acho que a gente pode ter tido...certamente tivemos, uma postura muito arrogante de quem vem da França e quem sabe muito, mas com certeza a gente influenciou muito as discussões, acho que a gente tinha um acúmulo, conhecia uma bibliografia e acho que vai ser muito bacana, algumas vezes com conflito.[157]

A partir das entrevistas é possível perceber que o Círculo teve um grande impacto na vida das mulheres que dele fizeram parte. A militância no Círculo é descrita como um momento marcante na

---

154 Entrevista – Ângela Muniz.

155 Entrevista – Eliana Aguiar.

156 Entrevista – Regina Bruno.

157 Entrevista – Ângela Muniz.

vida daquelas que participaram do grupo, um momento enriquecedor e de "grandes descobertas", um divisor de águas. Eliana Aguiar descreve sua experiência no Círculo como uma "experiência fantástica", "um momento de abrir visões, de abrir portas". Para Beth Vargas "o Círculo foi uma maravilha na minha vida. Eu mudei completamente". Para Angela Muniz a participação no grupo demarcaria sua vida em "antes e depois do Círculo".[158] Outros depoimentos também enfatizam a importância do grupo:

> A percepção da opressão da mulher e da discriminação, ela veio na experiência e junto com outras mulheres no Círculo de mulheres, ela veio e ela irrompeu com uma força imensa (...) Pela primeira vez eu estava reivindicando algo que não era da sociedade e do outro, não era a condição da operária, era a minha condição de mulher.[159]

> Pra mim o que ficou do Círculo foi a possibilidade de discutir questões tão profundas com relação à minha vida, a compreensão que eu tinha do mundo e eu te diria que hoje é o que mais... o mais importante no exílio foi a minha vivência no Círculo. Eu acho que o Círculo me marcou profundamente, pelas discussões que a gente teve com as mulheres, a discussão sobre o que que eu era enquanto militante, como é que eu entendia a inserção da mulher no mundo, o que era ser mulher, o que era ser mãe, minha relação com as mulheres, com os homens... Eu acho que o Círculo é um marco na minha vida muito grande, é a coisa mais importante que eu vivi no exílio[160]

Para a maioria delas, o Círculo foi a primeira experiência de militância feminista, responsável por uma "tomada de consciência feminista" e por uma grande transformação na forma como essas passaram a ver a condição da mulher.

---

158 Entrevista – Ângela Muniz.

159 Entrevista – Regina Bruno.

160 Entrevista – Ângela Muniz.

> Eu acho que essa experiência do feminismo foi marcante pra todo mundo que teve contato com ela, pra quem militou no Círculo eu tenho certeza que foi marcante, (...) quem esteve lá, militou e fez parte mesmo foi certamente uma experiência que deixou marcas, que moldou um pouco o modo de ver o mundo das pessoas que participaram.[161]

> a experiência vivida lá fora foi determinada na minha definição feminista ela é tanto política quanto no campo profissional/intelectual. Trouxe também um grande impacto na vida pessoal.[162]

> Uma vez consciente de que mulher eu sou, não dá para voltar atrás, isto não existe. É uma caminhada só e para a frente, poucas de nós continuamos militante no movimento de mulheres, mas somos todas feministas.[163]

> [Participar do Círculo] Significou a possibilidade de perceber as pessoas (homens e mulheres) de forma diferente. Significou também mudanças importantes na minha vida. O contexto social, ou seja, a situação política e cultural vivida em Paris, contribuiu para que muitas mulheres, ou quase todas não posso precisar, voltassem para o Brasil com outra percepção do papel do homem e da mulher.[164]

O feminismo e sua crítica englobavam um conjunto de questões que não se limitavam à questão da mulher, o que por si só não é pouco. O feminismo alterou, ou pelo menos abalou, toda uma visão de mundo. Para Ângela Muniz "a questão do feminismo era muito profunda, era um rompimento muito grande, rompimento de concepção mesmo de construção de mundo".[165]

---

161 Entrevista – Eliana Aguiar.

162 Entrevista – Maria B. Ávila.

163 Entrevista – Elisabeth Vargas.

164 Entrevista – Maria América Ungaretti.

165 Entrevista – Ângela Muniz.

O impacto na militância político-partidária e na concepção de socialismo era evidente. O Círculo se insere, como procuramos mostrar, num amplo movimento de profundo questionamento da forma como a esquerda tradicionalmente tratava o que na época era conhecido como "questão da mulher". A percepção de uma opressão específica, a necessidade de um movimento autônomo dos partidos políticos, e outros aspectos da luta feminista sobre os quais já comentamos, reverberavam em toda uma concepção de revolução, do poder, da relação partido/movimentos sociais etc.

O Círculo foi também um espaço no qual surgem novas solidariedades, novas relações entre as mulheres, superando a competição e rivalidade. Para Glória Ferreira, essa teria sido uma contribuição fundamental do feminismo. Esse é um importante aspecto levantado pelas entrevistadas:

> Um dos elementos da dominação é desagregar o grupo dominado. Em qualquer grupo social dominado, o elemento da dominação é a desagregação, a desqualificação, então a gente compete (...) a gente compete pela beleza, a gente compete porque ela... é difícil construir solidariedades. Até hoje eu percebo isso, eu acho que ali, nós abrimos espaço pra construir amizades e solidariedades e romper com a desagregação e a competição (...) eu passo dez anos sem me encontrar com a Maria Bethânia e com a Eliana, com a Neide e quando eu encontro tem um bem-querer, uma coisa que foi construída nessa trajetória.[166]

> Eu acho que o grande mérito do feminismo é ter conseguido agrupar a gente. Conseguimos ver que os nossos problemas individuais não eram só nossos. Eram de todas as mulheres como nós. Foi o contato com o movimento feminista aqui na França que fez com que nos identificássemos e nos aproximássemos umas das outras. Não nos vemos

---

166 Entrevista – Regina Bruno.

mais como 'aquela rival', como a causa das nossas futuras desgraças, como 'a outra'.[167]

O Círculo exerceu também, em alguns casos um papel relevante nas escolhas profissionais. Sônia Giacomini, Maria Betânia Ávila, Lena Lavinas e Sônia Calió consideram que o contato com o Círculo foi importante nas suas escolhas profissionais e na eleição das temáticas de estudo ou trabalho. Outras militantes grupo, as quais não entrevistei –Elisabeth Souza Lobo e Helena Hirata – desenvolveram também estudos na área de gênero.

Mas a influência do Círculo não se restringiu àquelas que dele fizeram parte. O grupo, como parte de um amplo movimento feminista, foi um fator importante na mudança de postura da comunidade exilada e das organizações políticas brasileiras na França. Para Elisabeth Vargas, cujo entusiasmo pelo grupo é patente:

> nós ficamos famozésimas. A empatia do Círculo fez com que começasse a surgir estes grupos de outras exiladas, de outros países, mas que jamais chegaram nem perto porque nós éramos estonteantes. Tínhamos milhões de iniciativas e isso repercutiu nos homens.[168]

Eliana Aguiar enfatiza a importância do grupo para uma abertura para a questão na comunidade exilada:

> Eu acho que essa atuação do Círculo conseguiu abrir umas brechas, criar talvez... aumentar o espaço de consciência de que a opressão das mulheres não era um problema das mulherzinhas, (...) que era um problema de quem queria pensar a sociedade para poder modificar a sociedade. E eu acho que o Círculo conseguiu isso.[169]

---

167 COSTA, Albertina *et al. Memórias das mulheres..., op. cit.*, p. 415.

168 Entrevista – Elisabeth Vargas.

169 Entrevista – Eliana Aguiar.

Para Ângela Muniz, "os homens não saíram ilesos da experiência do MLF. O feminismo teria sido vivenciado pelos homens "de alguma forma, pelas suas companheiras, pelas suas organizações ou pela visibilidade que a gente conseguiu dar ao movimento" – opinião compartilhada por outras militantes, ainda que com ressalvas quanto à profundidade e à persistência das mudanças. Em relação aos companheiros/maridos/namorados das militantes esse ponto deve ter sido mais evidente. Como lembra Glória Ferreira, "a luta era interna" e estava presente nos diferentes momentos do cotidiano.

> É importante também salientar que o feminismo naquele momento trazia impactos fortes nas relações pessoais entre homens e mulheres. Que neste contexto também reverberava do público ao privado e do privado ao público. Lembrando a questão do feminismo 'pessoal é político'.[170]

> Eu não quero dar a impressão de que o Círculo teve um papel e os homens ficaram de repente revolucionários, mas eu acho que houve uma percepção de que se você fosse um marido opressor, se você não se questionasse como marido, você não era revolucionário, você era um reacionário, você era um conservador. Eu acho que houve isso, o que não quer dizer que os homens tenham se transformado completamente e que a opressão das mulheres na família, no trabalho e tal tenha acabado mas eu acho que houve a consciência de que isso existe, de que essa questão existe, existe como questão feminista.[171]

> Eu acho que houve uma tomada de consciência muito grande, eu acho que houve. Não posso medir. [O comportamento poderia não sofrer alterações profundas, mas os homens já não mais se vangloriavam de suas posturas machistas]. Da mesma maneira que ninguém podia dizer que não era de esquerda e todas essas coisas óbvias, ninguém podia dizer eu

---

170 Entrevista – Maria B. Ávila.

171 Entrevista – Eliana Aguiar.

sou machista, eu não divido as tarefas domésticas com a minha companheira. Ele podia até não dividir.[172]

Mas, para Regina Bruno houve, em certos casos, uma apropriação "oportunista" de elementos do discurso feminista para oprimir as mulheres:

> Eu acho que os homens incorporaram o discurso feminista e se aproveitaram da flexibilidade do ser feminista (...) e como categoria social historicamente dominadora aprenderam a dominar.[173]

Seja por suas atividades públicas seja pela sua própria existência, o Círculo conseguiu, como relata Eliana Aguiar, "abrir algumas brechas nessa muralha de gente que achava que isso era questão de mulherzinha". Elementos dessa abertura nas organizações políticas podem ser percebidos na publicação de documentos de duas organizações sobre a "questão da mulher": *Os comunistas e a questão da mulher*, do PCB,[174] uma atualização de uma resolução do partido aprovada em 1979, ainda no exílio, pelo Coletivo Nacional de dirigentes comunistas, e *A mulher e a revolução brasileira*, do MR-8.[175]

As organizações políticas que participavam do Círculo foram particularmente afetadas. Para Ângela Muniz, as mulheres do Círculo levaram suas inquietações para suas organizações, apesar de os homens terem limites para a incorporação das questões que elas traziam. A militância feminista questionou a militância partidária:

> ...era interessante porque a direção no caso na França em Paris, os companheiros que estavam na frente, eles tentavam

---

172 Entrevista – Regina Carvalho.

173 Entrevista – Regina Bruno.

174 COLETIVO NACIONAL DE DIRIGENTES COMUNISTAS. *Os comunistas e a questão da mulher*. São Paulo: Cerifa. 1982.

175 SOUZA-LOBO, Elisabeth; PAOLI, M. "Notas sobre o movimento no feminino". *Desvios*, ano 1, n. 1, novembro/1982.

mesmo e eles queriam incorporar as discussões que a gente estava... mas tinha limite, tinham limites pra entender o que era aquilo que a gente estava vivendo que rompia mesmo com toda uma discussão até do movimento comunista internacional mesmo sobre como incorporar a questão da mulher, porque eles no fundo diziam que o socialismo ia resolver toda a questão da mulher na medida em que se fizesse a revolução, claro o movimento tinha questões específicas mesmo, mas porém ... Eu me lembro que isso é... mas não vou romper com o MR-8 por conta disso não.[176]

[a] descoberta desse universo específico que você não era só um ser humano independente das suas características, de certa maneira vai me levando a um distanciamento, a uma visão mais crítica da organização, dos mecanismos internos da organização (...) e eu acho que o Círculo contribui pra isso, esse tipo de consciência do que era política, proporcionou uma consciência mais crítica em relação ao que era o próprio socialismo, a crítica a Stalin".[177]

[os homens das organizações] não iam até as últimas consequências, eles paravam no meio do caminho e queriam que a gente parasse.[178]

Uma tematização mais profunda sobre a influência do Círculo no movimento feminista brasileiro foge ao escopo deste trabalho. Podemos, entretanto, fazer algumas observações sobre a questão.

Como vimos, o Círculo travou contatos com grupos feministas brasileiros durante toda sua existência. Mas, é após o retorno ao país que esses contatos se tornariam mais estreitos. Muitas seriam aquelas que continuariam a militância feminista no Brasil. Ângela Muniz fez parte do CMB (Centro da Mulher Brasileira), Sônia Calió foi uma das fundadoras do CIM (Centro Informação Mulher), Maria Betânia

---

176 Entrevista – Ângela Muniz.

177 Entrevista – Glória Ferreira.

178 Entrevista – Sônia Calió.

Ávila participou do grupo que criou o SOS-Corpo, Elisabeth Souza-Lobo do SOS-Mulher (SP), Elisabeth Vargas fez parte da Associação Mulheres de São Paulo e Anette Goldberg do SOS Mulher no Rio de Janeiro e do Coletivo de Mulheres do Rio de janeiro (CMRJ), entre outras. No próximo item evocaremos algumas questões relativas a esse encontro.

BREVE EPÍLOGO
SOBRE O RETORNO

A partir de 1976, com o início da "abertura" do regime militar, começaram a voltar as/os primeiras/os exiladas/os. Esse momento coincidiu com o surgimento dos primeiros grupos feministas de caráter público no Brasil, que começaram a se estruturar a partir de 1975. Ambos os fatos eram resultado dos primeiros ventos de liberdade que começavam a soprar no país.

Algumas autoras apontam a especificidade do feminismo gestado no Brasil em relação ao movimento que eclodiu nos países europeus e Estados Unidos. Para Goldberg, o tipo de entrelaçamento entre "modernidade" e processo político que se desenvolveu no início da década de 1970 no Brasil criou condições bastante específicas que fizeram com que o processo de "desestabilização das relações entre os sexos" que se desenrolava nesse período não desse origem a um movimento "radicalizado e subversivo" como na Europa e outros países desenvolvidos"[1]. Outras autoras fazem análises nesse mesmo sentido.[2]

Estamos nos referindo a um movimento amplo e não a grupos específicos que podem ter trilhados caminhos bastante diferentes. Infelizmente o pequeno volume de trabalhos produzidos, sobretudo

---

1   GOLDBERG, Anette. "Feminismo no Brasil contemporâneo", *op. cit.*, p. 43.

2   Por exemplo: costa, Albertina de Oliveira. "*É viável o feminismo nos trópicos? Resíduos de insatisfação*". In: COSTA, Ana Alice; SARDENBERG, Cecília (org). *O feminismo no Brasil: reflexões teóricas e perspectivas.* Salvador: NEIM/UFBA. 2008, p. 66.

248   MAIRA ABREU

publicados, sobre grupos feministas formados nesse contexto, particularmente fora dos estados do Rio de Janeiro e São Paulo, não nos permite ter uma visão mais ampla e torna a tarefa de falar sobre o "feminismo no Brasil" bastante arriscada. Esperamos que outros trabalhos possam revisitar esse momento chave restituindo a diversidade de grupos e experiências que marcaram a emergência da "segunda onda" do feminismo brasileiro.

Cabe ressaltar que a estruturação de um movimento feminista foi alvo de críticas provenientes não somente de setores conservadores mas também da própria esquerda. Uma delas afirmava o caráter extemporâneo e impróprio à realidade brasileira desse movimento. Esse argumento foi usado frequentemente contra as mobilizações feministas. Para Therezinha Zerbine, fundadora do Movimento Feminino pela Anistia, por exemplo, "as feministas brasileiras procuraram seguir as feministas inglesas ou norte-americanas, o que não faz sentido no terceiro mundo"[3]. Nesse mesmo sentido, Ana Corbisier, na introdução ao livro de Alexandra Kollontai *Marxismo e revolução sexual*, faz o seguinte comentário sobre o movimento feminista brasileiro "influenciados pelo contato com seus congêneres europeus por parte de exiladas de retorno ao país, de certa forma importaram uma problemática de país desenvolvido que recentemente, devido ao agravamento da crise econômica do capitalismo, vêm tendo suas teses postas em questão por suas lideranças".[4]

Isso não impediu a formação de diferentes grupos feministas, sobretudo a partir de 1975, em diferentes regiões do país. Mas, não se pode esquecer que os primeiros grupos surgem em plena ditadura militar e nos interstícios desse sistema autoritário. As formas de organização, as pautas e a configuração geral desse movimento

---

3   PINTO, Celi. *Uma história do feminismo no Brasil*. São Paulo: Editora Fundação Perseu Abramo, 2003, p. 64.

4   KOLLONTAI, Alexandra. *Marxismo e revolução sexual*. São Paulo: Global Editora, 1982, p.9.

não podem ser compreendidas de forma isolada desse contexto. A experiência dos grupos feministas analisados nesse trabalho se deu num contexto bastante distinto. É por essa razão que o encontro entre essas duas "realidades" constitui um evento para o feminismo no Brasil.

Um trecho do depoimento de uma militante do jornal *Brasil Mulher* nos fornece alguns elementos para compreender esse encontro. À pergunta de Rosalina Leite "De que forma as militantes revolucionárias, guerrilheiras de 1968, se transformaram em feministas juramentadas, defendendo o direito ao prazer?" Iara Prado responde:

> Se é que isto aconteceu mesmo para todas... ou ainda, para provocar a Bete Vargas, de que forma as mulheres do movimento da periferia, preocupadas com o trabalho, desemprego dos maridos, com quem ficariam as crianças pequenas enquanto trabalhávamos, com a regularização dos loteamentos clandestinos, com o fim do trabalho noturno das operárias metalúrgicas (...) receberam as sérias revolucionárias exiladas, vindas de Paris, onde existiam já creches, moradia, salário desemprego, escolas para todos (até para os exilados!), etc. etc. etc. que chegaram e nos ensinaram que chique mesmo era lutar pelo orgasmo, que tínhamos direito ao prazer sexual, que poderíamos decidir o número de filhos que queríamos ter, que deveríamos transformar em bandeira de luta acabar com Homem bater em Mulher, que o amor não obedecia regras de gênero etc. etc. etc., culminando com: deveríamos POLITIZAR O PRIVADO! que heresia ! Foi o que pensei no começo...[5]

Foram justamente essas tensões e descompassos que tornaram esse encontro frutífero. Diversas são as autoras que assinalam a importância desse contato, que teve início antes mesmo do retorno

---

5   LEITE, Rosalina. *A imprensa feminista no pós-luta* –armada..., *op. cit.*, p. 307.

destas ao Brasil, pela troca de correspondência, envio de material, contato de brasileiras em viagem com grupos existentes.[6]

Como relata Ângela Muniz, "as mulheres do Brasil começaram a ir para a França e levar material e a gente mandava material para as brasileiras, para os grupos que existiam aqui. Começou a ter uma troca muito grande, uma divulgação do que a gente fazia lá e a gente divulgava o que elas faziam aqui".[7] Segundo Goldberg, o Círculo tornou-se conhecido por algumas mulheres no Brasil através do envio de cartas, documentos e publicações a grupos brasileiros mas também a partir de encontros e reuniões com mulheres brasileiras em viagem por Paris.[8]

Essas trocas parecem ter influenciado, de alguma forma, grupos como o *Brasil Mulher*, como vimos anteriormente. Vera Soares, militante deste último, comenta sobre a influência do "Coletivo de Paris", isto é, o Círculo de Mulheres Brasileiras em Paris no *BM*:

> no segundo congresso, nós tínhamos mais questões na cabeça e eu acho que também influenciada, não só pelas cartas do Coletivo de Paris, que nos questionava sobre o nosso feminismo que não colocava a questão da sexualidade, mas influenciada também, por outros movimentos que estavam presentes, como as meninas que eram lésbicas, que estavam começando a participar do segundo congresso, elas trouxeram a questão da sexualidade de forma muito forte. E eu me lembro que a gente, não tinha muito preparo, nem instrumental pra discutir a questão da sexualidade, e aí, nos fizemos grupos de reflexão, porque essa coisa de ser chamada de não feminista mexeu coma gente.[9]

---

6   Como exemplo disso podemos citar o *Nosotras*, que era assinado por mulheres brasileiras, segundo Danda Prado; o envio de material referente à questão, produzido por esses grupos, pelas organizações políticas exiladas para a sede brasileira – como lembra Regina Carvalho sobre sua própria organização etc.

7   Entrevista – Angela Muniz.

8   GOLDBERG, Anette. *Feminismo e autoritarismo... op. cit.*, p. 152.

9   LEITE, Rosalina. *A imprensa feminista no pós-luta –armada..., op. cit.*, 314.

O boletim *Nosotras* era também enviado para mulheres no Brasil. Entretanto, não encontramos depoimentos sobre sua leitura no país.

Mas, é após o retorno ao país que esses contatos se estreitariam. Muitas seriam aquelas que militariam em grupos feministas no Brasil. Vimos como algumas mulheres ligadas ao Grupo Latino-Americano continuaram juntas na elaboração da revista *Impressões* em cujo o corpo de redação estavam Danda Prado, Clélia Piza e Mariza Figueiredo. Outros membros do grupo, de outras nacionalidades, também se integraram a grupos feministas dos seus países de origem levando essa experiência. Muitas integrantes do Círculo, como mostramos no capítulo anterior, ao retornarem também se integraram a grupos feministas tais como *Nós Mulheres* e Centro da Mulher Brasileira (CMB) e ajudaram na fundação de grupos como CIM em São Paulo e SOS-Corpo no Recife. Quanto aos outros grupos, sabemos que Zuleika Alambert continuou na militância no Brasil e fez parte do CMB.

Para Cyntia Sarti, esse reencontro teria contribuído para fortalecer a "corrente feminista" no movimento das mulheres brasileiras. A experiência de vida no exterior, as reelaborações da experiência política anterior e a influência do movimento feminista europeu daria traços particulares à experiência dessas mulheres. O "saldo do exílio" de um lado e a experiência de ter permanecido no Brasil nos anos 1970 fez surgir desse encontro um novo panorama[10]. Para Barsted, o retorno das exiladas teria provocado mudanças na pauta do movimento, ao tematizar questões como reprodução e sexualidade –que não seriam parte da pauta inaugural do movimento fe-

---

10 SARTI, Cyntia. O feminismo brasileiro desde os anos 70: revisitando uma trajetória. *Revista Estudos Feministas*, v. 12, n. 2, agosto/setembro 2004, p. 41.

minista brasileiro – representando "uma profunda contribuição aos termos desse debate no Brasil".[11]

Especificamente em relação ao Círculo, Ana Araújo ressalta suas contribuições:

> O regresso à sua pátria depois da anistia de 1979, a profundidade de suas intervenções e a prática social adquirida como grupo de mulheres brasileiras na Europa, representou um aporte importante na construção do movimento de mulheres no Brasil.[12]

Militantes do grupo *Debate* também participaram desse processo. Elas mantinham contato com o *Nós Mulheres*. Segundo documentos do grupo Campanha,[13] este grupo mantinha não somente contatos como também vendiam jornais, mandavam artigos e informações. Em entrevista concedida a Rosalina Leite, Rachel Moreno faz o seguinte comentário sobre a composição do grupo *Nós Mulheres*: "Quem viveu no exterior? A Maria Moraes, a Lia, a Rita (Itália), Cida Aidar, a Leda e a Susana Kfouri. Efetivamente filiadas à tendência *Debate*. A Inês Castilho juntou-se ao grupo no processo, assim como a Solange Padilha (que também morou em Paris, mas creio que em outras circunstâncias)".[14]Sobre essa influência, Inês Castilho também comenta:

---

11 BARSTED *apud* ÁVILA, M. B.; CORRÊA, S. "O movimento de saúde e direitos reprodutivos no Brasil: revisitando percursos". Site: http://www.geocities.com/catolicas/articulos/dersex/omovim.htmvisitado no dia 15/07/2005.

12 ARAÚJO, Ana. Hacia una identidadlatinoamericana – Los movimientos de mujeresen Europa y América Latina. *Nueva Sociedad*, n.78, 1985, p.92.

13 DGC – v. 1 – "Balanço", s.d.

14 Segundo, por exemplo, Rosalina Leite, as restrições às feministas recém-chegadas da Europa por parte do *Brasil Mulher* – devido às posições críticas à linha política adotada pelo jornal – foi um dos fatores que teria influenciado as mulheres que fundaram o *Nós Mulheres* a não se associarem ao *Brasil Mulher*. LEITE, Rosalina. *A imprensa feminista no pós-luta* –armada... *Op. cit.*, p. 248.

> As pessoas vinham de fora e chegavam com uma puta autoridade (...) Então havia esse transplante da experiência política anterior que não era ressocializada, ela vinha, se instalava, e eu não sabia bem por que (...) havia um jogo de forças, as pessoas despencavam a discutir um tema que não tinha nada a ver com aquele momento, com o que estava acontecendo. A Maria Moraes tem a mesma origem de DEBATE que a Lia e a Rita (...) a minha experiência era de desgarrada politicamente, falava-se muito que o NÓS MULHERES não tinha vínculo político, mas a maioria das pessoas eram ligadas ao grupo DEBATE, isso por volta de 75, 76, esse grupo era um dissidência que eu não sei qual era, sei que várias pessoas vieram da França.[15]

Mas, segundo Maria Lygia Quartim de Moraes, dos nomes citados somente a Rita de Luca e a Lia Zatz eram do *Debate*.[16] A proximidade por amizade ou por vínculos familiares parece ter influenciado na percepção de que essas mulheres teriam pertencido ao grupo Debate. Além disso, mesmo aquelas que fizeram parte do *Debate* não creditam sua entrada no movimento feminista à passagem por esse grupo. Lia Zatz e Guida Amaral são dois exemplos de militantes do *Nós Mulheres* que eram membros do referido grupo mas que só tomaram contato com a questão no Brasil. Lia Zatz comenta que na França essa "era uma questão que nem passava pela minha cabeça".[17] Ela só teria contato com o movimento feminista em 1975 quando já estava no Brasil.

Procuramos mostrar que, inegavelmente, o contato entre esses feminismos, gestados em realidades bastante distintas, deixou marcas na história do feminismo brasileiro. Mas, não se pode es-

---

15 BASTOS, Maria. *Outras Palavras, Outras Imagens: Movimentos Feministas na cidade de São Paulo nos anos 70/80*. São Paulo: Dissertação (Mestrado). PUC-SP, 1992, p. 57.

16 "A Cida Aidar é minha prima, a Suzana Kfouri era mulher do meu primo Juca Kfouri, a Leda Orozco era amiga do casal mas depois se casou com o Juca e é sua atual mulher e nenhuma delas era do Debate". Entrevista – Maria Lygia Quartim de Moraes.

17 Entrevista – Lia Zatz.

quecer que o feminismo no Brasil já trilhava seus próprios caminhos e procurava dar respostas a essa realidade. O encontro com as feministas que voltavam do exílio traria novas questões que seriam reelaboradas e ressignificadas por aquelas que aqui permaneceram a partir de sua própria realidade e experiência. Aquelas que voltaram tiveram também que reelaborar teorias e práticas a partir da realidade que encontraram no Brasil. É nesse sentido que consideramos que, mais do que influência, é em termos de encontro que esse momento deve ser interpretado.

À GUISA DE CONCLUSÃO

Procuramos mostrar como o contexto francês foi fundamental para uma "tomada de consciência feminista" para muitas mulheres latino-americanas que estavam em Paris nos anos 1970. Muitas seriam aquelas que passariam a problematizar questões antes naturalizadas e a politizar o que antes se manifestava como inquietação e inadaptação. Nesse ambiente, a possibilidade de um movimento organizado de mulheres brasileiras ganhou concreticidade. Mas, como já foi observado antes, os grupos que constituem objeto deste trabalho não foram os únicos a se formar nesse contexto. Diversos coletivos de mulheres latino-americanos e alguns de brasileiras surgiram por toda a Europa naquele momento. Esses grupos – que tiveram dimensão, duração e alcance bastante diversos – compartilharam, em maior ou menor medida, ideias em voga no feminismo da "segunda onda", como politização da vida cotidiana, autonomia, novos modos de atuação etc.

Entre os grupos em cuja composição havia mulheres brasileiras, o Grupo Latino-Americano e o Círculo de Mulheres Brasileiras em Paris se destacaram pela duração, pelo alcance e pela produção. Porém, apesar das semelhanças evidentes, esses grupos apresentaram diferenças na forma de se organizar, de conceber feminismo e na maneira como se localizavam no espectro feminista francês. Não é o objetivo aqui fazer um quadro comparativo dos grupos em questão, mas gostaríamos de traçar alguns breves comentários nesse

256   MAIRA ABREU

sentido. Começaremos por um comentário de Angela Arruda sobre a percepção das próprias militantes sobre essas diferenças.

> Já havia um grupo que se chamava *Nosotras*, de Danda Prado, enfim, de brasileiras que estavam em Paris muito tempo antes de nós, também de uma outra geração, e que eram feministas radicais. E nós, enfim, [estávamos] no movimento francês, era a corrente luta de classes.[1]

Em diversos outros depoimentos, a questão da orientação política e a da diferença geracional são mencionadas como elementos distintivos entre os dois grupos. Sobre elas cabem alguns comentários.

Para Goldberg,[2] os grupos feministas que surgiram no exílio seriam um produto híbrido de ideias das correntes luta de classes, radical e libertária dos movimentos de libertação das mulheres na Europa. Mas, é necessário acrescentar, esse hibridismo se configurou, para os dois grupos em questão, combinando, em proporções distintas, ideias dessas "correntes". *Grosso modo*, podemos dizer que o Círculo de Mulheres Brasileiras em Paris se aproximava mais da tendência "luta de classes", enquanto o Grupo Latino-Americano de Mulheres teria mais proximidade com o "feminismo revolucionário" (também chamado de "feminismo radical"). Os grupos promovidos pelo PCB, por outro lado, embora tenham sido também influenciados pelo feminismo francês, continuaram, de alguma forma, ainda próximos da visão "tradicional" dos partidos comunistas em relação à "questão da mulher". Entretanto, seria simplista atrelar esses grupos a correntes monolíticas. Embora essas categorias fossem utilizadas no próprio seio da militância, os grupos "circulavam" pelas teorias e formas de pensar e se organizar.

---

1   CHIRIO, Maud. *Les trajectoires intellectuelles et politiques des exilés brésiliens pendant le régime militaire (1964-1979).Mémoire de DEA*. Paris : Universidade Paris I, 2004. p.07

2   GOLDBERG, A. *Le dire et le faire féministes..., op. cit.*

A vinculação do Círculo com a corrente "luta de classes" aparece no discurso de diversas militantes do grupo e nos materiais produzidos pelo mesmo. Já nos documentos relativos ao Grupo Latino-Americano, não encontramos referências explícitas de vinculação com uma tendência em particular. Isso se deve a alguns fatores. Uma primeira questão a ser ressaltada é que o Grupo Latino-Americano surge num momento em que, apesar das diferenças, o *Mouvement de Libération des Femmes* na França não estava tão marcado por clivagens entre os vários grupos ou orientações que o compunham. É sobretudo a partir de 1974, segundo Françoise Picq,[3] que o movimento começa uma nova fase marcada por uma presença mais visível de diferentes tendências. A tendência "luta de classes" ganha força a partir desse momento. O Círculo, embora mantivesse contato com outros grupos, teve um diálogo privilegiado com essa orientação. O perfil das suas militantes e a proximidade com as organizações políticas de esquerda explicam essa afinidade.

Independentemente da história de militância no Brasil, as integrantes do Círculo estavam, na sua grande maioria, vinculadas ou próximas a organizações de esquerda na França, o que, segundo todos os indícios, não era o caso para a maioria daquelas que compuseram o Grupo Latino-Americano. Essa relação mais distante com as organizações político-partidárias foi certamente um dos fatores que influenciaram a postura pouco receptiva da comunidade exilada frente ao Grupo Latino-Americano. O Círculo, embora compartilhasse muitas ideias com esse último, surgiu num momento no qual a comunidade exilada brasileira parecia estar mais aberta para as questões feministas.

As organizações políticas que se envolveram no Círculo diferenciavam tipos de feminismo. Sobre essa questão, é interessan-

---

3 PICQ, Françoise. *Libération des femmes. Op. cit.*

te notar como o grupo Campanha[4] caracterizava o Grupo Latino-Americano, chamado aqui de "Nosotras":

> Nosotras: Grupo de intelectuais latinoamericanas com a participação de mulheres como Danda Prado, Norma Benguel, com fortes características sexistas e psicoanalíticas e com pouca influência na colônia [5]

Num documento do Círculo que mencionava as tendências do movimento feminista, nota-se que a "resposta sexista" era identificada na França como aquela defendida pelas "feministas radicais", que proporiam a "luta dos sexos" e que recusariam "a ligação do movimento autônomo de mulheres com os movimentos políticos e as lutas mistas"[6]. A "resposta luta de classes" vincularia a luta de classes com a luta das mulheres, considerando que o movimento feminista "não será vitorioso se levar um combate fora ou paralelamente do movimento da classe operária". Trata-se da percepção que a corrente luta de classes tinha do feminismo radical francês. Essa tendência propunha uma ruptura em relação à forma tradicional da esquerda de abordar a questão, remetendo a um futuro pós-revolucionário a superação da opressão feminina. Mas, ao mesmo tempo, recusavam o que elas consideravam como uma excessiva autonomização do patriarcado em relação ao capitalismo e as consequências políticas e práticas dessa autonomia. É dentro dessa concepção que devem ser compreendidas as críticas do Círculo ao Grupo Latino-Americano.

Os dois grupos correspondem, também *grosso modo*, a duas "gerações do exílio". Todas as integrantes do Grupo Latino-Americano sobre as quais conseguimos dados chegaram antes de 1973 à França, sem passagem por outros países. No Círculo, pre-

---

4   Infelizmente não conseguimos outras visões sobre o grupo. As militantes do Círculo, em geral, não se lembram da existência desse grupo anterior nem da sua publicação, *Nosotras*.

5   DGC – v. I – "Balanço", s.d.

6   DCM – v. III – "Reflexões sobre as correntes do movimento feminista", s.d.

dominou uma segunda geração de exiladas, que chegou a partir de 1973 ao território francês (é o caso de todas as entrevistadas), e todos os indícios nos levam a crer que a maioria das integrantes tinha esse perfil, muitas delas com passagem pelo Chile.

Outro fator distintivo que cabe mencionar é a diferença etária. Os dados que obtivemos sobre o perfil das integrantes do Grupo Latino-Americano mostram que ele era composto por mulheres de idades, em média, superiores às daquelas que fizeram parte do Círculo. Essa diferença, embora não fosse propriamente grande, foi ressentida como importante pelas militantes do Círculo, em cujo discurso encontramos a ideia de que seriam de uma outra geração. Elisabeth Vargas fala em "nós, as jovens", para se referir às militantes do Círculo. Maria Lygia Quartim e Helena Hirata também destacam essa diferença de idade.

Para além das dessemelhanças, esses grupos tinham aspectos em comum, mesmo do ponto de vista teórico. Eles participaram, em momentos diferentes, das grandes lutas do MLF, das manifestações de rua e, de uma forma mais geral, da vida cotidiana dessa "onda" feminista. Eles foram não somente importantes na vida das mulheres que passaram por suas reuniões mas também tiveram um impacto numa certa "comunidade latino-americana" em Paris. Suas ideias reverberaram no movimentos feminista brasileiro e latino-americano.

Partindo de problemas colocados por suas vivências como latino-americanas na Europa e da impossibilidade de separar seus diversos "pertencimentos", essas mulheres procuraram tematizar a articulação de múltiplas formas de dominação e elaborar estratégias de lutas e alianças que pudessem fazer face a essa realidade complexa. Vinculadas tanto aos seus contextos de origem no Brasil como à conjuntura francesa no seu período de exílio, elas, com suas vivências, fizeram parte de um movimento multiforme cuja diversidade permanece ainda à espera de novas incursões.

GUIA DE SIGLAS

Benfam: Sociedade Civil Bem-Estar Familiar

CBA: Comité Brésil Amnistie

Dops: Departamento de Ordem Política e Social

FB: Fração Bolchevique

FBI: Front Brésilien d'Information

GBMR: Grupo Brasileiro de Mulheres Revolucionárias

GP: Gauche Prolétarienne

LCR: Ligue Communiste Révolutionnaire

MEP: Movimento de Emancipação do Proletariado

MLF: Mouvement de Libération des Femmes

MLAC: Mouvement pour la Liberté de l'Avortement et de la Contraception

MR-8: Movimento Revolucionário 8 de Outubro

NOW: National Organization of Women

PCB: Partido Comunista Brasileiro

PCBR: Partido Comunista Brasileiro Revolucionário

PCdoB: Partido Comunista do Brasil

PCF: Parti Communiste Français

POC: Partido Operário Comunista

SDS: Students for a Democratic Society

VLR: Vive la Révolution

VPR: Vanguarda Popular Revolucionária

BIBLIOGRAFIA

ABREU, Maira; CARVALHO, Adília Martins. *Sisterhood is powerful: exílio e mobilizações feministas na França em apoio às "Três Marias".* Lutas sociais, v. 18, n. 32: dossiê Ditaduras, Exílios, Resistências.

ADELMAN, Miriam. *A voz e a escuta. Encontros e desencontros entre a teoria feminista e a sociologia contemporânea.* São Paulo: Blucher Acadêmico, 2009.

ALAMBERT, Zuleika. *Feminismo: o ponto de vista marxista.* São Paulo: Nobel, 1986.

ALBISTUR, Maité; ARMOGATHE, Daniel. *Histoire du féminisme français-du moyen âge à nos jours.* Paris: Des Femmes, 1977.

ALCOFF, Linda. "Cultural Feminism versus post-structuralism: the identity crisis in feminist theory". *Signs: Journal of Women in culture and Society*, v. 13, n. 3, 1988.

ALVES, Maria. *Estado e oposição no Brasil.* Bauru: São Paulo: Edusc, 2005.

ARAÚJO, Ana. "Hacia una identidad latinoamericana – Los movimientos de mujeres en Europa y América Latina". *Nueva Sociedad*, n. 78, 1985.

ARAUJO, Maria. *A utopia fragmentada. As novas esquerdas no Brasil e no mundo na década de 1970.* São Paulo: Editora FGV, 2000.

ARMENGAUD, Fraçoise. "Le matérialisme beauvoirien et la critique du naturalisme: une rupture épistémologique inachevée?". In: DELPHY, Christine; CHAPERON, Sylvie (org.). *Cinquantenaire du Deuxième Sexe. Colloque International Simone de Beauvoir.* Paris: Édition Syllepse, 2002.

ÁVILA, Maria Betânia; CORRÊA, Sônia. "O movimento de saúde e direitos reprodutivos no Brasil: revisitando percursos". Disponível em: http://www.geocities.com/catolicas/articulos/dersex/omovim.htm. Acesso em: 15 de julho de 2005.

BASTOS, Maria. *Outras Palavras, Outras Imagens: Movimentos Feministas na cidade de São Paulo nos anos 70/80.* São Paulo: Dissertação (mestrado em História) – PUC-SP, São Paulo, 1992.

BASTOS, Natalia. *Elas por elas. Trajetórias de uma geração de mulheres de esquerda Brasil – anos 1960-1980.* Dissertação (mestrado em História) - UFF, Niteroi, 2007.

BARIL, Audrey. *Judith Butler et le féminisme postmoderne: analyse théorique et conceptuelle d'une courant controversé.* Mémoire-maitrise en Philosophie. Faculté de Théologie, d'Etique et de Philosophie. Université de Sherbrooke, 2005.

BEAUVOIR, Simone de. *O segundo sexo.* Rio de Janeiro: Nova Fronteira, 2001.

_____. "Prólogo". In: PISAN, A. *Historias del Movimiento de Libération de la Mujer.* Madrid: Debate, 1977.

_____. "France: Feminism – Alive, Well, and in Constant Danger". In: MORGAN, Robin. *Sisterhood is Global. The International Women's Movement Anthology.* Garden City, Nova York, 1984.

_____. "Préface". In: *Les femmes s'entêtent.* Paris: Gallimard, 1975.

BEBEL, August. *La mujer y el socialismo.* Madrid: Akal, 1974.

BEECHEY, Veronica. On Patriarchy. *Feminist Review*, n. 3, 1979.

BELOTI, E. *Du côtê des petites filles*. Paris: Des Femmes, 1974.

BERMAN, Paul. *A tale of two utopias; the political journey of the generation of 1968*. Nova York: Norton, 1996.

BORDO, Susan. "A feminista como o Outro". *Revista Estudos Feministas*, v. 8, n. 1, 1º semestre, 2000.

BOUCHER, Joanne. "Betty Friedan and the Radical Past of Liberal Feminism". *New politics*, v. 9, n. 3, verão 2003.

BOXER, Marilyn. "Rethinking the socialist construction and internation carrer of the concept 'bourgeois feminism'". *The American Historical Review*, v. 112, n. 1, 2007.

BUTLER, Judith. "Fundamentos contingentes: o feminismo e a questão do pós-modernismo". *Cadernos Pagu*, n. 11, 1998.

_____. *Problemas de gênero: feminismo e subversão da identidade*. Rio de Janeiro: Civilização Brasileira, 2003.

_____. "Variações sobre Sexo e Gênero". Beauvoir, Wittig e Foucault. In: Seyla Benhabib & Drucilla Cornell (org.). *Feminismo como crítica da modernidade*. Rio de Janeiro: Editora Rosa dos Tempos, 1987.

BRITO, Angela. "Brazilian Women in Exile: The quest for an identity". *Latin American Perspectives*, Issue 49, v. 13, n. 2, spring 1986.

BRITO, Angela; VASQUEZ, Ana. "Mulheres latino-americanas no Exílio: universalidade e especificidadede suas experiências". *Revista Esboços*, n. 17, 2008.

BRUSCHINI, Cristina. *Mulher, casa e família: Cotidiano nas camadas médias paulistanas.* São Paulo: Fundação Carlos Chagas; São Paulo: Vértice, Editora dos Tribunais, 1990.

BRYSON, Valerie. *Feminist political theory.* Londres: Macmillan, 1992.

266 MAIRA ABREU

CARDOSO, Elisabeth. *Imprensa feminista brasileira pós-64*. Dissertação (mestrado em Jornalismo) – ECA-USP, São Paulo, 2004.

CAVALCANTI, Pedro *et al.* (org.) *Memórias do exílio. Brasil 1964-19??*. São Paulo: Editora Livramento, 1978.

CERCLE DIMITRIÈV. *Brève histoire du mlf. Pour un féminisme autogestionnaire.* Paris: Savelli, 1976.

CHAPERON, Sylvie. *Les années Beauvoir 1945-1970*. Paris: Fayard, 2000.

_____. "La radicalisation des mouvements féminins français de 1960 à 1970". *Vingtième Siècle. Revue d'histoire*, n. 48, oct.-dec. 1995.

_____. "Le Deuxième Simone de Beauvoir". *Les Temps Modernes*, n. 593, abril-maio 1997.

_____. "Mouvements de Libération des femmes". In: WARESQUIEL, E. *Le siècle rebelle. Dictionnaire de la contestation au XX siècle.*, 2004.

_____. "1945-1970, reprendre l'histoire du féminisme". SOHN, Anne-Marie; THÉLAMON, Françoise. *L'histoire sans les femmes est-elle possible?* Paris, Perrin, 1998.

CHINCHILA, Norma. "Ideologías del feminismo: liberal, radical y marxista". In: LEON, M. *Sociedad, subordinación y feminismo*. Bogotá: Asociación Colombiana de Estudio de la Población, 1982.

CHIRIO, Maud. *Les trajectoires intellectuelles et politiques des exilés brésiliens pendant le régime militaire (1964-1979). Mémoire de DEA.* Paris: Universidade Paris 1, 2004.

_____. "Formes et dynamiques des mobilisations politiques des exilées brésiliens en France (1968-1979)". *Cahier des Amérique Latine*, 2007.

COELHO, Claudio. *A transformação social em questão: as práticas sociais alternativas durante o regime militar.* Tese (doutorado em Sociologia) – FFLCH-USP, São Paulo, 1990.

COLETIVO NACIONAL DE DIRIGENTES COMUNISTAS. *Os comunistas e a questão da mulher: igualdade, emancipação, libertação*. São Paulo: Cerifa - Novos Rumos, 1982.

COLLECTIF DE FEMMES D'AMERIQUE LATINE ET DE LA CARAÏBE. *Mujeres*. Paris: Editions des femmes, 1977.

COLLING, Ana Maria. *A resistência da mulher à ditadura militar no Brasil*. Rio de Janeiro: Record: Rosa dos Tempos, 1997.

COOT, Nancy. "What's in a Name? The Limits of 'Social Feminism' or, Expanding the Vocabulary of Women's History". *The Journal of American History*. v. 76, n. 3, dez. 1989.

CORDELLIER, Stéphanie. "Actualité et importance de la position antidifférentialiste du Deuxième Sexe". In: DELPHY, Christine CHAPERON, Sylvie. *Cinquantenaire du Deuxième Sexe. Colloque International Simone de Beauvoir*. Paris: Édition Syllepse, 2002.

CORRÊA, Mariza. "Do feminismo aos estudos de gênero: uma experiência pessoal". *Cadernos Pagu*, v. 16, 2001.

_____. "Uma pequena voz pessoal". *Cadernos Pagu*, v. 11, 2001.

COSTA, Albertina *et al*. *Memórias das mulheres do exílio*. Rio de Janeiro: Paz e Terra, 1980.

COSTA, Albertina de Oliveira. "É viável o feminismo nos trópicos? Resíduos de insatisfação". In. COSTA, Ana Alice; SARDENBERG, Cecília (org.). *O feminismo no Brasil: reflexões teóricas e perspectivas*. Salvador: NEIM-UFBA. 2008.

COSTA, Claudia. "O tráfico do gênero". *Cadernos Pagu*, v. 11, 1998.

_____. "O sujeito no feminismo: revisitando os debates". *Cadernos Pagu*, v. 19, 2002.

_____. "Feminismo e Pós-estruturalismo: as (in)determinações da identidade nas (entre)linhas do (con)texto". In: Joana Maria

Pedro; Miriam Pillar Grossi. (org.). *Masculino, Feminino, Plural*. Florianópolis: Editora Mulheres, 1998.

DANIEL, Herbert. "Homossexual: defesa dos interesses?" *Gênero*. n. 2, 1º semestre de 2008.

DELMAR, Rosalind. "What is feminism?". In: MICHELL, Juliet; OAKLEY, Ann. (org.). *What is feminism?*. Oxford: Blackwell, 1992.

DELPHY, Christine. *L'ennemi principal 1. Economie politique du sexe.* Paris: Syllepse, 1998.

_____. *L'ennemi principal 2. Penser le genre*. Paris: Syllepse, 2001.

DELPHY, Christine. "Nouvelles du M.L.F.: libération des femmes an dix". *Questions féministes*, v. 7, fev. 1980.

_____. "Feminismo e a recomposição da esquerda". *Estudos Feministas*, v. 2, n. 3, 1994.

_____. "Un féminisme matérialiste est possible". *Nouvelles questions feministas*, n. 4, outono 1982.

_____. "Les origines du Mouvement de libération des femmes en France". *Nouvelles Questions Féministes*. n. 16-17-18, 1991.

_____. "Patriarcat". In: HIRATA, Helena *et al. Dictionnaire critique du féminisme*. Paris: PUF, 2000.

DENIS, Mary. *Le féminisme est dans la rue*. Bruxelles: De Boeck, 1993.

DESCARRIES, Francine. "Teorias feministas: liberação e solidariedade no plural". *Textos de História. Revista da Pós-Graduação em História da* UNB, v. 8, n. 1/2, 2000.

DESCOMBES, Vicent. *Lo mismo y lo outro: cuarenta y cinco anos de filosofia francesa (1933-1978)*. Madrid: Catedra, 1988.

DUPONT, Christine. "O inimigo principal". In: DURAND, E. *et al. Liberação da mulher: ano zero*. Belo Horizonte: Interlivros, 1978.

DURAND, E. *et al. Liberação da mulher: ano zero*. Belo Horizonte: Interlivros, 1980.

EAGLETON, Terry. *Depois da teoria: um olhar sobre os Estudos Culturais e o pós-modernismo*. Rio de Janeiro: Civilização Brasileira, 2005.

_____. *As ilusões do pós-modernismo*. Rio de Janeiro: 1996.

ECHOLS, Alice. *Daring to be bad: radical feminism in América 1967-1975*. Minneapolis/Londres: University of Minnesota Press, 1993.

ENGELS, F. *A origem da família, da propriedade privada e do Estado*. São Paulo: Global, 1985.

ERGAS, Yasmin. "O sujeito mulher: o feminismo dos anos 1960-1980". In: DUBY, G.; PERROT, Michelle. *História das mulheres no Ocidente*, v. 5. Lisboa: Afrontamento; São Paulo: Ebradil, 1990.

EVANS, Sara. *Personal Politics: The roots of Women's liberation in the Civil Rights movement and the New Left*. New York: Vintage Books, 1979.

EZEKIEL, Judith. "Le Women's Lib: Made in France". *European Journal of Women's Studies*, 9; 345, 2002

_____. "Anti-féminisme et anti-américanisme: un marriage politiquement réussi". *Nouvelles Questions Feministes*, v. 17, n. 1, 1996.

FAUQUET, Jules. "Nouvelles questions féministes: 22 años profundizando en una visión feminista, radical, materialista y anti--essencialista-. *Revista Estudos Feministas*, v. 12, n. especial, set.-dez. 2004.

_____. "Três questões aos movimentos sociais progressistas: contribuições da teoria feminista à análise dos movimentos sociais". *Lutas e Resistências. Londrina*, v. 1, set. 2006.

FERRAND, Michelle. *A propos des rapports sociaux de sexe. Parcus epistemologiques*. Paris: CNRS, 1986.

FERREIRA, Elizabeth. *Mulheres Militância e Memória*. Rio de Janeiro: Editora Fundação Getúlio Vargas, 1996.

FIGUEIREDO, Mariza. "Feminismo no Brasil: retrospectiva". In: COSTA, Ana; SARDENBERG, Cecília (org.). *O feminismo no Brasil: reflexões teóricas e perspectivas*. Salvador: UFBA - Núcleo de Estudos Interdisciplinares sobre a Mulher, 2008.

FIGUEIREDO, Mariza (org.). *La Liberacion de la mujer. Dossier*. México: Ed. Associées, 1974.

FIRESTONE, Shulamith. *A dialética do sexo: um manifesto da revolução feminista*. Rio de Janeiro: Labor do Brasil, 1976.

FOUGEYROLLAS-SCHWEBEL, Dominique. "Le féminisme des années 1970". In: FAURÉ, C. *Enciclopédie politique et historique des femmes*. Paris: PUF, 1997.

_____. "Controverses et anathèmes au sein du féminisme français des années 1970". *Cahiers du genre*, n. 39, 2005.

FOUQUE, Antoinette. *Il y a deux sexes: essais de feminologie*. Paris: Gallimard, 1995.

FRAISER, Nancy; NICHOLSON, Linda. "Social criticism without philosophy: an encounter between feminism and postmodernism". In: NICHOLSON, Linda (org.). *Feminism/postmodernism*. Nova York/Londres: Routlegde, 1990.

FRAISSE, Geneviève. "Du bon usage de l'individu féministe". *Vingtième Siècle. Revue d'histoire*, n. 14, apri./jun. 1987.

_____. "Da destinação ao destino. História filosófica da diferença entre os sexos". In: DUBY, G.; PERROT, M. *História das mulheres no Ocidente*. Porto: Afrontamento, *1991*.

FRANCHETTO, B.; CAVALCANTI, M. L. V. C.; HEILBORN, M. L. "Antropologia e feminismo". In: *Perspectivas Antropológicas da Mulher*, v. 1, p. 11-47, Rio de Janeiro: Zahar, 1981.

FRANCO, Marina. *El exilio: argentinos en Francia durante la dictadura*, Siglo. Argentina, Buenos Aires, XXI Editores: 2008.

FRANK, Manfred. *Qu'est-ce que le neo-structuralisme.* Paris: Les éditions du Cerf, 1989.

FRIEDAN, Betty. *A Mística Feminina.* Petrópolis: Vozes, 1973.

GAMBAUDO, Sylvie. "French feminisme vs. Anglo-American Feminisme: A reconstruction". *European Journal of Women's Studies*, n. 14, 2007.

GARCIA, Marco. "Em busca de 1968". In: GARCIA, M.; VIEIRA, M. (org.) *Brasil, França e Alemanha*. São Paulo: Fundação Perseu Abramo, 1999.

_____. "O gênero da militância: Notas sobre as possibilidades de uma outra história da ação política". *Cadernos Pagu*, h. 8/9, 1997.

_____. "Contribuição à história da esquerda brasileira (1960-1979)". In: *Em Tempo,* São Paulo, 1979.

GATLIN, Rochelle. "Feminism: Second-Wave North American". *Routledge International Encyclopedia of Women.* New York/London: Routledge, 2000.

GOLDBERG, Anette. *Feminismo e autoritarismo: a metamorfose de uma utopia de liberação em ideologia liberalizante.* Dissertação (mestrado-Sociologia) – IFCS-UFRJ, Rio de Janeiro, 1987.

_____. *Le dire et le faire féministes: une approche socioculturelle du Brésil contemporain.* Doutorado (tese em História). Université de Paris VII, Paris, 1991.

_____. "Os movimentos de liberação da mulher na França e na Itália (1970-1980): primeiros elementos para um estudo comparativo do novo feminismo na Europa e no Brasil". In: LUZ, M. T. *O lugar da mulher.* Rio de Janeiro: Graal, 1982.

_____. "Feminismo no Brasil contemporâneo: o percurso intelectual de um ideário político". BIB, n. 28. Rio de Janeiro, 1989.

GORENDER, Jacob. *Combate nas trevas*. São Paulo: Ática, 1987.

GUADILLA, Naty. *Le Mouvement de Libération des Femmes (M.L.F) en France de 1968 à 1978*. (Thèse de Doctorat: Troisième cycle- sociologie). Paris: EHESS, 1979.

_____. *Libération des femmes le* M.L.F. Paris: PUF, 1981.

_____. "Historiando". *Herejias*, março de 1980.

HAHNER, June. *A emancipação do sexo feminino. A luta pelos direitos da mulher no Brasil*. Florianópolis: Editora das Mulheres, 2003.

HARTMANN, Haidi. "The unhappy marriage of marxism and feminism". In: SARGENT, L. (org.) *Woman and Revolution: the unhappy marriage of Marxism and feminism*. Boston: South and Press, 1981.

HARAWAY, Donna. "'Gênero' para um dicionário marxista: a política sexual de uma palavra". *Cadernos Pagu*, n. 22, jan.-jun. 2004.

HAWKESWORTH, Mary. "A semiótica de um enterro prematuro: o feminismo em uma era pós-feminista". *Revista Estudos Feministas*. v. 14, n. 3, set.-dez. 2006.

HEMMINGS, Clare. "Contando estórias feministas". *Revista Estudos Feminsitas*, 17 (1), jan.-abril. 2009.

HOBSBAWM, Eric. "O marxismo hoje: um balanço aberto". In: HOBSBAWM, Eric. (org.). *História do marxismo*. v. 11. Paz e Terra, 1989.

JACKSON, Stevi. "Théoriser le genre: l'héritage de Beauvoir" . In: DELPHY, Christine CHAPERON, Sylvie. *Cinquantenaire du Deuxième Sexe. Colloque International Simone de Beauvoir*. Paris: Édition Syllepse, 2002.

FEMINISMO NO EXÍLIO   273

_____. "Marxisme et féminisme". In: BIDET, J. (org.). *Dictionnaire Marx contemporain.* Paris: PUF, 2001.

_____. "Why a materialist feminism is (still) possible – and necessary". *Women's Studies International Forum*, v. 24, n. 3/4, 2001.

JAMESON, Frederic. "Periodizando os anos 60". In: BUARQUE, Heloisa. *Pós modernismo e política.* Rio de Janeiro: Racco, 1992.

JAMMAL, Nadine. *Les notions d'identité et de différence dans les théories féministes contemporaines: une analyse à partir du féminisme américain de la différence* (1970-1990). Tese Université de Montréal. Facultés des études supérieures, 2000.

JAMI, Irène. "Sexe et genre: les débats des féministes dans les pays anglo-saxons (1970-1990)". *Cahiers du genre*, n. 34, 2003.

JENSON, Jane. "Le Féminisme en France depuis 68". *Vingtième Siècle. Revue d'histoire.* n. 24, out. dez. 1989.

KAIL, Michel. "Pour un antinaturalisme authentique, donc matérialiste". In: DELPHY, Christine; CHAPERON, Sylvie. *Cinquantenaire du Deuxième Sexe. Colloque International Simone de Beauvoir.* Paris: Édition Syllepse, 2002.

_____. "Pour un matérialisme anti-naturaliste: la leçon de Simone de Beauvoir". *Nouvelles Questions Feministes*, v. 20, n. 4, 1999.

KANDEL, Liliane. "Sur la différence des sexes et celle des féminismes". *Les Temps modernes*, n. 609, jun.-jul.-ago. 2000.

_____. "Journaux en mouvement: la presse féministe aujourd' hui". *Questions féministes,* n. 4, nov. 1978.

KERGOAT, Danièle. "Le rapport social de sexe. De la reproduction des rapports sociaix à leur subversion". *Actuel Marx*, n. 30, 20. semestre 2001.

KOLLONTAI, Alexandra. *Marxismo e revolução sexual.* São Paulo: Global Editora, 1982.

KRUPSKAIA *apud* HEINE. "De la I à la III Internationale, la question des femmes". *Critique Communiste*, Paris, dez. 1977/jan. 1978.

LAPOUGE, Maryvonne. PISA, Clélia. *Brasileiras.* Paris: Des femmes, 1977.

LHOMOND, Brigitte. "Sexualité". In: HIRATA, H. *et al. Dictionnaire critique du féminisme.* Paris: PUF, 2000.

LEITE, Rosalina. *A imprensa feminista no pós-luta –armada: os jornais Brasil Mulher e Nós Mulheres.* Tese (doutorado) - PUC-SP, 2004.

_____. "Brasil Mulher e Nós Mulheres: origens da imprensa feminista brasileira". *Revista Estudos Feministas.* v. 11, n. 1, jan.-jun. 2003.

LEPINARD, Éléonore. "Malaise dans le concept. Différence, identité et théorie féministe". *Cahiers du genre*, n. 39, 2005.

LESSELIER, Claudie. "Femmes, exiles et politiques em France depuis 1970". *Sextant*, n. 26, Femmes exilées politiques, 2009.

_____. "Aux origines des mouvements de femmes de l'immigration. Colloque histoire, genre et migration". Disponível em: http://www.femmes-histoireimmigration.org/claudie_%20 Colloque%20genre%20et%20migration%20mars%2006.htm. Acesso em: março de 2007.

_____. "Femmes et politiques d'immigration et d'asile en Europe". Disponível em: <www.femmes-histoire-immmigration.... > Acesso em: março de 2007.

LIMA, Ruth. "Mulher x luta armada: um tema à procura de pesquisadores". In: LOURO, G. *Coletânea gênero plural: um debate interdisciplinar*, 2002.

LÖWY, Llana; ROUCH, Helene. "Genèse et développement du genre: les sciences et les origines de la distinction entre sexe et genre ». *Cahiers du Genre*, n. 34 .

LYOTARD, Jean-François. *O pós moderno explicado às crianças*. Lisboa: Publicações Dom Quixote, 1987.

MACKINNON, Catharine. "Féminisme, marxisme et postmodernité". *Actuel Marx*, n. 30, 2001.

MARANHÃO, Suzana. "O exílio e o feminismo: uma travessia". *Cadernos de crítica feminista*, ano III, n. 2, dez. 2009.

MARCIL-LACOSTE, Louise. "Égalitarisme et féminisme". *Mots*, v. 13, n. 1, 1986.

MARTINS, Luciano. "A geração AI-5". *Ensaios Opinião*, Rio de Janeiro: Paz e Terra, n. 2, 1979.

MARTINS FILHO, João. "A guerra da memória: a ditadura militar nos depoimentos de militantes e militares". *Vária História*, n. 28, 2002.

MATHIEU, Nicole-Claude. "Masculinité/feminilité". *Questions féministes*, n. 1, nov. 1977.

_____. *L'anatomie politique. Catégorisations et idéologies du sexe*. Paris: Côté-Femmes, 1991.

_____. "Dérive du genre/stabilité des sexes". In: CHETCUTI, N. *Lesbianisme et féminisme*. Paris: Hartmattan, 2003.

MATOS, Maria. "Estudos de gênero: percursos e possibilidades na historiografia contemporânea". *Cadernos Pagu*, v. 11, 2001.

MERQUIOR, J. *De praga a Paris: o surgimento, a mudança e a dissolução da ideia estruturalista*. Rio de Janeiro: Nova Fronteira, 1991.

MILLET, Kate. *Política sexual*. Lisboa: Dom Quixote, 1974.

_____. "Uma política sexual". In: LAMAS, M.; SOLANAS, V. *et al. Mulheres contra homens?* Lisboa: Publicações Dom Quixote, 1971.

_____. *La politique du mâle.* Paris: Stock, 1971.

MITCHELL, Juliet. *La Liberación de la Mujer* Barcelona: Editorial Anagrama, 1977.

_____. "Mulheres: a revolução mais longa". *Civilização Brasileira,* n. 14, 1967.

MORAES, João. "O campo socialista e a revolução sexual". In: MANTEGA, G. (org.) *Sexo e poder.* São Paulo: Editora Brasiliense, 1979.

MORAES, Maria. *Família e feminismo: reflexões sobre papéis femininos na imprensa para mulheres.* São Paulo: Tese (doutorado) – FFLCH-USP, 1981.

_____. *Vida de Mulher.* Rio de Janeiro: Marco Zero, 1981.

MORELLI, Anne. "Exhumer l'histoire des femmes exilées politiques". *Sextant,* n. 26, 2009.

MORGAN, Robin (org.). *Sisterhood is global. The International Women's Movement Anthology.* Nova York: Garden City, 1984.

MOSES, Claire. "Made in América: 'French feminism' in America". *Feminist Studies,* v. 24, n. 2, 1998.

_____. "Saint-Simonian men/Saint-Simonian Women: The transformation of Feminist Thought in 1830' France". *Journal of Modern History,* n. 54, junho 1982.

NELSYA. Algumas reflexões. In: DURAND, E. *et al. Liberação da mulher: ano zero.* Belo Horizonte, 1978.

NEVES, Angela. "Femmes brésiliennes en exil: la quetê d'une identité". *Cahiers des Ameriques Latines,* jul.-dez. 1982.

NICHOLSON, Linda. "Interpretando o gênero". *Revista Estudos Feministas*, v. 8, n. 2, 2000.

_____. "Gender". In: JAGGAR, Alison; YONG, Iris (org.). *A companion to feminist philosophy*. Oxford: Blackwell Plublishers, 2000.

NOUVELLES QUESTIONS FEMINISTES. Editorial. *Nouvelles Questions Féministes*, n. 1, março 1981.

OAKLEY, Ann.; MITCHELL, Juliet. (org.). *What is feminism?*. Oxford: Backwell, 1986.

OAKLEY, Ann.; MITCHELL, Juliet. *Who's afraid feminism?*. Nova York: New Press, 1997.

OBRA COLETIVA. *Les femmes s'entêtent*. Paris: Gallimard, 1975.

OFFEN, Karen. "Defining feminism: a comparative historical approach". *Signs,* v. 14, n., 1988.

_____. *European Feminisms 1700-1950*. Stanfort: Stanfort University Press, 2000.

_____. "Sur l'origine des mots 'féminisme' et 'féministe'". *Revue d'histoire moderne et contemporaine*, n. 3, jul.-set. 1987.

OLIVEIRA, Eleonora Menicucci de. "Nosso corpo nos pertence: Uma reflexão pós anos 70". *Labrys, estudos feministas*, jan.-jul. 2005.

OZOUF, Mona. *Les mots des femmes*. Paris: Fayard, 1995.

PARTISANS. *Libération des femmes*. Paris: Maspero, 1974.

PEDRO, Joana. "Nosotras, Nós Mulheres, Nos/Otras, Noidonne - Rede de divulgação feminista dos anos 70 e 80". In: WOLFF, Cristina Scheibe; FAVERI, Marlene de. RAMOS, Tânia Regina de Oliveira. (org.). *Leituras em Rede: gênero e preconceito*. Florianópolis: Mulheres, 2007.

_____. "A experiência com contraceptivos no Brasil: uma questão de geração". *Revista Brasileira de História*, v. 23, 2003.

_____. "Traduzindo o debate: o uso da categoria gênero na pesquisa histórica". *História*, v. 24, 2005.

_____. "Nosotras e o Círculo de mulheres brasileiras em Paris: feminismo tropical em Paris". *Art Cultura. Revista de História, cultura e Artes*. v. 9, n. 14, jan.-jun. 2007.

_____. "Narrativas fundadoras do feminismo: poderes e conflitos (1970-1978)". *Revista Brasileira de História*, n. 26. v. 52, dez. 2006.

PERROT, Michelle. *As mulheres ou os silêncios da história*. Bauru, SP: Edusc, 2005.

_____. (org.) *Une histoire des femmes est-elle possible?* Paris: Rivages, 1984.

PETERSON, G. "Identité de groupe et rapports sociaux aux Etats-Unis, aux Pays-Bas et em France". *Mots*, v. 49, n. 1. 1996.

PICQ, Françoise. *Libération des femmes. Les années-mouvement*. Paris: Seuil, 1993.

_____. "Sobre o movimento das mulheres na França". *Revista Estudos Feministas*, n. especial, 2º semestre 1994.

_____. "Les années 68: évènements, cultures politiques et modes de vie". *Lettre d'information,* n. 2, 1994. Disponível em: http://irice.cnrs.fr/lMG/pdf/Lettre_d_info_68_no2_28-11-94.pdf. Acesso em: 15 de março de 2008.

_____. "Un homme sur deux est une femme. Les féministes entre égalité et parité" (1970-1996). *Les Temps modernes*. n. 597, abr.--maio. 1997.

_____. "Simone de Beauvoir et 'la querelle du féminisme'". *Les Temps Modernes*. n. 647-648, 2008.

PIETROCOLA, Luci. *Anos 60/70 – O viver entre parênteses: a persegui-ção política aos revolucionários e suas famílias.* Tese (doutorado) – FFLCH-USP, São Paulo, 1995.

PINTO, Celi. *Uma história do feminismo no Brasil.* São Paulo: Editora Fundação Perseu Abramo, 2003.

PISCITELLI, Adriana. "Re-criando a (categoria) mulher?". *Textos Didáticos*, n. 48, nov. 2002.

_____. "Ambivalência sobre os conceitos de sexo e gênero na pro-dução de algumas teóricas feministas". In: AGUIAR, Neuma (org.). Gênero e ciências humanas, desafio às ciências desde a perspec-tiva das mulheres. Rio de Janeiro: Rosa dos Tempos, 1998.

PISAN, A. *Historias del Movimiento de Libération de la Mujer.* Madrid: Debate, 1977.

PONTES, Heloísa. *Do palco aos bastidores: o SOS-Mulher e as práti-cas feministas contemporâneas.* Dissertação (mestrado) - IFCH-Unicamp, 1986.

PRADO, Danda. "Brazil: A Fertile but ambiguous Feminist Terrain". In: MORGAN, Robin. *Sisterhood is Global. The International Women's Movement Anthology.* Garden City, Nova York: 1984.

QUESTIONS FEMINISTES. "Variations sur des thèmes comuns". *Questions Féministes*, n. 1, nov. 1977.

RABAUT, Jean. *Histoire des féminismes français.* Paris: Stock, 1978.

RAGO, Margareth. "Os feminismos no Brasil: dos 'anos de chumbo' à era global". *Labrys, estudos feministas*, n. 3, jan./jul. 2003.

_____. "Feminizar é preciso: por uma cultura filógina". *São Paulo Perspec.* v. 15, n. 3, jul.-set. 2001

REICH, Wilhelm. *A revolução sexual.* Rio de Janeiro, Zahar, 1974.

REIS FILHO, Daniel Aarão. *A revolução faltou ao encontro. Os comunistas no Brasil*, São Paulo: CNPq/Editora Brasiliense, 1990.

RIAL, Carmem *et al.* "Relações sociais de sexo e relações de gênero: entrevista com Michele Ferrand". *Revista Estudos Feministas*, v. 13, n. 3, set.-dez. 2005.

RIBEIRO, Matilde. "O feminismo em novas rotas e visões". *Revista Estudos Feministas*, v. 14, n. 3, set.-dez. 2006.

RIDENTI, Marcelo. *O fantasma da revolução brasileira.* São Paulo: Unesp, 1993.

_____. "1968: rebeliões e utopias". In: FILHO, D. *et al. O século XX: o tempo das dúvidas.* Rio de Janeiro, 2002.

_____. "As mulheres na política brasileira: os anos de chumbo". *Tempo social*, 2º semestre 1990.

RIOT-SARCEY, Michèle. "L'historiographie française et le concept de 'genre'". *Revue d'histoire moderne et contemporaine*, 47-4, outubro-dezembro 2000.

ROCHEFORT, Christiane. "Le myte de la frigidité féminine". *Partisans* n. 54-55, julho-outubro de 1970.

RODGERS, Catherine. "Elle et Elle: Antoinette Fouque et Simone de Beauvoir". MLN, v. 115, n. 4, set. 2000.

ROGERS, Rebecca. "Rencontres, appropriations et zones d'ombre : les étapes d'un dialogue franco-américain sur l'histoire des femmes et du genre". *Revue d'histoire des Sciences Humaines*, n. 11, 2004.

ROLLEMBERG, Denise. *Exílio: Entre raízes e radares.* Rio de Janeiro: Record, 1999.

ROWBOTHAM, Sheila. *Women in movement. Feminisme and Social Action.* London: Routladge, 1992.

_____. *Féminisme et révolution*. Paris: Petit Bibliothèque Payot, 1973.

_____. *Além dos fragmentos: o feminismo e a construção do socialismo*. São Paulo: Brasiliense, 1981.

_____. *Mulheres, resistência e revolução*. Lisboa: Iniciativas Editoriais, 1976.

_____. *A conscientização da mulher no mundo do homem*. Rio de Janeiro: Globo, 1983.

RUBIN, Gayle. "Tráfico sexual – uma entrevista". *Cadernos Pagu*. n. 21, 2003.

_____. *O tráfico de mulheres: notas sobre a "economia política" do sexo*. Recife: S.O.S.- Corpo, 1993.

RUSSEL, Diana. "Report on the International Tribunal on Crimes against Women". *Frontiers: A Journal of Women Studies*, v. 2, n. 1, primavera, 1977.

RUSSELL, Diana; VAN DE VEN, Nicole. *The proceeding of the International Tribunal on Crimes Agains women*. Milbrae: Les Femmes, 1976.

SARTI, Cynthia. "O feminismo brasileiro desde os anos 70: revisitando uma trajetória". *Revista Estudos Feministas*, v. 12, n. 2, agosto-setembro 2004.

SARTRE, Jean-Paul. "Prefácio à edição de 1961". In: fanon, Franz. *Os condenados da Terra*. Juiz de Fora: Ed. UFJF, 2005.

SCAVONE, Lucila. *Dar a vida e cuidar da vida. Feminismo e ciências Sociais*. São Paulo, Editora Unesp, 2004.

SCHMIDT, Rita. "Refutações ao feminismo: (des)compassos da cultura letrada brasileira". *Revista Estudos Feministas*, v. 14, n. 3, set. dez. 2006.

282   MAIRA ABREU

SCHWARZ, Roberto. "Cultura e Política". In: SCHWARZ, Roberto. *Pai de família e outros escritos*. Rio de Janeiro Paz e Terra, 1978.

SCHWARZER, Alice. *Simone de Beauvoir hoje*. Rio de Janeiro: Racco, 1986.

SCOOT, Joan. "O enigma da igualdade". *Revista Estudos Feministas* v. 13, n. 1, jan.-abr. 2005.

_____. "La querelle des femmes" no final do século XX. *Revista Estudos Feministas*, v. 9, n. 2, 2001.

_____. "Gênero: uma categoria útil de análise histórica". *Educação e Realidade*, v. 20, n. 2, jul.-dez. 1995.

_____. "Fantasy Echo: História e a Construção da Identidade". *Labrys*, v. 1-2, jul./dez. 2002

_____. *A cidadã paradoxal*. Florianópolis: Editora das Mulheres, 2005.

_____. "Desconstruir igualdad-versus-diferencia: usos de la teoria posestructuralista para el feminismo". *Feminaria*, ano VII, n. 13, nov. 1994.

SILVA, Luis. "A Campanha pela Anistia em Paris (1974-1979)". In: http://www2.fpa.org.br/portal/modules/news/article.php?storyid=1817. Acesso em: 10 de março de 2009.

SINGER, Paul. "O feminino e o feminismo". In: SINGER, P.; BRANT, V. *São Paulo: o povo em movimento*. Petrópolis: Editora Vozes, 1980.

SLEDZIEWSKI, E. "A revolução francesa: a viragem". In: DUBY, G.; PERROT, M. *História das mulheres no Ocidente*. Porto: Afrontamento, 1991.

SOIHET, Rachel. "Feminismos e cultura política: uma questão no Rio de Janeiro dos anos 1970-1980". In: ABREU, M.; SOIHET, R. *et al. Cultura política e leituras do passado*. Rio de Janeiro: Civilização Brasileira/Faperj, 2007.

_____. "Feminismo ou Feminismos? Uma Questão no Rio de Janeiro nos Anos 1970/1980". In: BERETA DA BILVA, Cristiani; ASSIS, Gláucia de Oliveira; KAMITA, Rosana C. (org.). *Gênero em movimento: novos olhares, muitos lugares*. Florianópolis: Editora Mulheres, 2007, v. 1.

_____. "Mulheres Brasileiras no Exílio e Consciência de Gênero". In: PEDRO, Joana Maria e WOLFF SCHEIBE, Cristina (org.). *Gênero, Feminismos e Ditaduras no Cone Sul*. 1ªed. Florianópolis: Mulheres, 2010.

SOIHET, Rachel; ESTEVES, F. C. "O Centro da Mulher Brasileira (CMB-RJ) e suas experiências nos anos 1970 e 1980". In: FERREIRA, Jorge e REIS, Daniel Aarão (org.). *As Esquerdas no Brasil - Vol. 3: Revolução e Democracia (1964-...)*. Rio de Janeiro: Civilização Brasileira, 2007, v. 3.

SOPER, Kate. "The qualities of Simone de Beauvoir". *New Left Review*, n. 156, março-abril 1986.

SOUZA-LOBO, Elisabeth; PAOLI, M. "Notas sobre o movimento no feminino". *Desvios*, ano 1, n. 1, nov. 1982.

STRAVO, Elaine. "The use and abuse of Simone de Beauvoir: Re-evaluating the French Poststructuralisme critique". *European Journal of Women's Studies*, v. 6, 1999.

TAVARES, Maria Hermínia e WEIS, Luiz. *Carro zero e pau-de-arara: o cotidiano da oposição de classe média ao regime militar*. In: SCHWARCZ, L. M. (org.). *História da vida privada no Brasil*: contrastes da intimidade contemporânea. São Paulo: Companhia das Letras, 1998.

TAVARES, Maria Manuela. *Feminismos em Portugal (1947-2007)*. Tese (doutorado). - Universidade Aberta, 2008.

TELLES, Maria. *Breve história do feminismo no Brasil.* São Paulo: Brasiliense, 1993.

THORNHAM, Sue. "Second Wave Feminism". In: GAMBLE, S. (org.). *The Routledge Companion to Feminism and Post Feminism.* Londres/ Nova York: Routladge, 2001)

TOUPIN, Louise. "Une histoire du féminisme est-elle possible?" *Recherches féministes,* v. 6, n. 1, 1993.

VARIKAS, Eleni. *Penser le sexe et le genre.* Paris: PUF, 2006.

_____. "Féminisme, modernité, postmodernisme: pour um dialogue des deux cotés de l'ocean". *Futur Anterieur.* Número especial, abril de 1993. Disponível em: (www.multitudes.samizdat,net/ spip.php?rubrique334. Acesso em: março de 2007.

_____. "O pessoal é politico". *Tempo.* v. 2, n. 3, jun. 1997.

_____. "Refundar ou reacomodar a democracia? Reflexões críticas acerca da paridade entre os sexos". *Revista Estudos Feministas,* 1996.

_____. "L'égalité et ses exlu(e)s". *L'homme et la societé,* n. 94, 1989/4.

_____. "Jornal das damas, feminismo no século XIX na Grécia". In: Seminário *Relações sociais de gênero versus relações sociais de sexo,* São Paulo: FFLCH-USP, 1989.

_____. "Conclusion". In: Fougeyrollas-Schwebel, D. *et al. Le genre comme catégorie d'analyse. Sociologie, histoire, littérature.* Paris: L'Harmattan, 2003.

WILLIS, Ellis. "Radical feminism and feminist radicalism". In: SAYRES, S. *et al. The 60's without apology,* 1988.

WINTER, Bronwyn. "(Mis) Representantions: what French feminism isn't". *Women's Studies International Forum,* v. 20, n. 2,

_____. "Essentialisation de l'Alterité et invisibilisation de l'oppression: l'histoire bizarre mais vraie de la déformation d'un concept". In: DELPHY, Christine CHAPERON, Sylvie. *Cinquantenaire du Deuxième Sexe. Colloque International Simone de Beauvoir*. Paris: Édition Syllepse, 2002.

WITTIG, Monique. "On ne naît pas femme". *Questions feministes*, n. 8, maio 1980.

WOMEN: a journal of Liberation. "What is Liberation?". CROW, Barbara. (org.) *Radical feminism. A documentary reader*. Nova York e Londres: New York University Press, 2000.

WOLFF, Cristina. "Le genre de la résistance". *Cahier du Brésil Contemporain*, n. 55/56, 2004.

ZANCARRINI-FOURNEL, Michelle. "Histoire(s) du MLAC (1973-1975)". *Clio*, n. 18, 2003.

_____. "Genre et politique: Les années 1968". *Vingtième Siècle. Revue d'histoire*, n. 75, Numéro spécial: Histoire des femmes, histoire des genres, Jul.-sep., 2002.

ZETKIN, Clara. *La cuestión femenina y la lucha contra el reformismo*. Barcelona: Anagrama, 1976.

FUNDOS DE ARQUIVO

NOSOTRAS: n. 1, janeiro de 1974; n. 2, fevereiro de 1974; n. 3, março de 1974; n. 4, abril de 1974; n. 5, maio de 1974; n. 6, junho de 1974; n. 7, julho de 1974; n. 8/9/10, agosto/setembro/outubro de 1974; n. 11, novembro de 1974; n. 12, dezembro de 1974; n. 13/14, janeiro/ fevereiro de 1975; n. 15, março de 1975; n. 16/17/18, abril/maio/ junho; n. 19/20, julho/agosto de 1975; n. 21/22, setembro/outubro de 1975; n. 23/24, novembro/dezembro de 1975; n. 25/26, primeiro e segundo trimestre de 1976. – Centro Informação Mulher.

DOCUMENTOS DO CÍRCULO DE MULHERES BRASILEIRAS EM PARIS (1976-1979). – CENTRO INFORMAÇÃO MULHER

Volume I – Retrospectiva; Volume II – Subgrupos; Volume III – Alguns temas de debates; Volume IV – Pochette; Volume V – Publicações.

Seção Feminina do PCB – CEDEM.

Fundo Luiz Carlos Prestes – AEL.

Fundo Elisabeth Souza Lobo – AEL.

AGRADECIMENTOS

Primeiramente agradeço a todas aquelas que me concederam depoimentos para esta pesquisa, sem as quais este trabalho não teria sido possível: Ângela Muniz, Cecília Comegno, Clélia Piza, Danda Prado, Eliana Aguar, Elisabeth Vargas, Glória Ferreira, Lena Lavinas, Lia Zatz, Maria América Ungaretti, Maria Betânia Ávila, Maria Cristina de Castro, Maria das Graças Brasil, Maria Lygia Quartim de Moraes, Mariza Figueiredo, Naty Guadilla, Naumi Vasconcelos, Otilie Pinheiro, Regina Bruno, Regina Carvalho, Sônia Calió, Sônia Giacomini, Vera Tude e Zuleika Alambert.

À Ângela Araújo pela orientação desta pesquisa e a todas aquelas que participaram das bancas de qualificação e defesa de mestrado: Mariza Corrêa, Adriana Piscitelli e Joana Pedro.

A todas aquelas e aqueles que leram alguma versão deste texto e que contribuíram para a redação deste livro: Danielle Tega, Daniela Vieira, Maíra Kubík Mano, Taís Viúdes, Mariana Cestari, Rafael Afonso da Silva, Andressa Passetti, Luciana Ramirez e Bruno Rubiatti. Agradeço também à Albertina Costa pela leitura atenciosa e pelas importantes sugestões.

À Helena Hirata pelo apoio e pelo incentivo para publicar este livro.

A todos os amigos que me apoiaram e me acompanharam nesse processo e sem os quais todo este trabalho teria sido muito mais difícil.

Às militantes do Coletivo feminista da Unicamp pela troca de ideias, militância e convivência.

Aos funcionários do IFCH-Unicamp, do AEL-Unicamp, do CEDEM-Unesp e do CIM.

À Fapesp pelo auxílio à publicação deste livro.

Alameda nas redes sociais:

Site: www.alamedaeditorial.com.br
Facebook.com/alamedaeditorial/
Twitter.com/editoraalameda
Instagram.com/editora_alameda/

Esta obra foi impressa em São Paulo na primavera de 2017. No texto foi utilizada a fonte Calluna, em corpo 10 e entrelinha de 15 pontos.